TECIDOS
HISTÓRIA, TRAMAS, TIPOS E USOS

Dados Internacionais de Catalogação na Publicação (CIP)
(Simone M. P. Vieira – CRB 8ª/4771)

Pezzolo, Dinah Bueno
    Tecidos: história, tramas, tipos e usos / Dinah Bueno Pezzolo. – 6.ed. rev. atual. – São Paulo: Editora Senac São Paulo, 2021.

    Bibliografia.
    ISBN 978-65-5536-801-7 (impresso/2021)
    e-ISBN 978-65-5536-802-4 (ePub/2021)
    e-ISBN 978-65-5536-803-1 (PDF/2021)

    1. Tecidos (Indústria têxtil) – História 2. Tecidos (Indústria têxtil) – Tecnologia 3. Tecidos (Indústria têxtil) – Uso I. Título.

21-1352t   CDD-677.609
                                           BISAC DES013000
                                                    TEC055000
                                                    CRA009000

Índice para catálogo sistemático:

    1. Tecidos : Indústria têxtil : Tecnologia : História   677.609

Dinah Bueno Pezzolo

TECIDOS
HISTÓRIA, TRAMAS, TIPOS E USOS

6ª edição revista e atualizada

Editora Senac São Paulo – São Paulo – 2021

Administração Regional do Senac no Estado de São Paulo
Presidente do Conselho Regional: Abram Szajman
Diretor do Departamento Regional: Luiz Francisco de A. Salgado
Superintendente Universitário e de Desenvolvimento: Luiz Carlos Dourado

Editora Senac São Paulo
Conselho Editorial: Luiz Francisco de A. Salgado
Luiz Carlos Dourado
Darcio Sayad Maia
Lucila Mara Sbrana Sciotti
Luís Américo Tousi Botelho

Gerente/Publisher: Luís Américo Tousi Botelho
Coordenação Editorial: Ricardo Diana
Prospecção: Dolores Crisci Manzano
Administrativo: Verônica Pirani de Oliveira
Comercial: Aldair Novais Pereira

Edição de Texto: Luciana Garcia, Vanessa Rodrigues
Preparação de Texto: Thelma Babaoka
Revisão de Texto: Ivone P. B. Groenitz (coord.), Jussara Rodrigues Gomes, Kimie Imai, Marta Lucia Tasso
Projeto Gráfico: Fabiana Fernandes
Editoração Eletrônica: Fabiana Fernandes, Veridiana Freitas
Capa: Fabiana Fernandes, sobre trabalho de Renato Imbroisi para a exposição "Que chita bacana". Foto de Dinah Bueno Pezzolo
Coordenação de E-books: Rodolfo Santana
Impressão e Acabamento: Gráfica Serrano

Proibida a reprodução sem autorização expressa.
Todos os direitos desta edição reservados à
Editora Senac São Paulo
Av. Engenheiro Eusébio Stevaux, 823 – Prédio Editora
Jurubatuba – CEP 04696-000 – São Paulo – SP
Tel. (11) 2187-4450
editora@sp.senac.br
https://www.editorasenacsp.com.br

© Dinah Bueno Pezzolo, 2007

SUMÁRIO

- **7**   Nota do editor
- **9**   Origem e evolução dos tecidos
- **25**   Algodão
- **61**   Lã
- **73**   Linho
- **85**   Seda
- **117**   Fibras e fios
- **143**   Tecelagem e classificação
- **159**   Beneficiamento têxtil, tintura e estampagem
- **199**   Motivos e padrões
- **219**   Outros tecidos: feltro, malha, renda, veludo e denim (jeans)
- **235**   Um espetáculo à parte: os tecidos da África negra
- **247**   Novos tecidos
- **259**   Os tecidos na moda, na decoração e na arte
- **293**   Análise de têxteis no comércio internacional
- **297**   Glossário
- **321**   Bibliografia complementar
- **325**   Índice geral

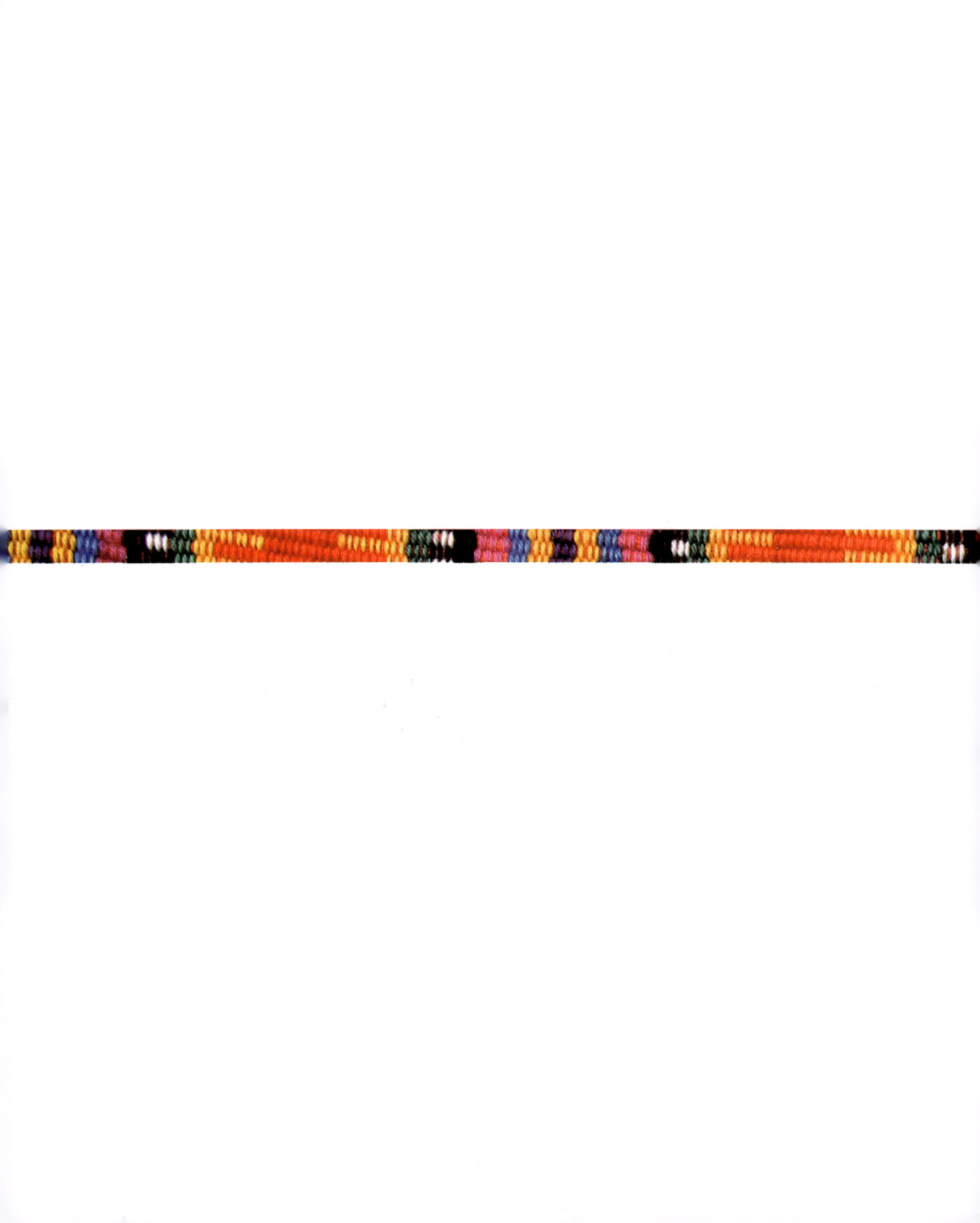

NOTA DO EDITOR

Das tramas primitivas feitas pelos habitantes das cavernas aos fios inteligentes, capazes de incorporar inovações tecnológicas e preocupações de ordem ambiental, uma longa história foi tecida. Uma evolução que deve ser estudada em seus diversos detalhes e desdobramentos, mostrando a interação do progresso na tecelagem com as mudanças nos costumes – o modo de se vestir e as maneiras de decorar a casa – e com o desenvolvimento da moda (a alta-costura, o prêt-à-porter, as novas tendências).

Dinah Bueno Pezzolo cose todos esses aspectos neste livro que, à semelhança de um belo patchwork, surpreende pela harmonia dos diferentes elementos reunidos que se complementam.

Um livro que reforça o compromisso do Senac São Paulo de proporcionar conhecimento de qualidade sobre os temas ligados à moda.

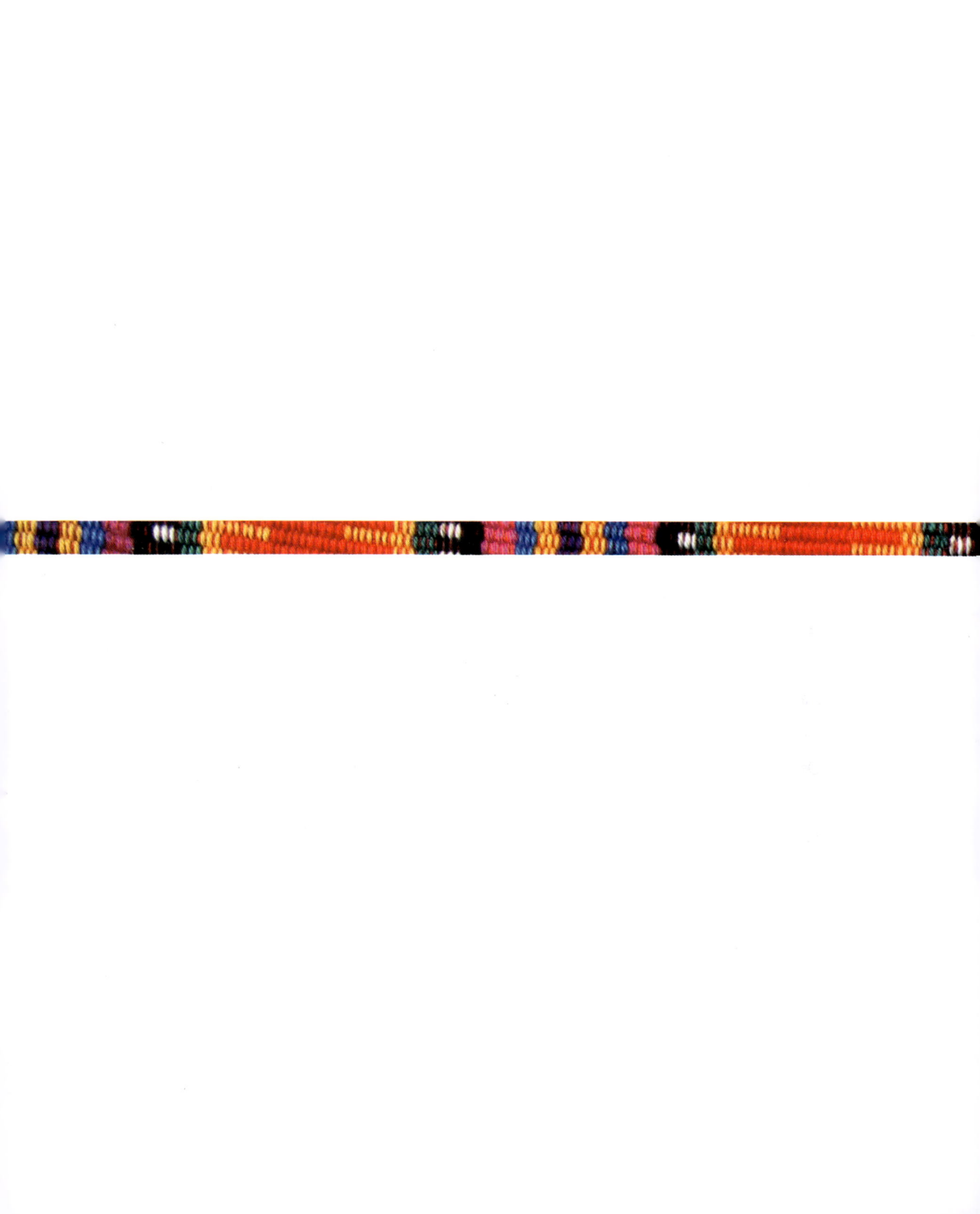

Origem e evolução dos tecidos

São infinitas as maneiras de convivermos com o que nos cerca. Podemos simplesmente olhar sem ver, podemos ver sem observar e podemos observar a ponto de termos nossa curiosidade despertada sobre determinado elemento – sua existência, suas raízes, sua história.

Os tecidos – há muito venho sentindo a vontade de penetrar em suas raízes. Os primeiros, surgidos pelas mãos do homem: suas origens, tramas, cores, padronagens, seu comércio, sua evolução e tudo que os envolve – história, arte e técnicas. Trata-se de um imenso universo em que não faltam disputas, conquistas e, também, muita vaidade.

Analisando, em primeiro lugar, de maneira superficial – que outra coisa nos acompanha dia e noite, durante toda a vida, do nascimento à morte, se não os tecidos? Variam na textura, na forma de apresentação, mas vestem o mundo todo e aparecem em todas as casas, sejam como utilidade ou decoração. Poderíamos até dizer que uma casa sem tecidos é como um jardim sem flores. Mas como teriam surgido? Que fibras teriam sido tramadas primeiro?

De onde vieram as cores? E as estampas, como foram iniciadas? E sua evolução, como se deu?

Do tramado feito pelo homem da caverna aos tecidos inteligentes, já de uso tão comum neste século XXI, um enorme caminho foi percorrido. Vale a pena conhecer um pouco dessa caminhada.

A História nos documenta que as primeiras fibras têxteis cultivadas pelo homem na Antiguidade foram o linho e o algodão, no campo vegetal, e a lã e a seda no campo animal. Hoje simplesmente as chamamos de matérias-primas naturais. Mas, com origens diversas, cores características e, acima de tudo, um passado tão rico, elas nos propiciam um passeio num mundo particular, em que imagens se misturam a aromas e sons, criando cenas que nos fazem sonhar.

O **linho**, com mais de 8 mil anos de história, nascido em planícies áridas e açoitado por vento cortante, chegou ao *status* de fibra nobre. Muitas vezes sabe esconder sua origem camponesa nos arabescos de tecidos adamascados, sobre mesas de grandes banquetes, combinado a cristais, porcelanas e pratarias. Outras vezes faz esquecer sua procedência rústica, mostrando toque macio e delicado em finas cambraias enfeitadas com rendas e nervuras. Quando pensamos no linho, o imaginamos azul como sua flor, pérola como as areias ou, ainda, branco como a claridade de um dia cheio de sol.

O **algodão**, que acompanha o homem desde a Pré-História, deixou de ser a lã branca que dá em árvore[1] para colorir povos dos mais distantes países. Mostra-se sempre presente nas mais exóticas viagens. Quando no Oriente, mistura-se a incensos, flores, oferendas, tilintar de sinos budistas, seja na China, no Nepal, na Índia, no Paquistão... Quando no Ocidente, é associado ao sol, ao verde da paisagem, ao colorido das frutas e aos ritmos, sejam do Brasil ou do México.

---

[1] Palavras de Heródoto (445 a.C.) sobre o que viu na Índia: "Ali encontramos grandes árvores em estado selvagem cuja fruta é uma lã melhor e mais bonita que a de carneiro. Os indianos utilizam essa lã de árvore para se vestir".

A **lã** nos lembra pastagens, montanhas, carneiros, tosquias... além de sua origem rude, sob clima rigoroso. Mas pode nos transportar a um ambiente aconchegante, onde o estalar da madeira na lareira se mistura ao tilintar de copos entre risos e abraços. Nas cores, vemos a mistura de crus e marrons vindos do campo se mesclarem aos vibrantes tons citadinos, que o homem acrescenta como um mágico tempero num alimento básico.

A **seda** será sempre lembrada como do Oriente. Em nossa memória, a imagem de caravanas ao longo de montanhas e desertos, enfrentando intempéries e saques, numa rota até o Ocidente é tão viva que parece não pertencer ao passado. Chinesa, persa, bizantina, a seda fez o fascínio de muitos povos até chegar à Itália, à Espanha e à França. Nas cores, um esplendor; no brilho, muita luz; no toque, o poder da variação. Tanto ela pode se mostrar macia e sedosa, quando cetim, como áspera e armada, quando shantung. É o tecido dos nobres, como nobre foi seu surgimento e como rainha dos tecidos se mantém.

Essas quatro fibras primitivas nos dão uma pequena amostra da riqueza que o mundo dos tecidos nos oferece. Convido-os a, comigo, ingressar neste universo tramado pelo homem.

A ARTE DE TECER

A tecelagem, considerada uma das artes mais antigas do mundo, surgiu entre os homens como forma de proteção. O homem, nos abrigos que a natureza lhe oferecia, encontrava na trama de galhos e folhas uma forma de se resguardar. Ele também se valeu desse tipo de trabalho para proteger seu corpo.

Os primeiros tecidos nasceram da manipulação das fibras com os dedos. Assim o homem deu início à arte da cestaria, e de sua evolução surgiram os primeiros tecidos. Descobrindo novos modos de entrelaçar, novos desenhos foram criados e outras texturas foram sendo descobertas. Os primeiros ces-

Cetim de seda pura, com desenho formado pela trama de fios coloridos e dourados. No tear foram usados 80 mil cartões (para os desenhos) e 150 lançadeiras para as cores. Maison Schulz, Lyon, 1862. Esse tecido, apresentado na Exposição Universal de Londres em 1862, hoje faz parte do acervo do Museu dos Tecidos de Lyon, França.

tos e os primeiros têxteis se diferenciavam não apenas pelas técnicas usadas em sua elaboração, mas, principalmente, pela escolha dos materiais a serem tramados. Fibras elásticas garantiam tecidos flexíveis.

O mais antigo indício da existência de têxteis na história da humanidade data de mais de 24 mil anos, segundo Olga Soffer, professora da Universidade de Illinois e antropóloga batalhadora. Soffer, após a queda do muro de Berlim, visitou os países do Leste europeu, onde encontrou preciosidades que documentam a presença da tecelagem no Período Paleolítico (a chamada Idade da Pedra Lascada, que vai até 10000 a.C., quando começa a Idade da Pedra Polida).[2]

De acordo com a professora, a tecelagem sempre foi vista como atividade relativamente recente, nascida após a agricultura, surgida entre 8 mil e 10 mil anos. Além disso, o homem da Idade da Pedra sempre foi mostrado vestido sumariamente com pele de animal, segurando um bordão nas mãos. Ora, todos sabemos que aquelas foram épocas glaciais e que havia a necessidade de vestimentas e calçados. Para Soffer, não há por que se admirar se, naquela cultura euro-asiática de mais de 20 mil anos, a tecelagem já era desenvolvida, uma vez que, na mesma época, na França, havia grutas com fabulosos afrescos.

A descoberta de Soffer e seu grupo deu-se em Pavlov, na Morávia, República Checa. Encontraram vasilhas de argila cozida, com marcas deixadas por tecidos ou cordas. As peças, depois de analisadas e datadas segundo técnicas avançadas, indicaram que possivelmente, ainda molhadas, tenham ficado apoiadas numa sacola, cesta ou corda. Com referência à data, Soffer acrescenta que, se a cerâmica tivesse sido encontrada sozinha, não seria tão significativa, mas com ela encontraram grande quantidade de carvão. Por meio do método C^{14} (carbono catorze, usado para datação radiativa), utilizado em resíduos orgânicos, constataram que todo o achado data de mais de 24 mil anos.

---

[2] Cf. *La Stampa*, TuttoScienze, Turim, 12-6-2003.

Vestígios valiosos

Que preciosidade de informações relativas aos têxteis as pesquisas arqueológicas nos trazem! Por meio delas, foi comprovada a existência de fios, tecidos, ferramentas para girar e tecer, em primitivas habitações humanas. Antigas civilizações nos deslumbram com as avançadas técnicas utilizadas milhares de anos antes de Cristo!

No Egito, foram descobertos tecidos feitos de linho que datam de 6000 a.C. Na Suíça e na Escandinávia, foram encontrados tecidos de lã datando da Idade de Bronze (3000 a.C. a 1500 a.C.). Na Índia, o algodão já era fiado e tecido por volta de 3000 a.C. Na China, a seda era tecida pelo menos mil anos antes de Cristo.

No século IV de nossa era, a seda importada da China era tecida em Constantinopla (atual Istambul, na Turquia). No século seguinte, a cultura da seda se espalhou pelos países ocidentais, resultando num rápido desenvolvimento de sua fabricação têxtil.

Por volta de 1400, tecidos maravilhosos surgiam de teares manuais nos países mediterrâneos. A estrutura básica utilizada naquela época em nada difere das utilizadas pelos artesãos de hoje. Os processos fundamentais da tecelagem ainda são os mesmos, embora métodos e equipamentos tenham sido alterados.[3]

As fibras naturais e os primeiros tecidos

Tecidos de algodão. A época em que o homem começou a cultivar o algodão com fins têxteis é incerta. Heródoto falava em árvores contendo lã e, segundo suas palavras, o algodão veio da Índia. Neste país encontraram-se vestígios dessa fibra tecida que datam de 3200 a.C., além de sinais de remo-

---

[3] *Enciclopédia Multimídia Hachette*, CD-ROM (Paris: Hachette, 2005).

tas plantações de algodão. Até hoje, na Índia, encontram-se plantas perenes de algodão, de grande porte, cujas fibras superam as de lã de carneiro tanto em qualidade como em beleza. Pondo em questão as palavras de Heródoto, restos de tecido de algodão que datam de 5800 a.C. foram achados numa gruta perto de Tehuacan, no México.

Tecidos de linho. A essa fibra também cabe uma longa história, que começa no Egito, às margens do Nilo, e na Crimeia, há cerca de 8 mil anos, como nos confirmam achados arqueológicos. Embora menos citados, os primórdios do cultivo do linho, assim como sua utilização têxtil, também se deram no território que viria a ser Portugal, onde foram encontradas cápsulas de linhaça na província de Almeria, e um farrapo de linho numa sepultura no Algarve que datam de 2500 a.C. Posterior a essa data, a planta aparece como uma das mais importantes fibras têxteis em certas regiões da Grécia continental.

Tecidos de lã. Os mais antigos fragmentos de tecidos de lã pertencentes ao Período Neolítico (a chamada Idade da Pedra Polida, 10000 a.C. a 4000 a.C.) foram encontrados em escavações feitas na Mesopotâmia. O uso têxtil da lã data no mínimo de mais de 6 mil anos, quando o homem começou a domesticar o ancestral do carneiro selvagem. A lã foi usada como proteção pelo homem desde a Antiguidade. Na época pré-colombiana, nos Andes, os ameríndios já utilizavam a lã na tecelagem de tecidos com grandes larguras.

Tecidos de seda. Surgiram na China, na época do Imperador Amarelo, ou Huang Ti (cerca de 2697 a.C.). Os chineses foram os primeiros a cultivar o bicho-da-seda e a aproveitar o casulo em sua fiação. A história documenta a existência de seda chinesa, com elaborados desenhos de dragões, pássaros e outros animais, que datam do século I a.C., época da dinastia Han (206 a.C. a 220 d.C). Os brocados chineses, tão comentados por Marco Polo, alcançaram seu apogeu no século XIV, sob a dinastia Ming. Entretanto, o segredo da obtenção do fio natural da seda permaneceu guardado até o século

XVIII, quando a técnica de sua fabricação foi introduzida na Europa graças ao contrabando praticado por padres jesuítas. Cidades italianas, francesas e inglesas tornaram-se grandes centros produtores, inicialmente utilizando teares manuais (o primeiro tear mecanizado surgiu em 1785).

Têxteis no Egito

Os governantes do Egito, durante toda a sua história, supervisionaram cuidadosamente a criação e a exportação de seus têxteis. Considerados como fonte importante da economia do país, tiveram um crescente progresso do Egito antigo até a época islâmica (a partir do século VII). Nessa época, as cidades começaram a se especializar em certos tipos de tecido, colaborando para que a indústria têxtil egípcia se tornasse célebre.

Matérias-primas iniciais no Egito

Segundo o que achados arqueológicos nos revelam, o linho era a principal fibra usada na elaboração dos têxteis egípcios. Entretanto, não era a única; escavações indicaram o uso de têxteis feitos com lã de carneiro, pelos de cabra, fibras de palmeira e certas ervas, porém numa proporção bem menor. Os têxteis feitos com pelos de cabra datavam de 1400 a.C. Nessa época, as fibras animais não podiam ser fiadas e por essa razão eram menos usadas na fabricação de vestimentas. Soma-se a isso o fato de que os antigos egípcios consideravam a lã um material "sujo", restringindo sua aplicação a vestimentas de uso externo, as quais eram deixadas na parte de fora dos templos.

Linho

No Egito antigo, o linho era usado na fabricação de tecidos para uso geral, além de cordas e redes. A criação dos têxteis geralmente ficava a cargo das mulheres, hábeis em seus teares. Os ateliês de tecelagem ficavam nos palácios e nas grandes propriedades.

No estado natural, as fibras do linho apresentavam coloração marrom-dourado-pálido ou esverdeada, quando colhidas relativamente cedo. Ocre e tintas vegetais eram usadas para colorir os tecidos, embora a celulose das plantas dificultasse a tintura.

Para o amarelo, o amarelo-queimado e o vermelho, lançavam mão do ocre – tipo de terra composta de óxido de ferro hidratado, misturado à argila. Entre as substâncias vegetais empregadas na tintura, utilizavam o pastel (*Isatis tinctoria*), para o azul, e a garança (*Rubia tinctorum*) e o cártamo (*Carthamus tinctorius*) para o vermelho. A descoloração era usada nos têxteis brancos, que significavam *status* social elevado por causa da pureza da cor.

Época greco-romana

Durante a época greco-romana (332 a.C. a 395 d.C.), em que se incluem as tapeçarias, os egípcios enfeitavam seus têxteis com figuras humanas, motivos vegetais e geométricos, com duas ou mais cores. Nesse período, passaram a utilizar a lã com maior frequência, pela facilidade de ser tingida com substâncias vegetais.

O povo usava vestimentas de linho, de lã e, em menor quantidade, de seda, que se tornou a mercadoria mais importante de Alexandria. A seda era tecida no Egito, mas sob controle dos imperadores romanos. Decretos limitavam seu uso aos palácios dos imperadores. O Código de Justiniano também declarava que a seda vermelha deveria ser fabricada exclusivamente para o império.

Com a conquista árabe (640 d.C.), apareceram os famosos têxteis elaborados com muitos detalhes pelos coptas (cristãos egípcios). O período Copta é considerado traço de união entre as épocas faraônica e greco-romana e a época islâmica.

Época islâmica

Os têxteis do Egito islâmico foram marcados por sua alta qualidade e sua beleza. Grande parte desse padrão se deveu ao controle do governo sobre as matérias-primas, à construção de usinas públicas e particulares e à atenção rigorosa às normas de qualidade.

Tramas suplementares, trabalhadas em teares horizontais e verticais, eram utilizadas para decorar os tecidos que mostravam motivos estampados ou bordados com fios de seda. Figuras geométricas, desenhos de vegetais, caligrafia árabe e símbolos abstratos representando homens e animais constavam da decoração tradicional dos tecidos.

Segundo a *Enciclopédia Multimídia Hachette*, no século XII não havia mais vestígios dessa arte.[4]

Sacrifício de Isaac, tapeçaria de linho e lã. (Egito, séculos VII e VIII; 26 × 20 cm.) Museu dos Tecidos de Lyon, França.

A TECELAGEM

O domínio da tecelagem permitiu as mais belas realizações têxteis coptas. A partir da trama de fios, eles criavam motivos bem elaborados que acabaram por identificar sua arte. Os egípcios da época faraônica não dominavam a técnica da tecelagem; para obter os motivos sobre os tecidos, valiam-se do bordado ou da pintura.

A partir do século V de nossa era, os motivos, até então de inspiração pagã, passaram a ter influência cristã, com introdução de novos temas. As tecelagens podiam ser monocromáticas, em que o motivo aparecia em negro, ou coloridas, com mais de dez cores.

O ALGODÃO EGÍPCIO

O algodão inicialmente usado no Egito era proveniente da Índia, quando as trocas comerciais ocorriam somente por via marítima. Hoje, produzi-

---

[4] *Ibidem*.

do em lavouras irrigadas e colhido manualmente, ele é considerado o melhor do mundo (ver o capítulo "Algodão").

Europa: do artesanato à indústria

Antes da era industrial, eram raras as inovações relativas à fabricação de um tecido. Os tecelões, numa busca constante de variedade, procuraram utilizar fibras têxteis de natureza e grossuras diferentes, modificando sua trama nos teares e empenhando-se para encontrar tinturas mais intensas e resistentes. O aprimoramento na etapa de torcer e fiar a seda já lhes garantia um resultado diferenciado.

Enquanto até o fim da Idade Média (476 a 1453) a Inglaterra preocupava-se com a produção da lã como matéria-prima, a região de Flandres (Bélgica) e a Toscana (Itália) transformavam essa fibra em produto acabado. No século XVI, a Espanha também apresentou grande progresso na produção de lã.

Durante o Renascimento (séculos XV e XVI), ao mesmo tempo que grandes viagens e descobrimentos redesenhavam os contornos do mundo, os tecidos deixavam seus berços de origem, espalhando-se por vários países. Mas, ainda que em crescimento, a tecelagem continuava como atividade artesanal. A fabricação de tecidos se manteve até o fim do século XVIII exercida em empresas familiares constituídas por fiandeiras e tecelãos qualificados.

Na França, regiões menos favorecidas obtinham complemento econômico trabalhando com a lã e a seda (região do Pirineu central) e o cânhamo, cuja indústria, necessária à navegação, se desenvolveu na Bretanha. Mas a seda, a mais delicada das fibras, destacou-se das outras básicas, o algodão, o linho e a lã, para fascínio da nobreza. A seda chegou à Espanha no século XVIII e rapidamente ganhou a Europa. Pouco a pouco, grandes centros produtores foram se firmando em cidades italianas, francesas e inglesas.

Nos anos 1700, progressos técnicos foram anunciados pela Inglaterra, impulsionando o nascimento da indústria têxtil moderna. Em 1733, o britânico John Kay inventou a lançadeira volante, que liberou a mão do tecelão. A partir de 1785, o trabalho antes feito em teares manuais passou a ser realizado em teares mecanizados. E, no fim do século XVIII, o francês Joseph-Marie Jacquard fabricou uma máquina que até hoje leva seu nome e que permite a realização de motivos em cores na trama dos tecidos (ver o capítulo "Tecelagem e classificação").

A estrutura manufatureira da estamparia foi alterada pelas mudanças. O antigo processo de imprimir desenhos e cores sobre tecido, por meio de cunhos gravados em relevo, foi substituído por máquinas de cilindros de imprimir, cujos rolos gravados passavam os desenhos para o tecido. Na Grã-Bretanha, essa invenção deveu-se ao escocês Thomas Bell.

Em 1813, os ingleses imprimiam em duas cores e, ainda na primeira metade do século XIX, já conheciam a máquina de imprimir em quatro cores.

Mecanização e automatização das tarefas fizeram com que a Grã-Bretanha passasse a reinar como mestre incontestável da arte de tecer. No século XIX, os britânicos se valiam de máquinas movidas a vapor, que produziam cerca de 100 hp, colocando em funcionamento 50 mil fusos. Uma única máquina produzia a mesma quantidade de fio que 200 mil operários trabalhando em fiandeiras manuais.[5]

Atualmente, países em desenvolvimento, onde a mão de obra é mais barata, concorrem no setor têxtil com a Europa, que vê sua supremacia ameaçada.[6]

---

[5] Rui Rasquillo, introdução, catálogo *Lenços e colchas de chita de Alcobaça*, Brasília, 2001.
[6] *Enciclopédia Multimídia Hachette*, cit.

Indústria têxtil: dificuldades iniciais

Com a chegada da era industrial, vieram também problemas inerentes a ela. Empolgados pela produção que as máquinas lhes permitiam, os industriais priorizavam os lucros, descuidando de seus empregados.

Conflitos entre patrões e funcionários passaram a ser frequentes no fim do século XIX, por conta dos salários irrisórios, do acúmulo de tarefas, dos riscos para a saúde, das falhas na segurança e também pelo fato de as indústrias empregarem crianças e mulheres que, apesar de fazerem o mesmo trabalho dos homens, ganhavam menos que estes. As queixas e os pedidos em nada resultavam, e a insatisfação gerava manifestações que se traduziam principalmente na destruição de novas máquinas. Mesmo as pessoas que viviam da tecelagem artesanal demonstravam seu descontentamento, ameaçadas pela forte concorrência. Os desentendimentos motivaram o nascimento do sindicalismo; progressivamente, graças ao direito de greve adquirido pelos trabalhadores, os exageros impostos a eles foram controlados, e as usinas têxteis regularizaram suas atividades.

Com o desenvolvimento das ligações marítimas, dos circuitos financeiros e das técnicas comerciais, ocorreu a mundialização dos circuitos de trocas, segundo a Enciclopédia Multimídia Hachette.[7] A Europa se tornou responsável pelos produtos acabados, com a matéria-prima para seus têxteis sendo fornecida por países tão diversos como Índia, Austrália e Estados Unidos, entre outros.

Tecidos de ontem e de hoje

Saber tecer e tingir fios de fibras naturais são conhecimentos que se mantêm há séculos e acompanham a humanidade desde sua origem. Esta-

---

[7] *Ibidem.*

mos no século XXI e o princípio básico da elaboração de um tecido continua o mesmo que era usado pelo homem na Antiguidade. Hoje, entretanto, indústrias informatizadas e matéria-prima diversificada e preparada segundo alta tecnologia permitem que o universo dos tecidos seja ampliado de maneira inimaginável.

As variedades de tecidos são extremamente numerosas. Seus nomes correspondem, em princípio, à natureza da fibra têxtil utilizada (lã, seda, viscose, poliéster...) e ao tipo de tecelagem, isto é, de ligamento (sistema de entrelaçamento dos fios do urdume e da trama). O ligamento difere de acordo com o número de fios do urdume separados pela passagem do fio da trama. Esquematicamente, podem ser distinguidos três tipos de ligamento: tafetá, sarja e cetim; quanto ao aspecto, existem quatro variedades de tecido: liso, maquinetado, jacquard e estampado (ver o capítulo "Tecelagem e classificação").

Origem e evolução dos tecidos | 23

O tecido elástico tem como diferenciais a valorização do estilo, o conforto e a liberdade de movimentos que proporciona. Por essa razão, foi inicialmente usado em roupas voltadas ao esporte. Hervé Leger, entretanto, tornou-se famoso por seus vestidos montados com tiras stretch tecidas com fios sintéticos. Desfile realizado em outubro de 1996, em Paris.
Foto: Dinah Bueno Pezzolo.

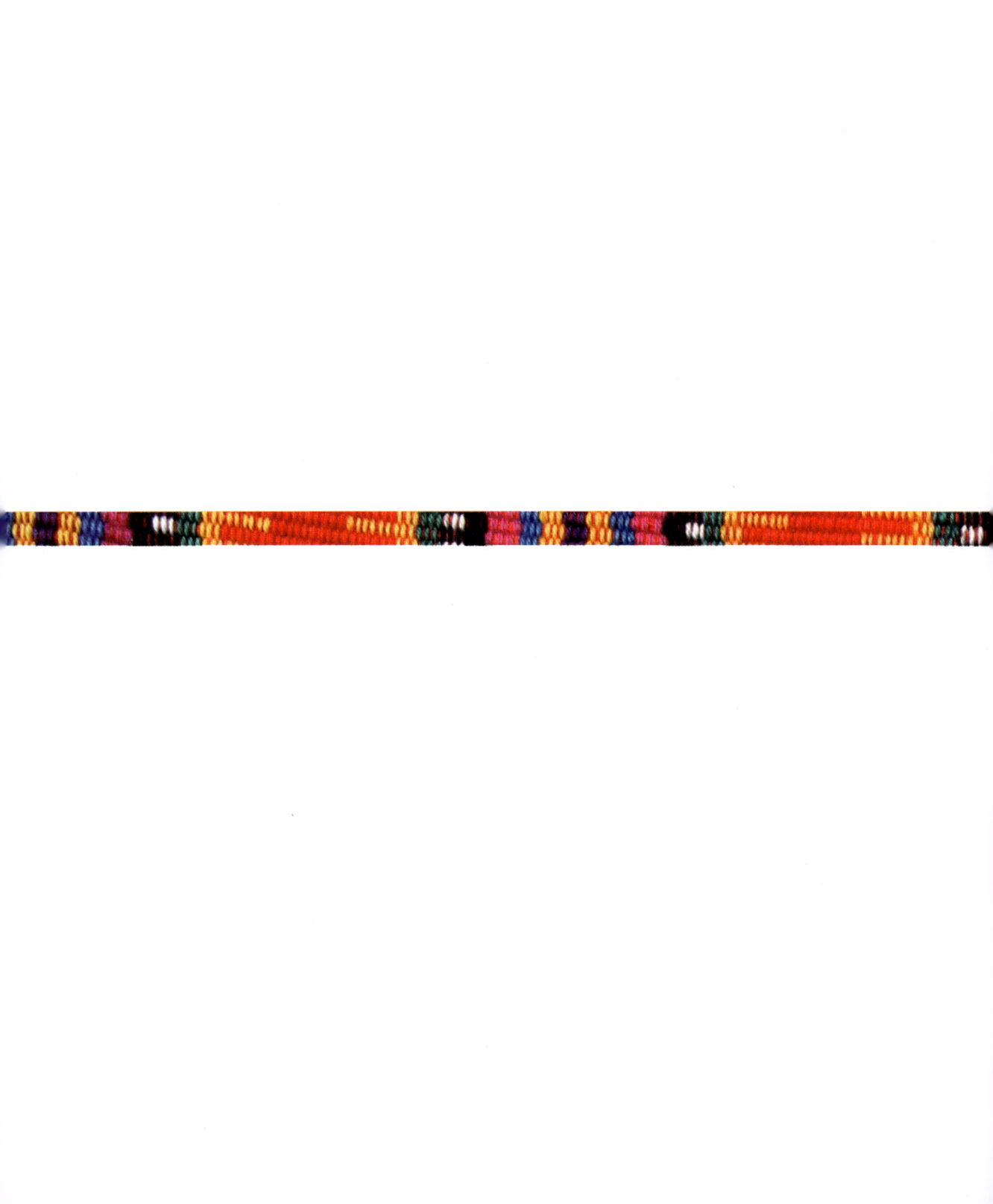

Algodão

> Ali encontramos grandes árvores em estado selvagem cuja fruta é uma lã melhor e mais bonita que a de carneiro. Os indianos utilizam essa lã de árvore para se vestir.
>
> Heródoto, 445 a.C., referindo-se pela primeira vez, no Ocidente, à presença do algodão na Índia.

O algodão e o linho são as fibras naturais vegetais mais antigas cultivadas pelo homem. Na Índia, o algodão já era cultivado, fiado e tecido na Idade do Bronze, 3 mil anos antes de Cristo, por uma civilização que dominava inclusive a arte do metal. Passados tantos milênios, o algodão se mantém como a principal fibra têxtil do mundo. Ainda que as sintéticas tentem alterar sua posição no mercado, ele continua sendo preferido por conta de suas qualidades naturais, relacionadas a conforto, maciez e durabilidade. Sua versatilidade permite a combinação com as mais diversas fibras, inclusive as sintéticas. Por todo o seu passado e por sua importância no ramo têxtil atual, podemos dizer com segurança que o algodão é a fibra que veste o mundo.

História do algodão

Há 3 mil anos antes da nossa era, o algodão já era conhecido entre os povos. Embora a história nos assegure que panos de algodão eram tecidos na China por volta do ano 2000 a.C., é importante assinalar que foram as raízes indianas do algodão que se estenderam no comércio entre os povos. Em 2600 a.C., a Índia já comercializava tecidos de algodão, lápis-lazúli e marfim, trocados por lãs da Mesopotâmia. Foi por intermédio de mercadores indianos que o algodão chegou ao Egito, de onde ele se espalhou para o leste do Mediterrâneo. Da Índia para o Oriente Médio; depois, para o Egito; em seguida, para a África, a Macedônia, a Grécia, Roma e o sul da Europa.

Antes da chegada do algodão na Europa, a lã era a fibra têxtil comum naquele continente. A Índia não só era a fornecedora do algodão que conquistava novos horizontes como também constituía ponto de encontro de mercadores vindos do extremo Oriente e do Ocidente. A ação dos árabes também foi importante, pois comercializavam produtos indianos ao lado de peles de animais e seda chinesa.

Na Índia

Não é de hoje que os tecidos indianos encantam o mundo. Os primeiros tecidos de algodão surgiram na Índia, provavelmente na cidade de Dacca, maior centro produtor da fibra no país.

Na Antiguidade, a Índia comercializava seus tecidos de algodão, que chamavam a atenção por suas cores maravilhosas. A arte da tecelagem era ocupação doméstica tão comum que chegou a ocupar metade de sua população. Entre os árabes e as populações do Extremo Oriente, seu comércio foi próspero.

Infelizmente, o clima quente e úmido da Índia dificulta a conservação de seus têxteis, mas sabe-se que as diferentes culturas que dominam aquele país tiveram influência na criação de seus tecidos. Como exemplo, podemos citar as regiões com forte presença do islamismo, onde motivos sensuais de personagens hindus são substituídos por geométricos e caligráficos. Contudo, foi evidente a influência dos europeus, pois, após sua chegada, os motivos de arte indiana passaram a ser compostos por flores e animais ou cenas iconográficas ocidentais.

Segundo o Museu de Arte e História de Genebra, em 1920 foram encontrados fragmentos de roupas de algodão com marcas de garancina (substância corante que se extrai da garança) datando do terceiro milênio antes de Cristo, num recipiente de prata em Mohenjo-Daro, no Vale dos Hindus. Sobre esse achado, o Centro de Cooperação Internacional em Pesquisa Agronômica para o Desenvolvimento (Cirad), na França, complementa informando que a fibra de algodão usada no tecido era da espécie *Gossypium arboreum*, comumente conhecida como árvore de algodão, originária da Índia. Essa descoberta confirma que naquela época o algodão já era cultivado, tecido e tingido na Índia. O comércio desse tecido também já existia, como provaram as escavações arqueológicas feitas em Fustat, no Egito.

Embora descobertas arqueológicas e fontes literárias nos assegurem a existência de tecidos de algodão e seu comércio desde a Antiguidade, faltam referências específicas sobre sua produção na Índia até o século XVI.

A chegada de Vasco da Gama à Índia, em 1498, abriu novos horizontes ao comércio do algodão. Não tardou para que holandeses e ingleses chegassem e rapidamente se ocupassem do comércio. Houve o desenvolvimento das exportações de tecidos de algodão para a Europa, o que favoreceu o enriquecimento das cidades indianas.

A situação comercial foi invertida a partir do século XVIII. O algodão passou a ser levado em estado bruto para a Inglaterra, para ali ser trabalhado e, depois, reenviado como produto manufaturado.

Em 1854, foi aberta a primeira fiação de algodão mecanizada na Índia. Atualmente, esse país faz parte dos grandes produtores e exportadores de algodão no mundo.

O têxtil indiano no século XXI

O novo século está sendo benéfico aos produtores têxteis indianos, que se empenham para aumentar a produção. Antes de sua independência, em 1947, a Índia possuía a maior indústria têxtil do mundo. Após anos de declínio, o setor industrial reergueu-se, tornando-se a segunda mais importante atividade econômica do país (atrás apenas da agricultura), com 35 milhões de empregados.

Segundo a opinião de especialistas, hoje a Índia é provavelmente o país mais preparado, depois da China, para conquistar o mercado. Segundo o Instituto Brasileiro de Geografia e Estatítistica (IBGE), ela ocupa o segundo lugar na produção de algodão (atrás dos chineses). Parte desse sucesso se deve à sua vasta mão de obra de baixo custo.

No Egito

Apesar de o Egito ter utilizado o linho quase com exclusividade até o período romano, é provável que tenha conhecido o algodão muito cedo, por causa das trocas comerciais mantidas com a Índia. O comércio entre os dois países, inicialmente feito somente por via marítima, após a queda do Império Romano (fim do século V) se deu também por terra. Passaram a ser duas as grandes rotas que uniam a Índia ao Egito e ao resto do mundo, tendo os árabes como intermediários: a rota marítima e a rota das caravanas, que se juntava à célebre rota da seda passando ao norte dos Himalaias, da China à Pérsia (ver o capítulo "Seda").

De acordo com o Museu de Arte e História de Genebra, no século II de nossa era os egípcios utilizavam o fio obtido das fibras do algodão para tecer com fios de linho montados nos teares. Essa combinação de materiais, tendo o linho como base, indica as dificuldades que enfrentavam para obter, a partir das fibras curtas do algodão, um fio forte o bastante para servir de urdume (o conjunto de fios colocados no sentido do comprimento do tear; ver o capítulo "Tecelagem e classificação").

Algodão egípcio: o melhor

O algodão egípcio atualmente é considerado o mais fino e de melhor qualidade no mundo. Ele abastece fábricas de produtos têxteis, nobres e caros, espalhadas pelo mundo. Sua característica é possuir fibras longas e extralongas, macias, mas resistentes. Sua qualidade faz com que camisas e roupas brancas em geral tenham seus preços triplicados; os mais luxuosos hotéis se orgulham por oferecer a seus hóspedes roupas de cama e banho feitas com algodão egípcio. As variedades mais conhecidas desse algodão são o mako, de cor amarelada, do alto Egito, e o karnak, branco, do baixo Egito. A partir de 2017, o acordo de livre comércio Mercosul/Egito facilitou a exportação ao Brasil.

O algodão do tipo egípcio – tanto o mako quanto o karnak – não é produzido no Brasil, mas países como Estados Unidos, México, Rússia e Uzbequistão plantam um produto similar. É o Egito, entretanto, que possui tradição centenária de sua produção, feita em lavouras irrigadas onde, em sua maioria, o algodão é colhido manualmente. Segundo a Associação dos Exportadores de Algodão da Alexandria (Alcotexa) e do Ministério de Comércio Exterior do Egito (Moft), a colheita manual contribui para que a fibra seja preservada intacta, assegurando alta qualidade.

O produto egípcio, que representou a base da economia nacional durante muito tempo, há anos encontra-se em baixa por causa das mudanças de políticas públicas, da retração do mercado interno e das oscilações dos preços internacionais. Muitos agricultores ameaçaram parar com o plantio de algodão, especialmente em 2015, após a decisão do governo de acabar com os subsídios.

Segundo o Departamento de Agricultura dos Estados Unidos (USDA), em 2006, o Egito exportou 221 mil toneladas de algodão. Em 2014, apenas 50 mil toneladas.[8] No terceiro trimestre da safra agrícola 2017/2018, foram 16 mil toneladas, aumentando para 51 mil toneladas no mesmo período da safra 2018/2019.

---

8   Heba Saleh, "'O ouro branco' egípcio perde o brilho", em *Valor*, 5-2-2015. Disponível em https://valor.globo.com/agronegocios/noticia/2015/02/05/o-ouro-branco-egipcio-perde-o-brilho.ghtml. Acesso em 27-7-2021.

A Associação Brasileira da Indústria Têxtil (Abit) trabalha com a possibilidade de Brasil e Egito ampliarem seus negócios com a troca dos diferentes tipos de algodão produzidos em cada país – o de fibras longa e extralonga, no qual o Egito tem tradição e reconhecimento mundial, e o algodão brasileiro de fibra média.

A matéria-prima egípcia já é importada pelo Brasil e ocupa a primeira posição entre os produtos agrícolas importados do Egito. Em 2011, o Brasil importou 2.176 toneladas de algodão egípcio.[9] O algodão brasileiro, no entanto, ainda não é exportado ao país árabe. Segundo Mohamed Baky, cônsul comercial do Egito, este país não produz algodão de fibras média e curta e tem interesse em importá-lo do Brasil. Hoje, o Egito compra essa variedade de países como Paquistão e Índia.[10]

No varejo brasileiro, artigos feitos com algodão egípcio são sinônimo de sofisticação. A Círculo, fabricante de linhas para bordado, tricô e crochê, é uma das empresas brasileiras que importam o produto egípcio. Com ele, a indústria produz o seu tipo mais nobre de linha para bordado. Para o gerente de exportação da Círculo, Alfredo Pinto, o algodão do Egito possui um brilho excepcional.[11]

O ALGODÃO *SEA ISLAND*

O algodão *sea island* é um derivado do algodão egípcio que se desenvolve muito bem nas ilhas localizadas no sudeste dos Estados Unidos e nas chamadas ilhas das Índias Ocidentais, como Barbados. Também é cultivado sob irrigação no sudoeste norte-americano. Suas fibras são brancas, lustrosas, sedosas, porém mais longas que as de qualquer outro tipo de algodão, o que permite a fiação de fios extremamente finos.

O *sea island* é o mais caro dos algodões e representa apenas 0,0004% da produção mundial, segundo informações da Fogal (marca suíça fabrican-

---

[9] Intercâmbio Comercial do Agronegócio 2012 – AgroStat Brasil, a partir dos dados da Secex/MDIC. Disponível em http://www.agricultura.gov.br/arq_editor/file/Intercambio_book_egito.pdf. Acesso em 9-4-2015.

[10] Seminário bilateral Brasil–Egito: do algodão às confecções, São Paulo, 22-8-2006.

[11] *Ibidem*.

te de roupa íntima de qualidade finíssima). A rainha Vitória só usava lenços de algodão *sea island*, e Eduardo VIII, o duque de Windsor, também só vestia algodão desse tipo. Atualmente, apenas etiquetas de altíssima qualidade oferecem peças fabricadas com algodão *sea island* a um público selecionado. É o caso da Fogal, que possui em sua coleção camisetas e underwear inigualáveis, com leveza e maciez semelhantes ao do mais fino cashmere.

Com flores amarelas e sementes negras, essa espécie contém o composto químico Gossypol, que lhe confere resistência a insetos. Da planta, nada se perde: das sementes é extraído óleo comestível, os galhos servem para alimentação do gado e suas folhas são usadas na medicina tradicional para diversos tipos de tratamento.

As chamadas Sea Islands formam a cadeia de mais de cem pequeninas ilhas da costa Atlântica da Carolina do Sul, Geórgia e norte da Flórida. Elas constituíram a primeira área importante do cultivo de algodão na América do Norte. No início do século XIX, as ilhas de Santa Helena e Porto Royal se tornaram locais de grandes plantações do algodão *sea island*. A Guerra Civil (1861 a 1865) e a distribuição da terra pelo governo federal dos Estados Unidos aos escravos liberados depois da guerra acabaram com a fortuna de seus plantadores. Por volta de 1920, a agricultura foi diversificada, e o algodão retomou seu rumo.

Nas ilhas das Índias Ocidentais, o melhor dos algodões é colhido manualmente para resguardar sua pureza. Uma organização especializada inspeciona cada quilo do algodão produzido no local, liberando-o com certificado de autenticidade.

Na China

A China, maior consumidora de algodão no mundo, teria descoberto essa fibra no período em que apenas se delineava o caminho que se tornaria a Rota da Seda (ver o capítulo "Seda").

Trapos de algodão, casca de árvore, fibras de cânhamo e redes de pesca rasgadas foram utilizados para produzir papel a partir de 105 d.C.

Na Idade Média (476 a 1453), tecidos de algodão de origem indiana chegavam à China em carregamentos trazidos por camelos. Vistos como produtos exóticos, alcançavam preços elevados, mas não despertavam muito a atenção dos consumidores, mais preocupados com as sedas chinesas que rumavam ao Ocidente em grande quantidade.

Somente no fim da dinastia Tang (618 a 907) é que o algodoeiro foi aclimatizado na província de Fujian. Os primeiros tecidos de algodão, porém, só apareceram na época dos Song e dos Yuan (960 a 1368).

Ao contrário do trabalho mais complexo requerido pela seda e pelo cânhamo, o tratamento das fibras de algodão podia ser feito por uma só pessoa, utilizando instrumentos muito mais simples. Para a produção de tecidos também não era preciso qualificação profissional. Mesmo assim, o governo Ming (1368 a 1644) conferiu a essa fibra têxtil *status* igual ao da seda.

Apesar do sucesso, os tecidos de algodão permaneceram entre a seda, tida como nobre, e os provenientes do cânhamo ou do rami, reservados aos pobres.

É interessante observar que, após ter trabalhado durante muito tempo a superioridade de seus dois produtos de exportação – a seda e a porcelana, cujos processos de produção, principalmente o relativo às porcelanas, eram guardados em segredo –, os chineses começaram a desenvolver vendas ao exterior de tecidos finos de algodão, chamados de "indianos".

O sucesso do novo produto exportado foi tanto que por volta de 1780 faltava matéria-prima, e o algodão começou a ser importado. Esse tipo de comércio era feito pelos negociantes de Cantão, principalmente por intermédio da Companhia das Índias inglesa, que os supria com grandes quantidades de fibras e de fios provenientes da Índia.

No início do século XIX, o fluxo do comércio foi invertido: o império chinês passou a exportar algodão bruto e a importar fios e tecidos de algodão. De 1840 a 1880, ela voltou a importar o algodão indiano bruto e exportar o produto já tecido.

A China deixou de alternar seu tipo de comércio (ser importadora ou exportadora do produto bruto ou manufaturado) somente no século XX, a partir da Primeira Guerra Mundial (1914 a 1918). Sua rápida industrialização, baseada em capital nacional ou estrangeiro, permitiu que, por volta de 1930, assumisse o papel de importadora de algodão bruto e exportadora de fios e tecidos.

Na primeira metade do século XX, os processos antigos de fabricação de tecidos não contentavam os artesãos chineses. Sedentos por inovações, valeram-se da experiência ocidental, adotando quadros metálicos, lançadeira volante e o processo jacquard.

Hoje, a China produz, importa algodão e exporta o produto industrializado, constituindo-se como o maior produtor, consumidor e importador mundial de algodão. Como grande consumidora da fibra, ocupa lugar de destaque na importação mundial do produto, mantendo comércio com grandes exportadores, como Índia e Brasil.

NA EUROPA

Durante toda a Antiguidade, até o fim da Idade Média, as fibras têxteis comumente utilizadas na Europa eram a lã e a seda, de origem animal, e algumas de origem vegetal, como linho, cânhamo, urtiga e giesta.

A fibra do algodão foi introduzida na Europa no século IV a.C. pelas mãos de Alexandre da Macedônia, mas seu uso difundiu-se na Europa ocidental somente na época das Cruzadas (1096 a 1291). No século seguinte, a cidade italiana de Veneza, importante centro comercial da época, produzia os primeiros tecidos de algodão. Em seguida, o resto do norte da Itália e, depois, a Alemanha passaram a produzir o "novo tecido". No início do século XV, passou a ser tecido em Zurique, Suíça. Contudo, ele só se tornou importante na Europa com a chegada dos tecidos de algodão vindos da Índia, no século XVII.

O algodão teve importante participação no desenvolvimento industrial dos países europeus, especialmente da Inglaterra. Os tecidos vindos da Índia, com seus motivos exóticos e belas cores, passaram a ser muito requisitados, o que motivava o crescimento da importação e incentivava as indústrias a tentarem copiar os desejados têxteis.

Algodões indianos na Europa

No século XVII, navios ingleses, franceses e holandeses lotavam seus porões na Índia com tecidos de algodão estampados, para sedução do mercado europeu. Essas preciosidades eram disputadas a peso de ouro pela nobreza e pela alta burguesia, que os utilizava tanto na decoração, em cortinas e revestimento de paredes, como para a confecção de roupas para o dia e para a noite.

Não eram apenas os motivos exóticos e as cores brilhantes que encantavam os europeus. Habituados aos pesados tecidos de lã e seda (cetins e chamalotes usados em cortinas e revestimento de móveis) ou ao linho de cor única, ficavam seduzidos com os "indianos" leves e suas cores resistentes ao ar, à luz e às lavagens repetidas. Muitas vezes faziam encomendas especiais a artesãos indianos, que utilizavam motivos ocidentais em substituição aos motivos tradicionais e característicos.

A demanda crescente por esses algodões impulsionou a criação de manufaturas na Europa, que passaram a concorrer com a mercadoria vinda da Índia. Para concorrer, entretanto, seria preciso se equiparar aos indianos ou superá-los. E isso estava longe de acontecer. Os artesãos indianos, além de possuírem grande habilidade e conhecimentos técnicos tradicionais, eram mestres na utilização de mordentes (substâncias que permitiam a obtenção de várias nuanças a partir de um único corante e fixavam as cores; ver o capítulo "Beneficiamento têxtil, tintura e estampagem").

As primeiras tentativas europeias de imitação foram medíocres. Cada vez mais, a grande moda pedia tecidos de algodão pintados ou estampados. Prevendo prejuízo às indústrias de lã e linho em virtude da séria concorrência do algodão, governantes de vários países europeus promulgaram leis proibitivas contra os tecidos da Índia.

Um decreto de 1686 na França proibiu o comércio, a fabricação e o uso de tecidos pintados, com a finalidade de proteger as indústrias têxteis tradicionais da lã e da seda. A partir desse ano, a França tornou-se legalmente fechada aos tecidos indianos. A Inglaterra, a Prússia e a Espanha seguiram o exemplo francês.

Como toda proibição desperta curiosidade e incentiva reconquista, o decreto de 1686 gerou a criação de numerosas manufaturas de "indianos", com novas técnicas de estamparia, novos motivos e aperfeiçoamento na química das tinturas.

Até 1759, Marselha era a única cidade da França que permitia aos fabricantes produzirem os "indianos" que tanto agradavam à população. Ao mesmo tempo, outra cidade francesa, Aix, era vista como a capital do contrabando de "indianos". Os "indianos" de Marselha entraram em crise quando, em Aix, quatro fábricas passaram a funcionar entre 1758 e 1760. A proibição acabou sendo suspensa.[12]

No fim do século XVIII, a fabricação de tecidos de algodão empregava cerca de 150 mil pessoas na Europa.

Mecanização e progresso na Europa

No século XVIII, o uso do algodão constituía um luxo entre os europeus, por causa do seu preço. A produção local era pequena e havia dificuldades como o descaroçamento manual, embora o custo da mão de obra fosse mínimo. Em 1753, Londres recebeu o primeiro carregamento de algodão vindo dos Estados Unidos. Somente no fim desse século, em 1794, é que os preços baixaram, graças à máquina de descaroçar inventada pelo americano Eli Whitney. A máquina mecânica passou a separar os grãos das fibras.

Na mesma época, as invenções de dois ingleses – Arkwright, com sua máquina de fiar, e Cartwright, com o tear mecânico – colaboraram para o

---

[12] Olivier Raveux, "Les débuts de l'indiennage dans le pays d'Aix (1758-1770)". Disponível em http://www.marseille-innov.org. Acesso em 16-10-2013.

grande progresso da indústria têxtil do algodão, especialmente na Inglaterra. Essa mecanização diminuiu os custos da produção e permitiu que as indústrias pudessem atender à demanda crescente por tecidos de algodão (ver o capítulo "Tecelagem e classificação").

A fiação mecanizada produzia fios mais fortes e mais uniformes, adequados a suportar tensões e violências a que ficam submetidos na tecelagem mecânica acelerada. Pouco a pouco, fiação e tecelagem manual caem em desuso, permanecendo apenas como trabalho artesanal, como até hoje.

Para os industriais, o futuro era promissor. A montagem de uma manufatura, com todo o seu equipamento de fabricação, não exigia grandes investimentos, e o lucro era garantido por causa do crescimento do mercado. Na Inglaterra, onde Lancashire tornou-se o centro da fabricação de tecidos de algodão, a matéria-prima era importada das Índias, Antilhas e dos Estados Unidos.

Em 1801, a indústria do vestuário consumia na Europa 78% de lã, 18% de linho e 4% de algodão. Um século mais tarde, as proporções eram de 20% de lã, 6% de linho e 74% de algodão, respectivamente.

Durante o século XIX, o aprimoramento dos tecidos de algodão fizeram com que seu uso na decoração se intensificasse. Cortinas, estofados e paredes passaram a contar com mais uma opção para mostrar cores e estampas de grande beleza.

Na América

Na América, o algodão selvagem era cultivado e utilizado por civilizações por volta de 5800 a.C., segundo vestígios de cápsulas de algodão e de tecidos descobertos numa gruta perto de Tehuacan, no México. Sua fibra também era uma das mais importantes fontes de recursos de civilizações pré-colombianas, como os maias, na Guatemala, e os povos de Chimu, Nazca e Paracas, no Peru.

Assim, muito antes da chegada dos conquistadores ao novo continente, o algodão já fazia parte da vida de seus habitantes. Há quem diga que o fato de

Tecido de algodão indiano do fim do século XVIII impresso com prancha de madeira. Museu de Impressão sobre Tecidos, Mulhouse, França.

Cristóvão Colombo ter visto os habitantes das ilhas de Barbados usando roupas de algodão fez com que ele pensasse ter descoberto o caminho para as Índias. Naquela época, o algodão, assim como as especiarias, era associado à Índia.

Importantes descobertas realizadas em Paracas, no sul do Peru, conhecidas como Paracas Necrópoles, testemunham que, entre 300 a.C. e 100 a.C., eram usados diversos tipos de tecidos como gaze, tecido reversível combinando algodão e lã de alpaca, além de bordados. Nesse mesmo local, numa cova fúnebre foram encontrados largos tecidos de algodão, usados como sudários de 55 múmias. Esses tecidos mostravam cores que documentam a mistura de tinturas vermelhas, amarelas e índigo.

No Brasil, o algodão que crescia em estado selvagem foi descoberto pelo navegador português Magellan, em 1519. As variedades de algodão do Oriente, introduzidas nos estados do Maranhão e do Pará, no início da colonização portuguesa no Brasil, foram trazidas pelos portugueses após constatarem o progresso de suas plantações nas ilhas do Cabo Verde. Eles trouxeram não só o algodão como também os escravos africanos. Há quem diga que eles trouxeram os escravos africanos e, com eles, o algodão!

Com a exploração do Novo Mundo, foram conhecidas novas espécies de algodão utilizadas pelos astecas, no México, e pelos incas, no Peru. Atualmente sua cultura se estende pelas regiões quentes de todas as partes do planeta.

Mercado

O algodão representa atualmente 70% do mercado têxtil mundial, com produção anual de mais de 24 milhões de toneladas.[13] O produto é utilizado, em sua maior parte, pelos próprios países produtores. O exce-

Faixas coloridas de algodão e de lã, tecidas em tear manual, fazem parte do artesanato atual da Guatemala e do Peru. Foto: Dinah Bueno Pezzolo.

---

[13] Portal do Agronegócio, "Icac revisa para baixo safra mundial de algodão em 2020/21", 8-10-2020. Disponível em www.portaldoagronegocio.com.br/economia/brasil/noticias/icac-revisa-para--baixo-safra-mundial-de-algodao-em-2020-21. Acesso em 27-7-2021.

dente das produções é exportado aos países manufatureiros não produtores dessa fibra.

Zonas algodoeiras no mundo

América, Ásia, África, Europa e Oceania – a cultura do algodão é feita em cinco continentes. Em cada um deles, alguns países se destacam como principais produtores.

Na América, Estados Unidos, México, Brasil, Peru e Argentina. A zona algodoeira nos Estados Unidos ocupa a faixa que se estende do Atlântico até o Texas. No Brasil, o algodão é produzido principalmente nos estados do Mato Grosso, da Bahia e de Goiás.

Na Ásia, a produção é feita na faixa que se estende da Turquia ao leste da China, incluindo grandes produtores como Rússia, Índia e Paquistão. Na Rússia, os principais centros de produção se localizam ao sul, em regiões semiáridas, onde se destaca o Uzbequistão, responsável por 43% de sua produção. Na Índia, o centro algodoeiro fica em Decan. Na China, a cultura do algodão é feita ao longo dos rios Ian-Tsê-Kiang e Hoang-Ho, principalmente.

Na África, a cultura do algodão ocorre no Egito, numa faixa ao longo do Nilo, estendendo-se do delta até a represa de Assuan. Outros países, como Sudão, Uganda, Quênia, Tanzânia, Moçambique, Congo e Nigéria, também são produtores.

Na Europa, apenas Grécia e Espanha merecem destaque.

Na Oceania, o algodão aparece como um dos principais produtos agrícolas da Austrália.

Produção mundial

Segundo a Associação Brasileira de Produtores de Algodão (Abrapa), em seu Relatório Safra de abril de 2021, a produção mundial de algodão, safra 2020/2021, foi liderada pela Índia, com 6,314 milhões de toneladas, seguida pela China (5,910), pelos Estados Unidos (3,200) e pelo Brasil (2,410), na quarta posição. Na sequência, aparecem Paquistão, Uzbequistão e outros com índices menores. Embora a China e a Índia sejam grandes produtores, consomem a maior parte do seu produto internamente.

Consumo mundial

Segundo o ICAC, o consumo global do algodão está calculado em 25 milhões de toneladas para 2020/2021, com alta em comparação com as 22,7 milhões de toneladas da temporada de 2019/2020, afetada pela pandemia da Covid-19. Os maiores consumidores pela ordem: China, Índia, Paquistão, Turquia, Bangladesh, Vietnã, Estados Unidos, Brasil, em oitavo lugar, seguido pela Indonésia. A China, país produtor, consumidor e importador de algodão, tem uma produção anual de 5,910 milhões de toneladas, mas consome 9,2 milhões, tendo, então, a necessidade de importar o produto.

Exportações

Os principais países exportadores de algodão na safra 2020/2021 foram: Estados Unidos, Brasil, Índia e Austrália. Os Estados Unidos foram o maior exportador, com 3,18 milhões de toneladas anuais. O Brasil ocupou a segunda posição, com 2,12 milhões, seguido pela Índia e pela Austrália.

Apesar das dificuldades impostas pela pandemia, o Brasil alcançou um volume recorde de exportação no ano de 2020, passando a Índia, que ocupava a segunda posição, de acordo com dados do Ministério da Economia. Segundo a Abrapa, o Brasil tem potencial para se tornar o maior exportador da fibra no mundo até 2030.

O produto

O algodão é produzido pelo algodoeiro, planta da família das malváceas, do gênero *Gossypium*. Suas fibras crescem aderidas às sementes dentro de uma cápsula, ou capulho, que se abre quando maduro.

Trata-se de uma planta das regiões tropicais do planeta; portanto, teme o frio. Sua altura pode variar de 1,5 m a 6 m, de acordo com o clima. O período vegetativo compreende de cinco a sete meses, conforme a quantidade de calor recebido.

As flores do algodão têm vida curtíssima – cerca de 12 horas apenas; os elementos que as compõem, celulose, água e gordura, é que vão constituir a fibra do algodão. Do ovário da flor surge o fruto em formato de cápsula. Quando a cápsula atinge sua maturidade, cerca de 48 dias após o surgimento, ela se abre mostrando os flocos do algodão que envolvem as sementes. A colheita deve ser imediata.

A qualidade do algodão é avaliada de acordo com o comprimento de suas fibras, seguindo-se finura, cor e pureza. Dentro dessa avaliação, os algodões mais cotados são os provenientes de Karnak, no baixo Egito, e das Antilhas. Quando plantado em desertos ou semidesertos de países como Sudão, ou o próprio Egito, vários processos de irrigação são utilizados em sua cultura, por causa da escassez de água nessas regiões. Clima quente, com duas estações (chuvosa e seca), apresenta condições naturais propícias ao cultivo do algodoeiro. A chuva é temida no período da maturação, quando as cápsulas se abrem, por ser prejudicial ao produto.

O uso de fertilizantes, a rotação de culturas ou, ainda, o descanso do solo entre safras devem ser observados pelos produtores. O excesso ou a falta de chuva pode prejudicar a produção. Outro cuidado se refere às pragas – entre elas, a lagarta-rosada é a mais temida, pois pode ocasionar enormes prejuízos.

A colheita manual é um trabalho árduo que pode se prolongar por semanas, pois nem todas as cápsulas se abrem ao mesmo tempo e somente as

Quando as flores em formato de cápsulas se abrem, a colheita do algodão deve ser imediata.
Foto: David Nance.

maduras devem ser apanhadas. A mecanização da colheita deu-se no fim do século XIX. Ela melhorou as condições de trabalho e trouxe maior rentabilidade ao produtor. Embora não seja tão perfeita quanto a manual, a colheita mecanizada tem a vantagem de realizar o trabalho numa única passagem pelo campo.

As fibras do algodão são classificadas de acordo com seu comprimento. Inferiores, se menores de 22 mm; médias, se medirem de 28 mm a 34 mm; longas, se tiverem mais de 34 mm de comprimento.

O algodoeiro cultivado há muitos séculos na China, Índia e nos países vizinhos é uma variedade asiática marcada por sua fibra curta. O egípcio caracteriza-se por suas fibras longas e resistentes. Hoje ele é cultivado também no sudeste dos Estados Unidos e na América do Sul.

Colonizadores ingleses encontraram na região leste da América do Norte um tipo de algodão nativo chamado *upland*, de fibras mais curtas que as do algodão egípcio. A grande quantidade de sementes e sua forte aderência às fibras dificultaram sua propagação imediata, mas, vencida a dificuldade do descaroçamento, o algodão *upland* tornou-se o mais difundido no mundo. Ainda hoje, a maior parte da colheita mundial de algodão é desse tipo. Ele tornou-se o tipo padrão, ao qual os outros são comparados.

Atualmente, a fibra do algodão é a mais importante das utilizadas nas indústrias de tecidos, por diversas razões: tem baixo custo, não requer preparação mecânica nem tratamento químico custoso, é lavável e mais resistente que a lã. Além disso, de seu caroço é extraído óleo comestível, e a moagem de seus resíduos resulta em farelo usado na alimentação do gado e como fertilizante.

Fiação

Os fios de algodão destinados ao uso têxtil são fiados por meio de dois processos: fiação a anel e fiação por rotor (ver o capítulo "Fibras e fios").

Fiação por rotor. Também conhecida por fiação Open-End (OE) por conta da simplificação do ciclo de formação do fio, oferece preço menor e melhor regularidade em comparação ao fio convencional (fiação a anel), mas apresenta menor resistência.

Fiação a anel. Tradicionalmente conhecida como fiação convencional (CO), é subdividida em fiação para fibras curtas e fiação para fibras longas. Em ambos os casos podem ser produzidos fios cardados e fios penteados. O fio convencional tem como características básicas, em função das etapas de processos de fabricação, maior resistência e maior custo em relação ao fio Open-End.

Especificações do algodão

Cobaia têxtil

O tecido de algodão, seja plano ou malha, pode ser tingido de inúmeras cores ou alvejado. O alvejamento tem por finalidade remover os pigmentos naturais que conferem coloração amarelada ao algodão, bem como restos de cascas e pontos escuros na superfície do tecido. Após ser fervido e alvejado, com 98% a 99% de celulose, oferece duas excelentes qualidades: é um produto bem lavável e de grande absorção.

Podemos dizer que a fibra do algodão foi a mais castigada nos tratamentos dados aos tecidos em toda a história da tecelagem. Foi e continua sendo utilizada como verdadeira cobaia nas operações de alvejamento, mercerização, tintura e impressão. Na tecelagem, mostra-se perfeita na combinação com inúmeras outras fibras, incluindo as sintéticas e artificiais.

Algodão colorido

Desde 4500 a.C., incas e outros povos antigos da América, assim como da África e da Austrália, já utilizavam o algodão colorido, principalmente na tonalidade marrom.

Há algumas décadas, a crescente demanda por produtos ecologicamente corretos gerou o interesse por essa cultura de milênios – o algodão naturalmente colorido. Ele passou a fazer parte, com destaque, de importantes coleções esportivas.

Os quilts americanos

O início da cultura de algodão nos Estados Unidos deu-se na Virgínia, no início do século XVII. Nos anos 1700, ela já se expandia a outros estados mais ao sul, como Flórida, Geórgia, Louisiana, Carolina do Norte e Carolina do Sul.

Até o fim do século XVIII, colheita, triagem e descaroçamento do algodão eram tarefas feitas manualmente, pelos escravos. Apesar do baixo custo da mão de obra, o algodão era visto como artigo de luxo. Ele tornou-se acessível às camadas mais populares somente após 1794, com a máquina de descaroçar de Eli Whitney.

Falando-se nos conhecidos quilts americanos (coberta acolchoada para cama), feitos de algodão na maioria das vezes, lembramos que o trabalho de acolchoar tecidos é muito antigo. Na Sibéria foram encontradas peças acolchoadas que envolviam seus mortos, além de representações rupestres mostrando caftans com o mesmo tipo de trabalho. Os europeus descobriram o acolchoado com as Cruzadas, quando os árabes usavam roupas acolchoadas sob as armaduras de malha. A técnica do trabalho foi difundida na Europa, e utilizada até o fim da Idade Média.

A partir do século XVI, esse trabalho passou a ser muito usado na Escandinávia, na confecção de colchas, mas foi na Inglaterra e, depois, nos Estados Unidos que a fabricação desse tipo de peça para cobrir a cama tornou-se tradicional.

A técnica de acolchoar consiste em unir, por meio de pespontos, tecidos de várias espessuras, sendo no mínimo três: o tecido de cima, o do meio (macio e quente) e o do avesso. Esse tipo de trabalho, totalmente feito à mão, deu origem ao patchwork ("trabalho de remendo", ao pé da letra).

PATCHWORK

Essa técnica de trabalho manual surgiu muito antes do aparecimento dos tecidos, quando homens emendavam peles de animal na confecção de suas roupas.

O patchwork artesanal foi divulgado no século XVII principalmente na Inglaterra, na França e nos Estados Unidos, como trabalho característico das comunidades Amish.

Inicialmente elaborado em função da necessidade de cobrir e aquecer as camas, este trabalho feito por mulheres associava criatividade e integração social. O patchwork era composto por quadrados de tecido trabalhado, costurados uns nos outros para formar a parte superior dos acolchoados. Quilts de nascimento, de casamento, relacionados a datas comemorativas passaram a ser criados por mãos habilidosas.

Essa arte permitiu às mulheres da comunidade Amish, nos Estados Unidos, amenizarem a rotina austera em que viviam, exprimindo sua imaginação em peças bastante originais. Na comunidade Amish são usados unicamente tecidos de algodão de fabricação própria, tingidos com corantes naturais e sempre unidos em motivos geométricos. Assim se desenvolveu o patchwork tradicional.

A técnica artesanal do patchwork se mantém fiel à tradição que perdura há séculos.
Foto: Dinah Bueno Pezzolo.

A entrada das mulheres no mercado de trabalho, seja por vontade própria ou por necessidade durante as duas guerras mundiais, contribuiu para a interrupção ou, pelo menos, a diminuição significativa dessas criações têxteis.

A valorização do artesanato nos anos 1970 fez com que os velhos quilts fossem redescobertos. Quilts com desenhos tradicionais passaram a competir com criações contemporâneas. Neste novo século, cada qual tem seu espaço entre os diversos tipos de decoração.

Algodão ecológico

Nas últimas décadas, a preocupação com a ecologia tem feito com que certas técnicas sejam repensadas, gerando um verdadeiro retorno às fontes. Assim, a utilização de produtos químicos tem sido evitada, do plantio ao acabamento do tecido. Mas o conceito de vestimenta ecológica é recente, e seu uso está mais ligado ao modismo incentivado por marcas famosas do que ao conhecimento de seus benefícios relacionados à saúde.

Algumas grifes incluem vestimentas ecológicas em suas coleções. Na maioria das vezes, são peças de puro algodão, com destaque para as camisetas, mas também de linho ou de lã.

Normalmente, a observação do tipo de tecido está relacionada ao conforto, ao fato de estar na moda, à formação de uma imagem desejada e às facilidades de lavagem, sem esquecer o lado econômico. Convém destacar que tecidos ecológicos (tecido plano e tecido malha) não são simplesmente tecidos naturais. Além de naturais, eles respeitam determinadas regras em toda a sua trajetória, antes e depois da tecelagem.

O algodão é uma fibra natural, mas normalmente em sua plantação são usados adubos, fungicidas, inseticidas, produtos contra ervas daninhas, além de desfolhantes para permitir a colheita mecânica. Nas etapas seguintes, destinadas a fiar, alvejar, tingir e tecer, também são vários os produtos químicos utilizados, perigosos para o homem e poluentes para o meio ambiente, segundo os naturalistas. Depois de todo esse banho químico, pode-se até achar mal colocado o termo "natural" a esse produto.

No algodão ecológico, o rigor tem início na seleção das sementes e na plantação, em que é assegurado o desenvolvimento natural. A colheita é feita à mão. Se o algodão não for naturalmente colorido, ecologicamente correto, poderá receber tintura, contanto que sejam usados pigmentos naturais. Mas todo esse cuidado, ao contrário do que se possa pensar, acaba encarecendo o produto.[14] Essa é a razão de as roupas ecológicas fazerem parte de coleções como as de Georgio Armani para as suas grifes Emporio Armani e Armani Jeans, por exemplo.

O algodão no Brasil

Por volta de 1519, os navegadores portugueses que chegavam ao Brasil encontravam o algodão selvagem, que já era cultivado, fiado e tecido. Os índios o utilizavam para fabricar redes e algumas peças que usavam no corpo e também na elaboração de tochas.

Paulo Bomfim faz referência à tecelagem do algodão no Brasil durante o século XVI: "Alcântara Machado, em pesquisas realizadas em inventários quinhentistas e seiscentistas, encontra no espólio de velhos paulistas teares que eram manipulados por índios que se especializaram na tecelagem do algodão". Em outro trecho, Bomfim prossegue: "Em 1585, a Câmara Municipal de São Paulo determinava que 'não fizessem panos de algodão que fosse de mais de três palmos e meio de largura sem licença da municipalidade' ".[15]

Com o passar do tempo, a produção do algodão em nosso país foi ampliada e melhorada, graças à inclusão de espécies do Oriente. Trazidas pelos colonizadores portugueses, as novas variedades passaram a ser cultivadas nos estados do norte do país. No século XVIII, a cultura algodoeira tomou

---

[14] Claude Aubert & Myriam Goldminc, *Vêtement: la fibre écologique*, cit.
[15] Paulo Bomfim, "Tecido de lembranças: anotações sobre os primórdios da indústria têxtil paulista". Disponível em http://www.tribunadodireito.com.br/2003/junho/bomfim.htm. Acesso em 16-10-2013.

grande impulso, principalmente nos estados do Pará, do Maranhão, do Ceará, de Pernambuco e da Bahia. Nessa época, a chita, tecido de algodão com estampa colorida introduzido no Brasil pela mão dos portugueses, vestia escravos, operários e colonos em virtude do baixo preço, mas, também, por ser adequado ao nosso clima.

No início do século XIX, a Revolução Industrial que ocorria na Europa fez com que a Inglaterra se tornasse a maior potência econômica do mundo, substituindo Portugal e Espanha. O sistema colonial português entrava em crise; ao mesmo tempo, a rapidez gerada pela mecanização da produção e a diversidade de mercadorias fabricadas estimulavam a procura por novos mercados receptores e fornecedores de matérias-primas.

A Inglaterra passou a estimular a cotonicultura nas Américas, pois necessitava da preciosa matéria-prima para sua indústria têxtil. O Brasil se tornou exportador de algodão, via Portugal, para a Inglaterra; o abastecimento de mercados exteriores era a meta da cultura algodoeira. A abertura dos portos, decretada por dom João VI em 1808, facilitou a expansão comercial brasileira.

A queda da produção de algodão nos Estados Unidos causada pela Guerra Civil (1861-1865) incentivou as exportações brasileiras, beneficiadas pelos altos preços do mercado. No entanto, em 1880, quando o algodão americano já se refazia dos danos causados pela discórdia entre os estados do sul e do norte, nossos índices de exportação caíram. A queda foi compensada pelo considerável aumento de nosso comércio interno.

Chitas brasileiras e de Alcobaça

Nossas chitas, de puro algodão, sempre muito coloridas e geralmente mostrando motivos florais, podem ser vistas tanto em colchas e cortinas de humildes casebres quanto na decoração de ricas sedes de fazendas ou, ainda, alegrando danças folclóricas e festas juninas.

Almofadões em varandas, acolchoados em dormitórios, panôs e tapetes patchwork em grandes livings... É o tecido brasileiro valorizado por sua origem: região de Alcobaça, em Portugal, que, por sua vez, teve como raízes a distante Índia e o exótico Oriente.

Atualmente, em pleno século XXI, o Brasil se destaca mundialmente como grande produtor e exportador do produto. Segundo dados da Abrapa, na safra de 2019/2020, o Brasil, quarto maior produtor do mundo, com 2,410 milhões de toneladas, exportou 2,315 milhões, atrás dos Estados Unidos, líder nas exportações, com 3,380 milhões. O Brasil consome um terço de sua produção no mercado interno. O restante é exportado.

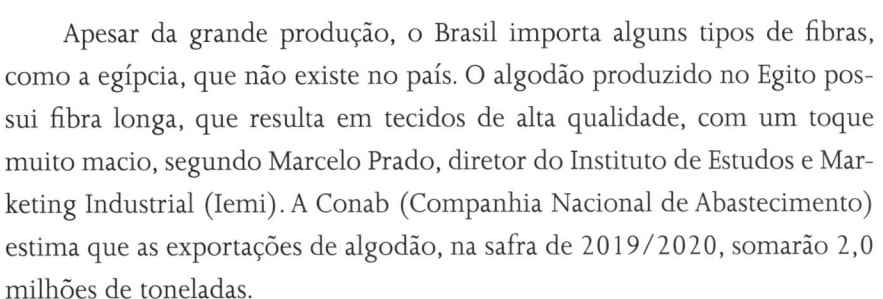

Apesar da grande produção, o Brasil importa alguns tipos de fibras, como a egípcia, que não existe no país. O algodão produzido no Egito possui fibra longa, que resulta em tecidos de alta qualidade, com um toque muito macio, segundo Marcelo Prado, diretor do Instituto de Estudos e Marketing Industrial (Iemi). A Conab (Companhia Nacional de Abastecimento) estima que as exportações de algodão, na safra de 2019/2020, somarão 2,0 milhões de toneladas.

Origem do tecido de algodão estampado

O tecido de algodão estampado originou-se no Oriente e no Oriente Médio, antes do surgimento das telas indianas estampadas entre os séculos XI e XV.

Em 1498, quando Vasco da Gama chegou à Índia, encontrou tecidos de puro algodão estampados com motivos florais, listras e arabescos, resultado de um trabalho feito com uma espécie de carimbo de madeira, chamado cunho. Ao voltar para Portugal, levou os coloridos tecidos de algodão com outros produtos cobiçados pelos europeus, como porcelanas, sedas e especiarias. Com esse ato, as portas da Índia foram abertas ao comércio exterior.

Embora tenham sido os portugueses os primeiros a trazerem os tecidos "pintados" ou "chita" para a Europa, não se interessaram

Carimbos usados para identificação dos fardos de tecidos brasileiros a partir de 1908. Exposição "Que chita bacana", Sesc-SP, dezembro de 2005. Foto: Dinah Bueno Pezzolo.

A riqueza de cores, uma das características da chita brasileira, foi sabiamente usada na exposição "Que chita bacana", Sesc-SP, dezembro de 2005. Foto: Dinah Bueno Pezzolo.

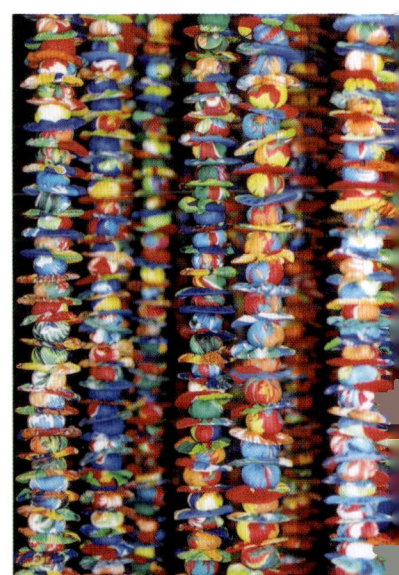

Colcha de algodão estampado, século XIX. Museu Nacional do Traje, Lisboa, Portugal.

em comercializá-los. Deram preferência às peças de algodão bordado com seda, de seda bordada com algodão e até de seda bordada com fios de ouro, mostrando principalmente cenas históricas oriundas de Saigão. A Europa foi palco de importante comércio no setor têxtil durante o século XVII. Embora a Holanda e a Hungria já possuíssem alguns "ateliês" de impressão, foi nesse século que Inglaterra, França e Alemanha deram início a uma indústria têxtil promissora.

Em 1613, o monopólio das relações comerciais com a Índia pertencia aos mercadores de Londres, surgindo a Companhia Inglesa das Índias Orientais. Com a companhia, os ingleses tinham autorização para importar algodão estampado indiano sem taxa. Eles incitavam os indianos a pintarem seus tecidos usando cunhos e, ao mesmo tempo, começavam a produção de imitações na Inglaterra, valendo-se de técnicas indianas (ver o capítulo "Beneficiamento têxtil, tintura e estampagem").

Em 1664, a Companhia Francesa das Índias foi criada por decreto real. Daí em diante, portos do Atlântico e do Mediterrâneo passaram a receber mais facilmente os produtos "indianos" ou "pintados", bem como outros produtos orientais.

Propagação da estamparia

Em 1690, foi fundada em Portugal a primeira manufatura de impressão sobre algodão, da sociedade entre um inglês e um holandês. Desse fim de século em diante, o processo de estampar passou a ser divulgado por publicações que detalhavam a aplicação dos mordentes sobre algodão, a impressão da cor azul e até detalhes sobre comercialização. Os primeiros escritos relatando o uso do índigo e a utilização de plantas tintureiras exóticas estimularam os europeus. Ateliês de *indiennage* se multiplicaram, graças ao aumento da procura por tecidos pintados ou chitas. Na primeira metade do século seguinte, quase todas as cidades europeias já possuíam fábricas de estamparia.

Proibição incentiva o uso

O uso de chitas alcançou tamanho sucesso que os tecelões ingleses de lã e seda reagiram e pediram ao governo a proibição do uso de algodão pintado e da sua importação. Em 1700, conseguiram tal objetivo, seguindo o exemplo da França, onde o embargo já vigorava desde 1686. A proibição dos "indianos" só terminou em 1759. As várias décadas de proibições, porém, não conseguiram erradicar o consumo. Pelo contrário: o gosto pelos "indianos" só aumentou e fez nascer uma espécie de comércio à margem, que os governos tinham dificuldade em controlar.[16]

Usar "indiano" era sinal de prestígio; utilizavam-no tanto em decorações de interiores como em vestuário. Em 1719, apesar das restrições, corria na Inglaterra um panfleto político que dizia: "As pessoas de classe elevada andam vestidas com os proibidos chintz indianos, as de classe média com algodões estampados ingleses e holandeses, e as de classe mais baixa com simples chita".[17]

De Portugal para o Brasil

Nos séculos XVIII e XIX, a indústria da estamparia era uma das mais importantes em Portugal. Ela alimentava o mercado interno e o das colônias, e grande parte dessa mercadoria tinha destino certo: o Brasil.

O complexo luso-brasileiro dominava o império colonial português, e os chamados panos da Índia que chegavam ao Brasil eram destinados ao consumo interno ou reenviados para a África, usados no tráfico de escravos. Em 1777, o mercado brasileiro garantia o escoamento de grande parte da produção portuguesa. Entretanto, a cultura do algodão que prosperava no noroeste do Brasil alimentava a industrialização da chita, principalmente no estado de Minas Gerais.

---

[16] Maria Augusta Trindade Ferreira, *Lenços & colchas de chita de Alcobaça* (Alcobaça: Ministério da Cultura de Portugal/Instituto Camões, 2002).

[17] *Ibid.*, p. 10.

Também foi em Minas Gerais que as camadas mais pobres da sociedade se concentraram por causa do desenvolvimento da mineração. A demanda pela chita aumentou, por ser um tecido barato e adequado ao clima, fazendo com que teares domésticos se encarregassem da produção. Fiar e tecer eram tarefas comuns e que faziam parte da rotina em muitos lares. Nas casas mineiras, especialmente, era comum a presença da roda de fiar e de um tear de madeira para a produção de colchas e roupas para a família. A tradição trazida pelos colonizadores portugueses convivia com criações próprias. Roupas tecidas em algodão e lã eram usadas tanto no trabalho diário no campo como em ocasiões festivas. O algodão era plantado, colhido, descaroçado num descaroçador manual, cardado e fiado. Para o tingimento, utilizavam principalmente cascas e raízes.

Atualmente a tecelagem manual está ligada à cultura do Brasil. Deixou de ser meio para suprir a necessidade de um povo e tornou-se um artesanato bastante apreciado. E não é só: nomes reconhecidos internacionalmente, como Renato Imbroise, por exemplo, têm suas obras expostas em galerias internacionais divulgando as raízes da cultura brasileira.

Proibição portuguesa

Num momento em que a produção de tecidos de algodão no Brasil indicava um futuro promissor, um decreto português de 1785 proibiu a criação de manufaturas em nosso país. Com isso, os lusitanos estimulavam sua própria produção e procuravam amenizar a concorrência da Inglaterra, forte produtora de algodão e exportadora do tecido para o Brasil via Portugal. Anos depois, em 1808, dom João VI abriria os portos brasileiros "a todas as nações amigas", pondo fim ao monopólio português. Em 1869, a indústria de tecidos Cedro e Cachoeira, de Minas Gerais, fabricava pela primeira vez em larga escala a chita em nosso país.

Tear de pedal. A tecelagem era prática comum na rotina doméstica do Brasil colonial, notadamente em Minas Gerais. Foto: Marcio Sallowicz/ Oficina dos Fios.

Nessa echarpe de lã feita em tear manual, fios industrializados foram misturados a outros, fiados de forma rústica. Foto: Dinah Bueno Pezzolo.

Portugal, entretanto, prosseguia no aprimoramento da chita. Em 1875, a Companhia de Fiação e Tecidos de Alcobaça foi fundada no Porto, onde funcionou até meados do século XX. Logo em seu início, as chitas de Alcobaça mostravam motivos florais e aves raras em sua grande maioria. A utilização do azul, principalmente em tom escuro, era uma de suas características. Os desenhos muitas vezes eram combinados, formando listras ao longo do tecido.

Imigrantes portugueses trouxeram para o Brasil muitas colchas e lenços de Alcobaça nas primeiras décadas do século XX que acabaram por influenciar nossa indústria na época. Eis aí o elo entre nossas chitas e o passado rico em detalhes. São as raízes culturais dissimuladas pelos motivos florais graúdos e a exuberância do colorido que caracterizam a chita brasileira, ainda hoje fabricada por três indústrias mineiras: Estamparia S.A., Fabril Mascarenhas e a Horizontes Têxtil.

Produção e comércio

A cultura do algodão é feita, hoje, em todo o Brasil. O estado do Mato Grosso responde por metade da produção nacional, seguido da Bahia e de Goiás. Do nordeste saem as fibras longas que alimentam as indústrias fabricantes de bons tecidos, instaladas principalmente na região sudeste (Minas Gerais, São Paulo e Rio de Janeiro). A espécie seridó, melhor fibra brasileira e uma das melhores do mundo, é cultivada nas zonas mais secas do nordeste. As fibras dessa variedade de algodão têm como características a resistência e a maciez, medindo de 36 a 38 mm de comprimento. Uma outra espécie, vista como excepcional, é a mocó-paraíba, que possui fibras que medem 45 mm.

Segundo dados publicados pela Conab referentes à safra 2012/2013, o consumo da fibra de algodão na produção de fios no Brasil foi da ordem de 80%. Na fabricação de tecidos, 58% do fio utilizado era de algodão, 39% de fios artificiais e sintéticos e 3% de fios provenientes de outras fibras naturais.

No segmento de malharia, 51,2% do fio empregado era de algodão, 48,7% de fibras artificiais e sintéticas e 0,01% de outras fibras naturais.[18]

O Brasil ocupa a quarta posição entre os países produtores de algodão, atrás da China, Índia e Estados Unidos. De acordo com dados publicados pelo IBGE, a produção de 4,2 milhões de toneladas de algodão em caroço em 2014 foi 23,5% superior à de 2013 (3,4 milhões de toneladas), principalmente em razão do aumento de 21,2% da área cultivada. Na safra de 2014/2015, o Brasil exportou 675 mil toneladas do produto.[19] Em 2017, mantém-se como terceiro maior exportador de algodão no mundo. Entre seus maiores compradores estão Indonésia, Coreia do Sul, China, Estados Unidos e União Europeia.

Renascimento da cultura

Até bem pouco tempo atrás, porém, os números da cultura algodoeira no Brasil não eram tão positivos. Foi em 2004 que os agricultores "redescobriram" a plantação dessa matéria-prima.

No fim dos anos 1980, lavouras de algodão devastadas por pragas, especialmente pelo besouro conhecido como bicudo-do-algodoeiro, fizeram com que produtores passassem a investir em outras culturas, especialmente na plantação de soja. Após alguns anos, a necessidade de fazer a chamada rotação da lavoura – para evitar o surgimento de pragas – incentivou os produtores a investirem no algodão. Apesar de o custo de sua produção ser de três a quatro vezes mais alto, o lucro com o algodão pode chegar ao dobro do obtido com a soja.[20] Somente um dos produtores que investiram no al-

---

[18] Agência de Notícias Brasil-Árabe (Anba). Disponível em http://www.anba.com.br/. Acesso em 16-10-2013.

[19] Instituto Brasileiro de Geografia e Estatística (IBGE). Disponível em http://censo2010.ibge.gov.br/noticias-censo?busca=1&id=1&idnoticia=2632&t=abril-ibge-preve-safra-1-5-maior-que--2013&view=noticia. Acesso em 6-9-17.

[20] *Veja*, Edição Especial "Agronegócio & exportação", outubro de 2004.

godão como substituto da soja colheu 10 mil toneladas em 2004, das quais 70% foram embarcadas para países europeus e asiáticos.

Assim, em 2004, de acordo com a Companhia Nacional de Abastecimento (Conab), 1 milhão de hectares plantados resultaram numa colheita de 1,2 milhão de toneladas, mais que 40% do obtido no ano anterior. Do total, um terço foi destinado à exportação, principalmente para a União Europeia e a Ásia.

De terceiro importador mundial da fibra em 1997, o Brasil em 2004 já integrava o grupo dos cinco maiores exportadores e, em 2020, passou a ocupar a segunda posição na exportação mundial. O sucesso do nosso algodão não tem segredos; é baseado em tecnologia de ponta, que chega a utilizar controle de radar na pulverização de agroquímicos. A tecnologia também está presente na classificação da fibra, feita por análise eletrônica, antes de ser exportada.

A classificação é feita de acordo com a resistência, a uniformidade de comprimento e a relação entre maturidade e espessura. Esse processo garante aos produtores a certeza de que a qualidade do algodão brasileiro não será questionada pelos compradores internacionais.

Algodão colorido no Brasil

Apesar de o algodão colorido existir na natureza, seus fios costumam ser pouco resistentes e curtos, o que dificulta a industrialização. Assim, as fibras coloridas costumavam ser restritas ao uso ornamental ou artesanal. A partir de 1989, a Embrapa Algodão, da Empresa Brasileira de Pesquisa Agropecuária (Embrapa), passou a estudar formas de melhorar a matéria-prima.

A Embrapa cruzou as espécies coloridas com outras até chegar a um produto que possui resistência e comprimento de fio adequados ao processo industrial. Reportagem publicada pelo jornal *O Estado de S. Paulo* descreve o desenvolvimento dessas fibras coloridas no Brasil.

O algodão de cor marrom e o verde são fruto de mais de 15 anos de pesquisas da Embrapa. O algodão marrom, conhecido como "macaco", já existe na natureza. Mas o instituto fez cruzamentos das plantas de melhor qualidade, e conseguiu obter fibras mais finas e resistentes. Em 2000, a Embrapa lançou o BRS 200 marrom, a primeira variedade de algodão colorido brasileiro. No fim de 2002, foi lançado o BRS verde. O algodão marrom é usado em todo tipo de tecido, até roupas íntimas. Já o algodão verde não tem uma cor tão intensa – a coloração provém da clorofila – e é usado principalmente para fabricar índigo.[21]

Os investimentos em produção significaram a retomada da cultura algodoeira no semiárido nordestino, a qual havia praticamente desaparecido por conta do bicudo-do-algodoeiro. A fibra colorida possui valor de mercado de 30% a 50% superior às fibras de algodão branco normal. O algodão colorido desenvolvido pela Embrapa é considerado ecologicamente correto, pois elimina o processo de tingimento, um dos mais poluentes da indústria têxtil. Além disso, segundo a empresa, roupas feitas com esse material podem ser usadas sem problemas por pessoas alérgicas a corantes. Outra qualidade dessas sementes está no fato de elas poderem ser plantadas em regiões secas e utilizarem menos agrotóxicos, já que quase não há pragas que ataquem essa variedade.

Algodão transgênico no Brasil

Após anos de luta pela aprovação do transgênico em nosso país, os produtores de algodão conseguiram superar os ambientalistas. Em 2001, a Monsanto, uma companhia norte-americana de biotecnologia, solicitou às autoridades o registro do algodão transgênico brasileiro, mas as negociações se arrastaram por anos. Os produtores argumentavam que a semente geneticamente modificada proporcionaria uma economia de 50% nos gastos com inseticida e sua eficiência já havia sido comprovada, pois já era plantada em

---

[21] Patrícia Campos Mello, "Algodão brasileiro chega à Europa", em O *Estado de S. Paulo*, Suplemento Agrícola, São Paulo, 10-9-2003, p. G-11.

vários países como Estados Unidos, China, Índia, Austrália, África do Sul, Egito, Argentina, Colômbia, Indonésia e México. Por outro lado, os ambientalistas diziam que a introdução do algodão transgênico em nossas lavouras geraria pragas resistentes e desequilibraria o ecossistema.

Outros países, da mesma forma, demonstraram interesse pelo algodão transgênico. No continente africano, em 2003, Mali, Burkina Fasso, Camarões, Costa do Marfim, Togo, Benin, Gana e Chade demonstraram intenção em seguir o exemplo da África do Sul e do Egito, que já plantavam o algodão geneticamente modificado.

Apesar das dificuldades iniciais, hoje os produtores de algodão podem dizer que a aprovação de transgênicos permitiu minimizar o dano causado pelo uso massivo de pesticidas nas plantações. Em março de 2009, a liberação comercial de uma variedade de algodão BT resistente a insetos, conhecida como Widestrike, aprovada pela Comissão Técnica Nacional de Biossegurança (CTNBio) foi o passo inicial nessa luta para o controle de importantes pragas do algodoeiro.

Em agosto de 2012, o número de variedades transgênicas de algodão no Brasil chegava a dez, com a liberação pela CTNBio da semente conhecida como Bollgard II. Trata-se de mais uma variedade da Monsanto, que possui efeito inseticida a determinadas lagartas e oferece resistência ao herbicida glifosato. Essa semente, geneticamente modificada, teve seu uso aprovado em 2005 nos Estados Unidos, no Canadá e no Japão; em 2006 seu uso foi aprovado no México, na Coreia do Sul, na Austrália e nas Filipinas; em 2007 passou a ser utilizada na Colômbia e na África do Sul.[22]

A redução das aplicações de inseticidas traz benefícios econômicos e ambientais, além de ganhos na produtividade. Enquanto normalmente em uma cultura convencional são feitas uma média de 18 a 20 aplicações de inseticida

---

[22] Reuters, "CTNBio aprova algodão transgênico da Monsanto resistente", em *Exame*, 16-8-2012. Disponível em http://exame.abril.com.br/economia/noticias/ctnbio-aprova-algodao-transgenico-da-monsanto-resistente-2/. Acesso em 16-10-2013.

entre o plantio e a colheita, no algodão transgênico que produz o bioinseticida são necessárias no máximo sete aplicações específicas para o controle do bicudo-do-algodoeiro – uma das principais pragas a serem combatidas.

Vencida a etapa dos transgênicos, o Brasil enfrenta os Estados Unidos na disputa pelo cobiçado mercado internacional, cujo maior expoente é a China. Os produtores norte-americanos, além de plantarem transgênicos, são subsidiados pelo governo, o que dificulta a situação brasileira frente ao comércio mundial.

A disputa contra os subsídios norte-americanos

A batalha contra os subsídios da Casa Branca se arrastou por anos. Em 2005, o Brasil parecia ter conseguido uma solução para o problema. Pela decisão tomada, os Estados Unidos deveriam reformar seu sistema de apoio ao algodão. Embora tenham afirmado que fizeram a parte deles, o governo brasileiro estimou que apenas 15% dos subsídios legais foram retirados.

Essa luta comercial iniciada em 2002 entre Brasil e Estados Unidos chegou ao fim depois de mais de uma década. Em 1 de outubro de 2014 foi fechado um acordo encerrando a disputa motivada pelos subsídios pagos pelo governo norte-americano a seus produtores de algodão.

Os Estados Unidos efetuaram ajustes no programa de crédito, operando dentro de parâmetros bilateralmente negociados. Desse modo, houve melhora nas condições de competitividade para os produtos brasileiros no mercado internacional. O entendimento bilateral incluiu o pagamento adicional de US$ 300 milhões para atenuar prejuízos sofridos pelos cotonicultores brasileiros.

Por outro lado, o Brasil comprometeu-se a não questionar a nova lei agrícola norte-americana com relação aos programas voltados ao algodão até 30 de setembro de 2018, quando expira a lei atual.[23]

---

[23] Portal Brasil, "Brasil e Estados Unidos encerram disputa sobre algodão", 1-10-2014. Disponível em http://www.brasil.gov.br/economia-e-emprego/2014/10/contencioso-entre-brasil-e-estados-unidos-e-encerrado. Acesso em 31-8-2017.

Lã

A mais antiga fibra natural animal usada pelo homem com o passar do tempo foi se ampliando num imenso leque de variedades. Basta lembrarmos que, hoje, 1 cm^2 de pele de carneiro pode abrigar de 1,2 mil pelos (para as qualidades mais grossas) a 9 mil pelos (para as mais finas) e que o comprimento dos filamentos oscila de 35 mm a 350 mm, dependendo da espécie do animal. Sem falar de outros animais cujas pelagens também se transformam em lã. Com toda essa diversidade, a pura lã continua sendo imbatível e com características que podem ser imitadas, mas jamais igualadas.

História da lã

Na história da humanidade, assim como na história da tecelagem, povos nômades sempre aparecem ao lado de carneiros. Na Idade da Pedra, o homem não só se alimentava da carne de carneiro como também usava sua lã como proteção e agasalho.

As planícies da Anatólia, na Turquia, foram testemunhas da existência de lã, já tecida, 7 mil anos antes de nossa era. Nessa região, foram descobertos indícios de vida humana ao lado de vestígios de trigo e fragmentos de lã tecida.

Na Mesopotâmia, localizada no Oriente Médio, escavações arqueológicas também mostraram fragmentos de lã, datando do Período Neolítico (10000 a.C. a 4000 a.C.). Nessa época, o ancestral selvagem do carneiro começou a ser domesticado pelo homem.

No Egito antigo, a lã era usada raramente; os egípcios viam na lã um material sujo para o vestuário. Ela era destinada, então, a tapeçarias com base de linho.

No decorrer da época islâmica (a partir do século VII), a lã passou a ser considerada a segunda matéria-prima em importância na fabricação de tecidos, depois do linho. A lã era produzida no alto e médio Egito. O médio Egito era conhecido por seus produtos de lã em razão do grande número de carneiros existentes entre as tribos árabes que ali se instalaram no século XI de nossa era.

No Ocidente, as mais antigas fibras de lã datam de 2900 a.C. e foram descobertas em Clairvaux-les-Lacs, na França, próximo à fronteira com a Suíça.

Nos Andes da América do Sul, na época pré-colombiana, os ameríndios produziam tecidos com grandes larguras tecendo a fina lã de vicunha.

Em resumo, na Antiguidade, os tecidos de lã foram usados por quase todos os povos, ainda que em menor quantidade pelos chineses.

Surgimento da lã merino

Esse tipo de lã, até hoje considerada de superior qualidade, surgiu na época da conquista da Espanha pelos árabes (700 d.C.). Foram eles que tiveram a ideia de cruzar a raça de carneiro local com o carneiro romano, resultando num grande progresso relacionado à criação de carneiros — a lã merino.

Essa nova qualidade de lã, tão quente e macia quanto o cashmere, foi responsável pela riqueza da Espanha durante muito tempo. A nova raça era

Detalhe de um galão de tapeçaria de linho e lã com motivos dionisíacos, do século V. 147 cm × 26 cm, Museu do Louvre, Paris.

tão preservada que até meados do século XVIII a pessoa que exportasse um carneiro era punida com a pena de morte.[24]

Apesar de ter durado muito tempo, essa vigilância não poderia ser eterna. Em 1752, já tinham início as primeiras tentativas de levar merinos para a França, mas foi somente em 1786 que a raça foi importada da Espanha sob ordens de Luís XVI. Em seguida, espalhou-se pelas colônias inglesas, chegando à Austrália em 1788, graças ao militar britânico John MacArthur, que fez vir da Espanha trinta ovelhas merino. Os animais se adaptaram ao novo clima de modo excelente, e um século mais tarde o cruzamento entre merinos da Saxônia, região da Alemanha, e merinos da Austrália resultou na produção da famosa lã superfina australiana, cujo diâmetro não ultrapassa 15,5 mícrons – lembrando que um fio de cabelo humano mede 50 mícrons.

Hoje a Austrália ocupa o primeiro lugar na produção mundial de lã merino, que também é produzida na Espanha e na França.

No Brasil, existe em quantidade muito pequena. O velo produzido é denso, macio, suave ao tato, de coloração branca, com uma lã extraordinariamente uniforme em finura e comprimento.

A LÃ NO MUNDO

NA INGLATERRA

A manufatura de produtos de lã chegou às ilhas britânicas em 55 a.C., trazida pelos romanos. Eles conquistaram e ocuparam as ilhas; com a ocupação, introduziram a habilidade em trabalhar com essa fibra animal que acabou se tornando uma arte no império britânico.

Durante a Idade Média (476 a 1453), a Inglaterra disputava com a Espanha o mercado mundial de lã. Mas era preciso que o mercado interno

---

[24] Claude Fauque, *Fil à fil* (Paris: Chêne, 1997).

reconhecesse o valor da ovelha e do produto, o que foi conseguido por Elizabeth I, que reinou de 1558 a 1603. Foi a fase de grande crescimento econômico da Inglaterra. A rainha tomou uma série de medidas para impor sua autoridade e fortalecer o poder real. Entre elas, proibiu a exportação de lã bruta e a importação de fios e tecidos de lã.

Proprietários rurais que produziam para o mercado enriqueceram. A situação só mudou com a Revolução Inglesa de 1640 a 1660: as classes progressistas vitoriosas dominaram o Parlamento inglês, e as forças capitalistas tiveram livre desenvolvimento.

A Revolução Industrial iniciada no século XVIII (com a introdução de máquinas a vapor e grandes teares) acelerou a produção, fez os preços baixarem e promoveu o aumento da demanda por roupas de lã. Para suprir o mercado, a Inglaterra se abastecia da matéria-prima na Espanha, na África do Sul e na Austrália, países possuidores de clima favorável à criação de ovelhas.

Em outras regiões

O mercado mundial é abastecido em sua grande maioria pela lã proveniente da criação ovina. Hoje, estima-se que existam mais de 1,4 mil raças no mundo.

No Brasil, os primeiros ovinos chegaram em 1556, trazidos pelos colonizadores portugueses. Atualmente, as principais raças criadas no Brasil são: rústica, somalis brasileira, morada nova e santa inês. Entre as raças estrangeiras criadas no Brasil aparecem a merino, ideal ou polwarth (lãs finas) e lincoln, romney marsh, correidale e merilin (lã e carne).

Comercialmente falando, são classificadas como lãs não só as retiradas das diversas raças de carneiro existentes no mundo, mas também as provenientes da pelagem de animais como camelo, cabra angorá (mohair), cabra cashmere (cabra da Índia), coelho angorá, lhama, alpaca, iaque e vicunha, que entram no mercado em proporções bem menores.

Animais lanígeros naturais da América do Sul

Alpaca. Mamífero semelhante à lhama e à vicunha. Originário das altas regiões andinas, possui pelos longos (de 10 cm a 20 cm), finos, brilhantes, macios e que geralmente variam do negro ao marrom-avermelhado, sendo algumas vezes cinza e até mesmo brancos.

Lhama. Mamífero ruminante que vive nas altas montanhas da América do Sul. A lã, formada por pelos longos, resistentes, rugosos e muito quentes, é empregada na fabricação de cobertores e tecidos grosseiros.

Vicunha. A chamada lhama dos Andes tem o tamanho de um carneiro com pelo lanoso, fino, amarelo-avermelhado. O animal possui um manto marrom-claro e o peito é vermelho-amarelado. Não é domesticável.

Animais lanígeros naturais do Oriente

Camelo. Vive na China e na Mongólia e possui pelos que variam entre o havana e o marrom-avermelhado. Sob uma camada de pelos grossos, com 30 cm de comprimento, escondem-se resíduos de lã compostos de pelos finos, macios e brilhantes que medem cerca de 15 cm de comprimento. Esses pelos caem na primavera, quando são separados manualmente, fornecendo, em média, 4 kg de lã por ano.

Cabra cashmere. Uma das matérias-primas mais apreciadas da indústria têxtil é o cashmere, por ser muito leve, quente e de toque sedoso. A fibra é produzida pela cabra doméstica *Capra hircus*, comumente chamada cabra cashmere ou cabra da Índia. O animal, originário do Tibete e da Ásia central, vive numa altitude que varia entre 3.300 m e 5.000 m. A criação da cabra cashmere se estende da Ásia central ao Oriente Médio. Austrália e Escócia também são criadores. A produção mundial de cashmere atinge, em média, 11 mil toneladas por ano, das quais 53% são produzidas na China, 24%, na Mongólia, e 18%, no Irã e Afeganistão. A cabra cashmere possui dois tipos de pelos: um é longo, grosso e rijo; o outro é curto, fino, macio, crespo e nasce por baixo dos longos pelos, principalmente do ventre.

Cachecol de lã cashmere com a padronagem clássica e exclusiva de Burberry. Foto: Dinah Bueno Pezzolo.

Esse subpelo é conhecido como a lã cashmere, obtida no período da tosquia. O trabalho não é fácil. Depois de tosquiados, os pelos são penteados a fim de serem desembaraçados e também para separar o subpelo dos grossos restantes. Em seguida é feita uma triagem das fibras de acordo com a cor e qualidade. Somente pelos com diâmetro médio inferior a 30 microns são utilizados na indústria têxtil. Na sequência, a fibra é fiada para ser tecida ou tricotada. Cada animal fornece entre 115 g e 170 g de cashmere. São necessárias entre 10 e 20 cabras para um único pulôver, o que também explica o alto preço desse tipo de lã.

Cabra tchang-ra (lã pashmina). As cabras tchang-ra, que produzem a lã pashmina, vivem no alto do Himalaia, a mais de 4.500 m de altitude, onde a temperatura mínima no inverno atinge −30 °C. Elas desenvolvem um subpelo muito semelhante ao das cabras cashmere. Esse material é extremamente fino, macio, com notáveis propriedades isolantes. Estudos revelaram que essa mesma espécie de cabra, vivendo em altitudes inferiores, sob temperaturas não tão rigorosas, produz menor quantidade dessa fibra. A fibra pashmina foi descoberta pelos mongóis no século XII. O nome vem da antiga palavra persa *pashm*, que significa "extremamente fina". Cada animal produz a média de 90 g de fibra pashmina por ano. Calcula-se que para tecer um xale com esse tipo de lã seja preciso a produção de fibras de três cabras.

Cabra angorá (mohair). Animal originário do Tibete, mas adaptado há muito tempo na Ásia menor, especialmente na Turquia. Sua principal característica é a produção de pelo fino, brilhante e sedoso (mohair). A tosquia é feita duas vezes ao ano. À medida que o animal cresce, a quantidade de mohair produzida aumenta, mas a qualidade da fibra diminui. Os pelos medem de 10 cm a 15 cm (nos animais novos) e podem chegar a 30 cm em animais com mais idade. É um animal de pequeno porte, que chega a pesar 40 kg entre as fêmeas e 70 kg entre os machos.

Coelho angorá. Originário da Turquia (o nome veio do de sua capital, Ancara), possui pelo fino, sedoso, branco, cinza ou negro, colhido quatro vezes por ano. O animal fornece de 70 g a 80 g de lã a cada vez. Os coelhos, quando novinhos, são penteados a partir do desmame, para que sua pelagem não se embarace e se torne compacta. Os pelos são arrancados pouco a pouco com os dedos.

Carneiro. Depois da cabra, o carneiro foi um dos primeiros ruminantes domesticados pelo homem há 12 mil anos, no sudoeste da Ásia. Da variedade das raças (cerca de 1,4 mil) espalhadas pelo mundo provêm diversos tipos de lã. Os pelos se diferenciam quanto à grossura, à resistência, ao comprimento, à textura e à cor.

Iaque. Espécie de boi selvagem que chega a pesar 1 tonelada e que vive no Tibete e no noroeste da China. Domesticado há 3 mil anos, o iaque pode ser encontrado a até 6.000 m de altitude, em regiões onde o frio chega algumas vezes a 60° C negativos. Ele é coberto por uma camada de lã curta, composta por fibras finas, e por uma de lã marrom, compacta, formada por pelos grossos, longos e resistentes, usados no Tibete para a confecção de cordas.

Mercado

A fragilidade do fio da lã foi o motivo do desenvolvimento tardio de sua indústria em relação à do algodão. A mecanização da tecelagem de algodão deu-se em 1794; a da lã, somente em 1850.

As lãs que alimentavam as tecelagens da Europa no início do século XX eram provenientes de países distantes, como Austrália, Nova Zelândia e Argentina. A criação em grande escala dos merinos no hemisfério sul foi a causa do retrocesso dos rebanhos europeus e do desenvolvimento do comércio da lã, bruta ou tecida, entre os mais diversos países.

Hoje, 50% da produção mundial é comercializada pelos maiores exportadores da lã bruta. A Austrália produz 25% da lã do mundo, com seu alto número de criação de ovelhas. A China produz 18%, com importância significativa em seu setor têxtil e de vestuário. Os Estados Unidos ocupam a terceira posição (17%), afetada, a partir dos anos 1940, pela invenção das fibras sintéticas. A Nova Zelândia (11%) é conhecida por produzir lã de alta qualidade.

A Austrália, país que lidera a produção de lã no mundo, também foi afetada pela pandemia do coronavírus nos anos de 2020 e 2021. Assim, o fechamento das fronteiras para conter a disseminação do vírus, em plena época de tosquia, aumentou as dificuldades para recrutar tosquiadores.

Entre 3 mil e 4 mil tosquiadores retiram a lã de 1.600 ovelhas diariamente. Na Austrália, os tosquiadores são em grande parte sazonais e cerca de 500 deles vêm da Nova Zelândia. Assim, medidas adotadas para salvar a população durante a pandemia acabaram afetando a economia dos países. Apesar de tudo, a produção da Austrália em 2019/2020 foi de 283 mil toneladas.[25]

O PRODUTO

Tosquia

Uma vez por ano, em média, os animais produtores de lã são tosquiados por profissionais que trabalham em grupos percorrendo as fazendas. O trabalho é feito geralmente na primavera, período que antecede a época mais quente do ano. Para a tosquia utilizam uma espécie de tesoura elétrica, semelhante às máquinas usadas por cabeleireiros. Retirado o velo, ele é amarrado e separado para ser classificado de acordo com seu tipo e sua finura. Essa classificação determina a que espécie de artigo ela é mais adequada.

---

[25] Portugal Têxtil, "As pragas da lã", 27-10-2020. Disponível em https://www.portugaltextil.com/as-pragas-da-la/. Acesso em 27-7-2021.

Lanifício

No lanifício, a lã bruta é primeiramente lavada e enxaguada em vários tanques, a fim de remover graxa, material vegetal e outras impurezas. Em seguida, as fibras que estavam todas misturadas durante a lavagem são ordenadas por meio da cardagem. Nesse processo, são utilizados cilindros cobertos por finos dentes de arame, que, rodando em velocidades diferentes, acabam transformando a lã em uma espécie de véu fino, com as fibras todas posicionadas paralelamente.

Em seguida a lã pode ser cardada ou penteada. Os tecidos cardados são feitos de fios macios e levemente torcidos, como tweeds ou aveludados. Os tecidos penteados utilizam fios mais fortes e resistentes que resultam em superfícies mais lisas e uniformes, como a gabardine, por exemplo.

No processo seguinte — a fiação —, as fibras são torcidas e esticadas até serem transformadas em fios definitivos.

Tecelagem

É nos teares que séries de fios são tramadas, dando origem aos tecidos. A maioria dos tecidos é produzida por meio desse processo. O tear manual, que acompanha o homem desde a Antiguidade, continua a existir, seja manipulado por povos simples nos mais diferentes pontos do planeta, seja como instrumento de trabalho de renomados artesãos.

Nas fábricas, os teares elétricos foram se modernizando graças às inovações tecnológicas. Hoje, escolhe-se o padrão, e controles eletrônicos informam ao tear quais as cores de fios a selecionar e sua ordem para produzir o padrão desejado.

Xadrez de pura lã em tons de bege e marrom obtido pela trama dos fios. Foto: Dinah Bueno Pezzolo.

Especificações da lã

Lã fria

A lã não deve ser vista como tecido ideal só para o inverno. A chamada lã fria, por exemplo, é um tecido fresco e adequado para temperaturas mais altas. Os beduínos do deserto usam caftans feitos de pura lã, que garante proteção ao calor e favorece a transpiração natural. O segredo está na espessura: quanto mais fina, mais versátil no uso.

A espessura do fio da lã é medida em micra. As melhores são as que começam em 100 micra, podendo ir até 160 micra. O padrão 120 micra é o mais utilizado em roupas de qualidade para homens e mulheres. Com grande durabilidade, mantêm a mesma aparência por muito mais tempo. Outra grande vantagem está no fato de o material amassar muito pouco se comparado a outros têxteis.

A qualidade dos tecidos de pura lã é reconhecida pelos maiores estilistas internacionais, que a utilizam tanto em suas coleções para o inverno como nas de verão.

Do velo ao tecido

Atualmente, a indústria da lã oferece enorme variedade de tecidos, desde leves e transparentes até grossos e pesados, com cores e padrões belíssimos, graças aos avanços técnicos e científicos. Entretanto, as mesmas características básicas, responsáveis por sua importância ao homem primitivo, vêm se mantendo inalteradas há milênios e continuam sendo propriedades inerentes que a tornam verdadeiramente única: seu poder de isolamento da chuva e do frio, o conforto que proporciona e sua durabilidade.

A lã no Brasil

Embora no Brasil o uso da lã não possa ser comparado ao de outras fibras naturais, como o algodão, por exemplo, existe uma concentração importante de produtores no Rio Grande do Sul, que se responsabilizam por 98% da lã brasileira.

Cerca de 9 mil toneladas são produzidas a cada ano, a maior parte destinada ao Uruguai. No entanto, há um movimento para fortalecer o comércio com a China, grande importador de produtos brasileiros. O mercado interno do Brasil absorve 30% da produção, segundo Edemundo Ferreira Gressler, presidente da Associação Brasileira de Criadores de Ovinos (Arco).[26]

A criação de ovinos foi introduzida no Brasil pelos colonizadores portugueses na metade do século XVI. No século XVIII, no momento em que a indústria têxtil europeia se encontrava em plena ascensão, dona Maria I, mãe de dom João VI, assinou um alvará proibindo as atividades de fiação e tecelagem no Brasil. Ela temia que os agricultores trocassem os campos pelas indústrias manufatureiras. Assim, somente unidades produtoras de tecidos grosseiros, destinados às roupas dos escravos, tinham permissão para operar. Fábricas de tecidos de lã, assim como de algodão e de outras fibras, foram fechadas.

No século XIX, imigrantes espanhóis e principalmente italianos colaboraram de maneira marcante para o desenvolvimento da criação de ovinos no Brasil, com seus rebanhos concentrados da região Sul, como até hoje. Vindos à procura de um futuro melhor, esses imigrantes primeiro trabalhavam como agricultores; depois, iniciavam a pecuária, instalavam uma roda d'água para movimentar uma pequena fábrica de tecidos de lã, uniam-se para formar uma cooperativa de tecidos de lã, melhoravam o maquinário, associavam-se, aceleravam o crescimento e, tempos depois, a renda já lhes permitia a compra de máquinas na Itália. Esse é o perfil do trabalho inicial dos pioneiros fabricantes de tecidos de lã no Brasil.

Durante a Primeira Guerra Mundial, a limitação na importação de tecidos possibilitou o desenvolvimento de nossas indústrias têxteis, e nesse progresso o sul ganhou *status* em relação à produção de lã.

---

[26] C&O Agro – A Revista do Agronegócio, "Descubra de onde vem a lã brasileira". Disponível em https://ceoagro.com.br/descubra-de-onde-vem-a-la/. Acesso em 27-7-2021.

A lã na moda brasileira

Nosso clima tropical não permite o uso de grossos suéteres e pesados mantôs. Ultimamente, nem inverno temos mais em nosso país – em vez de alguns meses de clima frio, vivemos apenas alguns dias mais amenos nos quais um agasalho leve é suficiente para nos aquecer. Os estados do sul ainda estão sujeitos a ondas de frio, embora passageiras, vindas do Uruguai, da Argentina e do Chile. Fiações e tecelagens, cientes dessa realidade e da competição das fibras sintéticas, investem em tecidos de lã mais finos e principalmente na chamada lã fria, um tecido de alta qualidade e adequado tanto para os dias frios como para os quentes.

Há cerca de 30 anos, tecidos de lã fria vêm sendo usados pelos melhores alfaiates e estilistas do Brasil e do exterior, com excelente aceitação. A leveza do tecido não se deve à torção do fio antes de tecido, mas à sua finura, medida em micra. O diâmetro da fibra mais fina resulta num diâmetro de um fio mais fino e num peso de tecido mais leve. O tecido de lã chamado Super 120 utiliza lã com 17,5 micra, e o Super 150 usa lã de 16,0 micra. Isso quer dizer que o peso do Super 150 é menor que o do Super 120. A lã fria tem início com a especificação 100.

São vários os criadores de moda brasileira que utilizam lã fria em suas coleções de verão: Ricardo de Almeida, Alexandre Herchcovitch, Reinaldo Lourenço, Marcelo Sommer, Glória Coelho, entre outros.

A lã na decoração brasileira

Os profissionais da área de decoração não negam as qualidades da lã: toque macio, brilho, boa aceitação de tingimento e cores fortes. Se misturada a fibras artificiais, tem sua resistência e durabilidade aumentadas.

A lã é usada de maneira industrial na fabricação de cobertores, mantas, tapetes e carpetes, além de tecidos para revestimento de móveis estofados, interiores de veículos e almofadas. Artesanalmente, ela enriquece trabalhos de teares e *panneaux* artísticos.

Linho

Extraído de planta herbácea da espécie *Linum usitatissimum*, o linho é a fibra têxtil mais antiga do mundo; traços de sua utilização datam de cerca de 8 mil anos. Tecidos de linho foram encontrados em tumbas egípcias, envolvendo o corpo de múmias, que datam de aproximadamente 6000 a.C. Achados como esses comprovam que a nobreza e a solidez dessa fibra já eram conhecidas desde os tempos mais remotos.

De acordo com a crença da vida após a morte, os egípcios mumificavam os corpos dos mortos. Removiam o fígado, os pulmões e o cérebro, mas mantinham o coração. Esses órgãos eram embrulhados em linho e colocados em jarras decoradas. Em seguida, recobriam o cadáver com cristais de carbonato de sódio e o enrolavam com faixas de linho.

Fragmentos de tecido de linho enrolados e mantidos por cordões da mesma fibra torcida. Bolas de linho como essa eram colocadas perto da múmia, contendo vísceras ou estatuetas. Museu de Belas Artes, Lyon/ Studio Basset.

Fragmentos de bandagens de múmia feitas de linho e decoradas com um capítulo do *Livro dos mortos*. Museu Departamental de Antiguidades de Rouen.

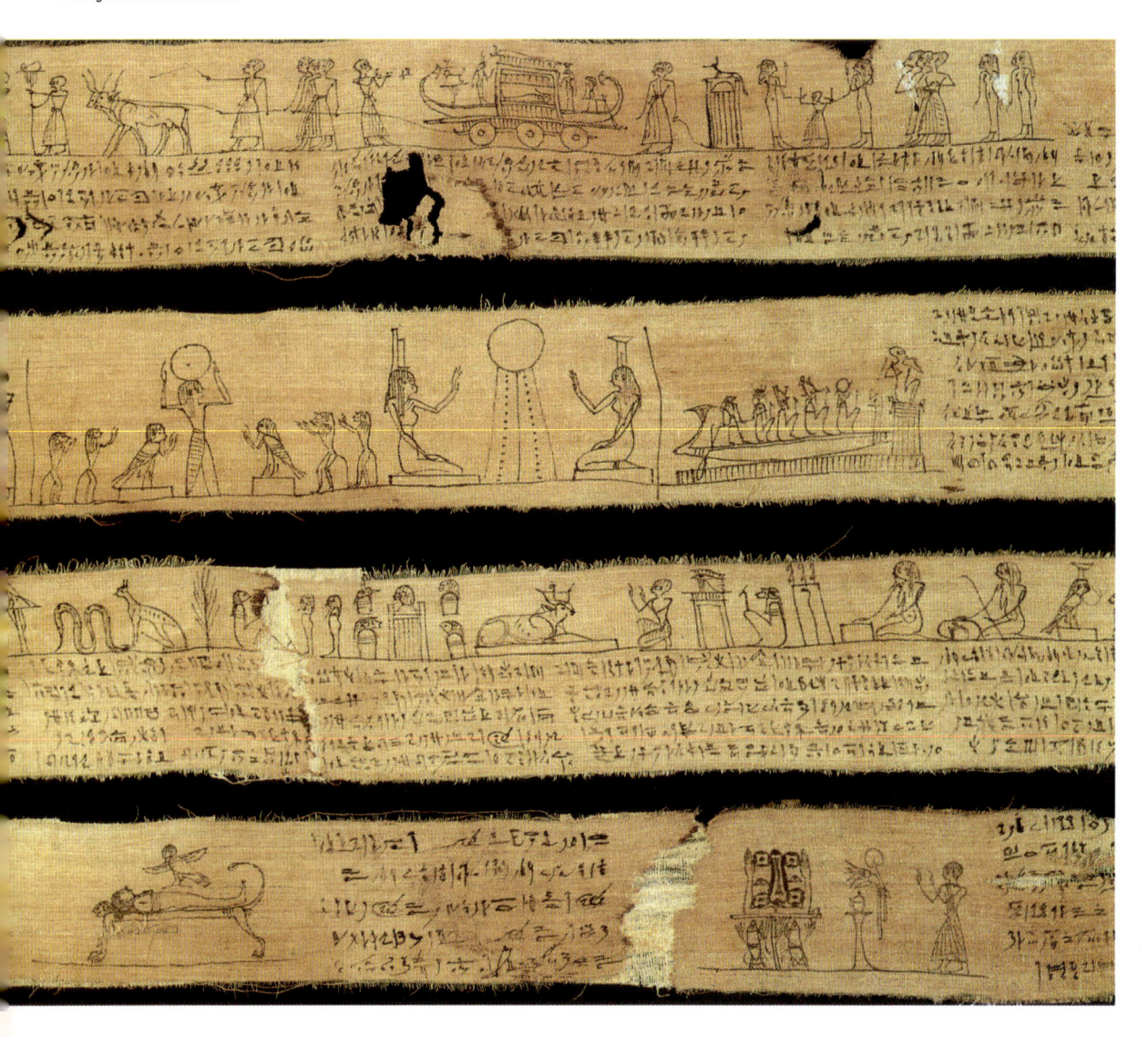

História do linho

As planícies do Nilo servem de leito para o cultivo do linho há cerca de 8 mil anos. O tecido vestia faraós e rainhas egípcias. Quando plissado, ganhava maior beleza graças à transparência dada por sua textura fina.

Esse material nobre se espalhou pela Europa graças, em primeiro lugar, aos fenícios. Célebres comerciantes e navegadores ilustres compravam o linho no Egito para exportá-lo para a Irlanda, a Inglaterra e a Bretanha. Mas foram os romanos que o cultivaram e fizeram sua introdução no norte da Europa. O linho foi, assim, a primeira planta têxtil cultivada na Europa, encontrada em várias regiões no transcorrer dos séculos. Graças ao incentivo de Carlos Magno à sua produção (século VIII), o linho tornou-se o principal artigo têxtil europeu na Idade Média (476 a 1453).

No século XIII, surgiram as famosas "batistas" – tecido muito fino de linho utilizado em vestidos, blusas, camisas e roupas íntimas. A crinolina, nascida da tecelagem do linho e da crina em conjunto, surgiu somente no século XVIII. Esse tecido, um tanto quanto armado, era usado em armações para saias e acabou designando a própria peça do vestuário.

Por volta de 1660, graças ao incentivo de Jean-Baptiste de Colbert,

O uso do linho plissado nas cortes faraônicas é documentado no encosto do trono de Tutancâmon (XVIII dinastia, c. 1340 a.C.), exposto no Museu do Cairo.

superintendente das Artes e Manufaturas de Luís XIV, os primeiros ateliês pré-industriais foram abertos na França, encorajando assim a exportação de fios e telas de linho. Mas, nessa mesma época, os huguenotes (como eram chamados os protestantes franceses durante os séculos XVI e XVII) fugiram da cidade de Tours, indo para a Irlanda. Com essa mudança, causaram a ruína das grandes fábricas de seda que haviam construído na cidade francesa. Na Irlanda, fundaram a indústria do linho.

Santo Sudário de Turim

O lençol no qual o corpo de Cristo teria sido envolvido antes de ser levado para o Santo Sepulcro é uma das mais importantes peças de linho da História. O Santo Sudário, que hoje se encontra na cidade de Turim, na Itália, vem gerando suposições, interesses e as mais diversas inspirações há cerca de 2 mil anos.

Naquela época, utilizavam-se pelo menos dois panos no processo de sepultamento. Um, tipo lençol, envolvia todo o corpo, da cabeça aos pés; o outro, bem menor, cobria apenas o rosto. Ambos eram feitos de linho.

O Santo Sudário é constituído de linho puro e tem 4,36 m de comprimento por 1,10 m de largura. O artigo foi tecido em tear manual, com padrão "espinha-de-peixe" 3×1, típico do Mediterrâneo (ver o capítulo "Motivos e padrões"). Em algumas citações contidas na Bíblia, como a atribuída a Marcos, encontramos referências a essa peça:

> E, já chegada a tarde, sendo dia da Preparação, isto é, a véspera de sábado, veio José, de Arimateia, ilustre membro do Conselho, que também esperava o Reino de Deus. Ousando entrar onde estava Pilatos, pediu-lhe o corpo de Jesus. Pilatos ficou admirado de que ele já estivesse morto, e, chamando o centurião, perguntou-lhe se fazia muito tempo que morrera. Informado pelo centurião, cedeu o cadáver a José, o qual, comprando um lençol, desceu-o, enrolou-o no lençol e o pôs num túmulo que fora talhado na rocha. Em seguida, rolou uma pedra, fechando a entrada do túmulo.[27]

---

[27] *A Bíblia de Jerusalém*, "Evangelho segundo São Marcos", 15:42-46 (São Paulo: Paulus, 1995), p. 1924.

O LINHO NO MUNDO

O maior produtor de linho no mundo é a Rússia – com Lituânia, Letônia e Estônia –, responsável por quase metade da produção mundial. No entanto, o de melhor qualidade vem da Bélgica e dos países vizinhos. A Irlanda até hoje é conhecida pela excelente qualidade de seus tecidos de linho. Essa fibra foi produzida na Irlanda por muito tempo, até que o clima favorável e a presença de métodos de agricultura mais avançados fizeram com que seu cultivo se concentrasse no oeste da Europa. Hoje, a Irlanda importa a matéria-prima para seus famosos tecidos da França, da Bélgica e da Holanda.

Na União Europeia, a superfície destinada à cultura do linho representa mais de 20% do total mundial e está concentrada nos cinco principais países produtores: França, Bélgica, Polônia, República Checa e Holanda. França e Bélgica se responsabilizam por 86% do total produzido na União Europeia, e a fibra de origem belga é considerada a melhor.

MERCADO

A indústria têxtil representa o principal mercado para as fibras de linho (fibras longas). A cordoaria utiliza fibras curtas, coproduto obtido na fabricação das longas. No setor têxtil, 50% do linho produzido é utilizado no vestuário; 20%, em roupa de casa, e 13%, na decoração de interiores. O restante (17%) é destinado à fabricação de cordas, principalmente.

A França se destaca no mercado mundial do linho pela qualidade de seu produto. O cultivo é feito na região da Normandia, numa faixa de 50 km de largura que vai de Caen a Dunkerque, seguindo pela Bélgica e pelos Países Baixos. Para que o produto possa ser utilizado na indústria têxtil, as fibras depois de penteadas são enviadas às fiações (localizadas em sua maior parte na China) e depois tecidas principalmente na Itália e em outros países do Leste Europeu.

Todos os anos, a China compra de 80 a 85% da produção mundial do linho bruto que ela reexporta para a Europa e para os Estados Unidos como produtos têxteis semiacabados ou acabados.[28]

O PRODUTO

A cultura do linho é bem-sucedida tanto em climas quentes como em temperados. Seu ciclo de vida é curto – após sessenta dias da semeação, surgem suas efêmeras flores em tons de azul e branco. Permanecem abertas apenas algumas horas. Três semanas após a floração, a planta, com seus caules medindo entre 80 cm e 120 cm, está pronta para ser arrancada – e não ceifada (para que o total comprimento de seus caules seja preservado). Juntados os caules, são colocados para secar e, depois, debulhados. Parte dos grãos obtidos será semeada. O restante servirá para a extração de óleo de linho, utilizado em pinturas, ou para alimentar o gado.

Especialistas nesse tipo de produção agrícola preocupam-se com cada um dos itens envolvidos: o preparo da terra, a seleção das variedades, a semeação, o crescimento do linho, a colheita e, finalmente, a maceração.

MACERAÇÃO

A maceração prolongada na água, não só do linho como também de outras plantas têxteis – o cânhamo, por exemplo –, é feita a fim de destruir pela fermentação a matéria existente entre o caule lenhoso e a casca filamentosa. A eliminação dessa substância, a pectose, facilita a etapa seguinte, o trilhamento, em que as fibras são separadas dos miolos dos caules.

Em inúmeras regiões produtoras, a maceração é realizada ainda no campo, num trabalho que dura várias semanas. Os feixes são molhados em

---

[28] Chambre Régionale d´Agriculture de Normandie, *Le lin en Normandie*. Disponível em http://www.normandie.chambagri.fr/agriscopie-lin.asp. Acesso em 16-10-2013.

águas de riachos e de chuvas ou mesmo irrigados, sempre intercalados com secagens. Durante esse processo, as bactérias são ativadas e um leve odor característico de decomposição se faz sentir.

No modo industrial, a maceração ocorre em cubas contendo não só água quente, mas também manipulações químicas que aceleram o processo. Segundo os especialistas, a qualidade do resultado não é a mesma. Por essa razão é que em muitas regiões, como Flandres (que compreende o norte da França, noroeste da Bélgica e sudoeste da Holanda), empresas especializadas em linho preferem seguir o método tradicional.

Trilhamento

Com os caules secos e já livres da pectose, tem início o trilhamento, ou seja, a separação e a extração das fibras de linho bruto por meio de sovas e esmagamentos. Após esse tratamento vigoroso, as mechas de fibras são penteadas a fim de se separarem as fibras longas das curtas, eliminando impurezas. As fibras longas, que representam apenas 20% da palha inicial, são destinadas à indústria têxtil: fiação e tecelagem. As curtas, também chamadas estopas, são fiadas para serem transformadas em cordas, aproveitadas na papelaria ou, ainda, misturadas a resíduos de madeira destinados à fabricação de aglomerados ou à forração de cocheiras.

Fiação

As técnicas de fiação do linho variam dependendo da matéria-prima utilizada e do tipo de fio a ser produzido. Fibras longas e curtas são fiadas seguindo técnicas diferentes. O linho é inicialmente estendido, penteado, esticado numerosas vezes até ser transformado numa mecha composta de fibras ligeiramente torcidas. Essa mecha é embebida na água a 70 °C para amolecer as gomas naturais, antes de ser fiada. Esse método de fiação molhada teve origem na Bélgica, no início do século XIX. Outro tipo de fiação, a seco, é usado para fios de qualidade inferior. Apesar de a mecanização ter invadido a área industrial, as operações referentes ao linho se mantêm bastante artesanais.

Tecelagem

Até há pouco tempo, a tecelagem do linho era exclusividade de algumas indústrias especializadas. Se comparadas às do algodão, as que trabalhavam somente com linho – uma fibra sem elasticidade, que se rompia sob tensão – enfrentaram dificuldades conforme foram surgindo novidades no ramo têxtil.

Aperfeiçoamentos técnicos constantemente renovados permitiram a utilização do linho no desenvolvimento de uma ampla gama de tecidos, com inúmeras aplicações. Resistência, comprimento de fibras e seu poder como isolante térmico (o ar mantido por suas fibras o torna fresco no verão e confortável no inverno) fazem sua superioridade diante do algodão. Apesar desses atributos, seu uso é limitado em virtude do custo de sua produção.

Atualmente, sua tecelagem pode ser feita nas mais diversas condições técnicas, desde um simples tear manual até a mais moderna das máquinas. Indústrias automatizadas criam tecidos cada vez mais elaborados, seja em puro linho, seja misturado a outras fibras, surgindo os façonnés, adamascados, escoceses, jacquards, etc.

Atualmente o linho pode ser tanto matéria-prima para a fabricação de finíssimas cambraias como para grossos tecidos de tapeçaria. Foto: Dinah Bueno Pezzolo.

Tecidos de linho: ambos em tons de azul, com motivos que combinam listras e xadrez. A grande diferença está na espessura dos fios da trama. Foto: Dinah Bueno Pezzolo.

Especificações do linho

Malha de linho

A partir dos anos 1980 o linho tornou-se importantíssimo na indústria da malha. Novas tendências da moda e maior exigência dos consumidores incentivam o desenvolvimento de produtos em puro linho ou com maior porcentagem desse material. Colaboram para esse desenvolvimento os avanços tecnológicos e o alto nível de profissionais da área. A valorização dos benefícios da fibra do linho na indústria da malha resulta do trabalho em conjunto de criadores de moda, desenhistas têxteis e tricoteiras.

Valores adicionais

Com aparência diversificada por tratamentos especiais e acrescido de valores positivos referentes a conforto, estética e funcionalidade, o linho atualmente é visto como material nobre.

Esmero no branqueamento, na tintura e no acabamento garantem a boa qualidade final dos produtos de linho, correspondendo às exigências do mercado. Durante todos esses processos, é mantido um respeito profundo pela característica intrínseca da fibra e do meio ambiente.

O linho possui características ímpares que o diferenciam dos demais tecidos. Por exemplo, segundo os especialistas, o linho favorece o sono, constituindo-se num forte aliado no combate ao estresse. Entre lençóis de linho, a pessoa dorme mais rapidamente, além de o sono ser mais profundo e reparador.

Esse tecido nobre é também antialérgico e antibactericida, usado como auxiliar em tratamentos de doenças de pele, de forma a acelerar na cura. O linho também é utilizado como matéria-prima de certos fios cirúrgicos.

Pode-se considerar o linho um produto ecologicamente correto não somente por seu tipo de cultura, mas também graças a seus numerosos produtos derivados: óleo de linho (sabões, cosméticos, pinturas, tintas para impressão), fibras (pasta para papel – por exemplo, a nota de US$ 1). Do linho, nada se perde.

O linho marca presença também na arte: dos quadros de antigos mestres até as obras de pintores contemporâneos, as telas desse material são as mais belas.

O linho no Brasil

A cultura do linho em nosso país teve início com a vinda de imigrantes europeus. A partir do século XIX, com a chegada de alemães, poloneses e italianos, deu-se o desenvolvimento dos estados do Rio Grande do Sul e Santa Catarina, graças principalmente ao trabalho agrícola e, posteriormente, à instalação de indústrias.

Os primeiros imigrantes alemães chegaram a Porto Alegre em 18 de julho de 1824. Vindos da região de Hunsruck, foram enviados para terras cedidas pela desativada Feitoria do Linho Cânhamo, um estabelecimento agrícola do governo que não dera resultados. Chegaram ao local, hoje São Leopoldo, a 32 km de Porto Alegre, no dia 25 de julho de 1824, data que marca a fundação da cidade, conhecida como "berço da imigração".

No fim do século, chegaram os poloneses, e de um total de quase meio milhão de pessoas boa parte se concentrou no Paraná e outro tanto desceu ao Rio Grande do Sul. Na pequena cidade de Guarani das Missões, localizada no noroeste gaúcho, os poloneses, que já sabiam trabalhar com plantação, juntaram-se aos imigrantes alemães para o cultivo do linho.

Guarani das Missões é a única região do Brasil onde ainda se cultiva o linho, mas não mais para a extração de fibras têxteis e sim por suas sementes, para a fabricação de linhaça, um óleo utilizado no preparo de tintas, esmaltes, vernizes e até na medicina.

O cultivo do linho com finalidade têxtil foi quase totalmente extinto nos anos 1960, por causa da concorrência de outras fibras vegetais e sintéticas. Mas não se pode negar as qualidades inerentes ao linho: conforto, resistência e durabilidade. Hoje ele é usado em tecidos para decoração, em roupas para a casa (toalhas e lençóis) e em vestimentas.

Lembranças

Quando se fala em linho no Brasil, não se pode deixar de citar a Braspérola. Inaugurada em 1953 em Vitória, no Espírito Santo, chegou a ser a maior fábrica de linho das Américas, com 1,9 mil empregados. A Braspérola exportava para mais de vinte países, mas, de modo inesperado, encerrou atividades em 3 de setembro de 2001. Não houve explicações; apenas uma comunicação ao sindicato (Sindtextil), que se encarregou de passar a notícia aos trabalhadores. Ex-funcionários tentaram uma continuidade de trabalho, mas em vão.

Outro nome que deve ser lembrado é a Teba (Indústrias Têxteis Barbero), iniciada pelo italiano Antônio Barbero na cidade de Sorocaba, interior de São Paulo. Observando que o linho, muito popular até o fim da década de 1940, era um artigo importado e caro, Barbero, técnico têxtil com experiência em estamparia, constatou haver mercado nacional para um linho fiado e tecido aqui. Dessa forma, uma pequena fábrica foi criada e prosperou graças ao incentivo de distribuidores e consumidores.

Tudo ia bem, mas o grande impulso das fibras sintéticas na década de 1950 entrou em seu caminho. Não amassavam – essa era a poderosa bandeira do produto produzido de derivados do petróleo. Também surgiram problemas estruturais na empresa. Entretanto, até 1995, Barbero superou todas as crises. Depois disso, projetos de modernização da indústria e transferência de controle acionário acabaram não se realizando. A fábrica foi fechada, e o ciclo do linho em Sorocaba terminou.

Seda

Há um encanto especial nesse produto, que há séculos vem fascinando os homens – desde o surgimento da matéria-prima, passando pela minúcia da elaboração do fio até a arte da tecelagem e a diversidade de textura final.

Embora seja um entre os diversos produtos comercializados há milênios, a seda, por si só, abrange de forma mais completa a história da troca econômica e cultural entre asiáticos e europeus ao longo da Rota da Seda.

Tendo surgido há mais de 4 mil anos, seu valor lhe assegurou poderes muito especiais. Inicialmente utilizado em trocas, chegou a ocupar o lugar de moeda corrente entre os povos da Antiguidade. Tornou-se símbolo de poder político e religioso; expressou também *status*, evidenciando classes sociais abastadas.

História da seda

Segundo a lenda, por volta do ano 2620 a.C. a imperatriz chinesa Xiling Shi tomava seu chá no jardim, sentada sob uma amoreira, quando algo estranho caiu dentro de sua xícara. De forma ovalada e muito leve, o casulo molhado pelo chá quente deixou que uma pontinha de seu filamento aparecesse. Mas a grande descoberta foi que os casulos existentes na amoreira podiam ser desenrolados, produzindo um delicado filamento passível de ser tecido. Dando sequência à lenda, conta-se que o segredo da fiação lhe foi confiado pela Celeste Fiandeira, que tinha como tarefa tecer a roupa dos deuses. Seja romanceado ou não, a verdade é que o fato deu surgimento à seda, que até hoje encanta os homens!

Com essa moldura fantasiosa nasceu a seda, fibra têxtil finíssima e natural, produzida pela larva de diferentes borboletas, das quais a mais conhecida é a *Bombix mori* ou bicho-da-seda, que se alimenta exclusivamente das folhas da amoreira.

Segredo do extremo Oriente

Embora as pesquisas arqueológicas indiquem que a seda já era conhecida na China há mais de 4 mil anos, a criação do bicho-da-seda alimentado com folhas de amoreira, em local fechado, data de 3 mil anos.

Em 1926, arqueólogos chineses encontraram na província de Chan-Si um casulo de bicho-da-seda entre objetos que datam do Período Neolítico (a chamada Idade da Pedra Polida, de 10000 a.C. a 4000 a.C.). Em 1958, entre descobertas na província de Tche-Kiang, foram achados vestígios da existência de fábricas de seda que a técnica do carbono catorze remeteu a mais de 4.750 anos.

Inicialmente e durante vários séculos, somente poucos privilegiados tinham acesso ao uso do nobre tecido; entre esses, estavam em primeiro lugar os membros da corte imperial.

Os chineses guardaram segredo a respeito da sericultura tanto quanto puderam. O tecido pronto aos poucos se espalhava por vias comerciais, e a seda crua (ou seja, apenas fiada e torcida, sem qualquer tratamento), até o século VI, chegava a Constantinopla (atual Istambul, na Turquia) trazida por caravanas mercantes que atravessavam montanhas e desertos, provavelmente passando pela Índia. Mas a produção continuava em segredo, tanto que a exportação dos casulos era punida com pena de morte.

Chegada ao Ocidente

Existem duas versões para a chegada da sericultura ao Ocidente. Uma delas relata que um audacioso contrabandista, lá pelo ano 550 de nossa era, saiu da China levando escondido em suas caravanas não só casulos como também sementes de amoreira. Outra menciona que nessa mesma época o imperador Justiniano, de Roma, enviou alguns monges à China em missão de espionagem. De volta, eles levaram a Constantinopla ovos de bicho-da-seda escondidos dentro de bordões de bambu. Segundo a história, foram esses monges que, de posse dos preciosos casulos, deram início à indústria da seda fora da China.

Tafetá pintado proveniente da China, séculos XVIII-XIX. Museu dos Tecidos de Lyon.

Assim como o ouro e as pedras preciosas, a seda, com seu brilho, sua beleza de cores e sua suavidade de toque, sempre foi tratada como material valioso, e sua comercialização, vista com interesse. Por esse motivo, os tecidos para vestuário e decoração da nobreza europeia e mediterrânea eram feitos desse material e transportados pela Rota da Seda do Oriente até Veneza ou a outros pontos comerciais. Constituíam obras artesanais de tal qualidade que existem até hoje guardadas em museus e palácios.

Com o desenvolvimento da sericultura no Ocidente, a tecelagem prosperou, a arte da tapeçaria foi enriquecida e o bordado tornou-se requinte entre os soberanos. Foram várias as técnicas usadas, muitas delas vindas da Pérsia (atual Irã) ou da própria China.

O uso se diversifica

O fio da seda, além de ser utilizado na confecção de tecidos, transformou-se, muito cedo, num dos elementos principais da economia chinesa. Foi usado na elaboração das cordas de um instrumento musical inventado pelo imperador Fou-Hi, em fios de pesca, em cordas de arco e em todos os tipos de ligações, incluindo o cadarço que servia para acolchoar roupas de inverno. Foi também da seda que surgiu o primeiro bom papel do mundo – papel chiffon. E até tecidos impermeáveis para transportar líquidos resultaram da seda – dobrada de determinada maneira que só a habilidade dos chineses podia criar.

A Rota da Seda

Os caminhos que no passado uniram Oriente e Ocidente passaram a ser conhecidos como Rota da Seda somente no século XIX. Embora por eles passassem não só a seda como também produtos como ouro, marfim, animais exóticos e plantas, provavelmente o Ocidente deu mais importância ao tecido, o que levou o barão Ferdinand Freiherr von Richtofen, geólogo alemão, famoso por suas viagens à China, a dar-lhes o nome de Die Siedenstrasse – ou Rota da Seda.

Foi sob a dinastia Han (206 a.C. a 220 d.C.) que a China estabeleceu sérios intercâmbios com o Ocidente pela fabulosa Rota da Seda. O caminho tinha cerca de 7.000 km de extensão e começava no noroeste da China, em Xian. Atravessava territórios da antiga União Soviética, da Índia, do Afeganistão, do Paquistão, do Iraque, da Pérsia (Irã), da Síria, da Turquia, da Armênia e da Geórgia. Datam dessa época tecidos de seda encontrados em escavações arqueológicas que se caracterizam por motivos sem simetria e por um delicado senso de cor.

Tudo começou quando o Imperador Wudi, da dinastia Han, enviou Zhang Qian ao Ocidente com a missão de estabelecer alianças contra os xiongnu, tradicionais inimigos dos chineses. Entretanto, Zhang Qian foi capturado pelos xiongnu e preso. Treze anos mais tarde, conseguiu escapar e regressou à China. Mas sua missão continuaria, pois o imperador, que confiava em suas informações e apreciava seus relatos ricos em detalhes, deu-lhe nova tarefa. Zhang Qian foi encarregado de visitar vários povos vizinhos. A missão foi cumprida com êxito e acabou abrindo caminho aos futuros embaixadores e viajantes entre o Oriente e o Ocidente. Os primeiros que arriscaram suas vidas ao longo da Rota da Seda foram os chineses, em viagens que duravam anos, atravessando desertos e montanhas.

> A Rota da Seda foi a mais importante ligação comercial e cultural entre o Ocidente e o Oriente por centenas de anos e pode ser considerada precursora do conceito de comércio mundial. Além do tecido nobre, cobiçado pelos romanos, as caravanas também levavam porcelana, pinturas, papel, peças de laca, pólvora, plantas, além das famosas especiarias.
>
> Faziam a rota inversa – num percurso pontuado por desertos, montanhas e belas paisagens – produtos como vidros, cristais, vinho, frutas,

camelos e pavões. Além disso, o trajeto também foi importante na difusão de ideias, valores e crenças, a exemplo do budismo.[29]

O movimento constante e a mistura de povos ao longo desses extensos caminhos influenciaram profundamente a história da civilização dos povos eurásicos.

Eram raros os comerciantes que percorriam toda a rota. Com o passar dos anos, assentamentos de populações foram se formando ao longo do trajeto e próximos aos oásis. Esses grupos de pessoas viviam do comércio da rota e absorviam as influências culturais que passavam por ela. Tornaram-se comerciantes que não iam muito longe das suas zonas de residência. Os produtos passavam por vários intermediários, num processo bastante lento. Nos trechos mais perigosos e difíceis, essas populações locais serviam como guias às caravanas.

A comunicação contínua da China com o Ocidente foi feita, até o século XV, unicamente pela Rota da Seda. Após o descobrimento do caminho marítimo para as Índias, por Vasco da Gama, o transporte das mercadorias passou a ser realizado pelas caravelas.

Cultura e desenvolvimento

Foram várias as peregrinações de monges budistas chineses pela Rota da Seda até a Índia, com a finalidade de conseguirem textos sagrados. Seus diários de viagem constituem extraordinária fonte de informação. Uma viagem de catorze anos (de 399 a 414) está descrita no diário de Fa Xian. Trata-se de um valioso acréscimo ao que se sabe sobre a história da Ásia central nesse período. Outro diário de uma viagem, com duração de 25 anos (de 629 a 654), foi escrito por Xuan Zang. De grande valor histórico, inspirou a elaboração de *Peregrinação ao Ocidente*, novela cômica que se transformou num dos mais importantes clássicos da China.

---

[29] Fabíola Glenia, "Os primeiros passos, na Rota da Seda", em *O Estado de S. Paulo*, Economia, São Paulo, 22-5-2004, p. H9.

Após um período de interrupção, as conquistas dos mongóis no transcorrer do século XIII contribuíram para que as rotas em direção ao oeste fossem reabertas, permitindo que sedas luxuosas chegassem a diversas partes da Europa. Uma nova perspectiva de comércio – porcelanas, pólvora, chás e lacas – se delineava sob a dinastia Ming, pouco interessada na exportação de seus produtos têxteis.

Durante a Idade Média, a direção das viagens foi invertida. Comerciantes e monges passaram a percorrer o imenso caminho que os levava ao Oriente, tanto por motivação religiosa como para exploração de novas possibilidades de negócios. Giovani da Pian Del Carpini, enviado do papa Inocêncio IV, viajou durante dois anos (de 1245 a 1247). O monge franciscano flamengo William of Rubruck viajou entre 1253 e 1255, e o famoso Marco Polo, entre 1271 e 1292.

Nos séculos XVII e XVIII, o sucesso comercial das diversas companhias das Índias (a inglesa, a francesa e a holandesa) acabou influenciando o gosto europeu. Peças históricas dessa época, período pós-Ming, são caracterizadas por uma iconografia imutável, com motivos que se repetem tanto nos tecidos de seda como nas porcelanas.

A SEDA NO MUNDO

NA ÍNDIA

Textos indianos que datam de 300 a.C. mencionam a tecelagem da seda selvagem (obtida do casulo do qual o bicho se libertou) em várias regiões do país. Os casulos eram colhidos por tribos locais. Segundo Yashodhara Agrawal, embora a especialidade da Índia tenha sido o algodão, finos tecidos de linho e de seda também contribuíram para a fama de seus têxteis. Os indianos alegavam que obtinham a seda sem que o verme fosse morto, o que assegurava a aceitação de seu produto entre monges budistas que, caso contrário, dariam preferência ao algodão.[30]

---

[30] Yashodhara Agrawal, *Les brocarts de soie* (Paris: Charles Moreau, 2004).

A introdução da seda chinesa ao longo da Rota da Seda, assim como da tecnologia da tecelagem e da sericultura nas regiões da Ásia Central, deu-se por volta do século II d.C. Na Índia, ela chegou pelas mãos de mercadores, conquistando a realeza e a aristocracia. Os mais finos materiais eram exclusivos dos nobres, dos ricos e de poderosos mercadores. Dirigentes religiosos também utilizavam ricos tecidos em seus rituais e nas decorações. Os brocados, provavelmente introduzidos na Índia pelos árias (os mais antigos antepassados que se conhecem da família indo-europeia), mostravam fios de ouro ou prata e motivos geométricos ou figurativos como flores, árvores, animais (como leão, elefante, cavalo, cisne, pavão), além do sol e de estrelas.

No Egito

Três ou quatro séculos antes de Cristo, os tecidos de seda já eram conhecidos no Egito. Eles foram importados da Índia e da China até o sexto século de nossa era, quando os egípcios começaram a produzi-los. A seda passou a ser a terceira matéria-prima usada para têxteis no Egito islâmico, depois do linho e da lã (o algodão tinha produção limitada e era usado misturado a estes dois). A cidade de Alexandria tornou-se um dos mais importantes centros da fabricação de seda. Tecidos transparentes feitos com fios de seda dourados são citados em papiros que documentam os costumes da época.

No Japão

A tecelagem da seda no Japão dependeu da China durante muito tempo, até que no século XVI tecelãs chinesas se instalaram em Kyoto e fundaram uma indústria sob a proteção dos imperadores. O novo estilo elaborado no Japão tinha no realismo dos desenhos uma de suas características principais.

Brocados e outros tipos de tecidos luxuosos obtidos com fios de seda de diversas cores, muitas vezes combinados a fios metálicos, apareciam ao lado de outros com trama lisa, artisticamente pintados ou bordados.

Na Europa

No século VIII os mouros levaram a sericultura e a tecelagem da seda para a Espanha e a Sicília, mas só a partir do século XII tecidos originais e até mesmo exóticos começaram a ser fabricados.

A Itália desenvolveu grandes centros de tecelagem de seda como nas cidades de Luca, Florença e Veneza. No século XV, a cidade francesa de Lyon tornou-se o grande centro de tecelagem da Europa. Jacquards, tecidos adamascados, bordados e tapeçarias magníficas podem ser vistos nos melhores museus do mundo, documentando a grande beleza dos produtos de seda produzidos há séculos.

A arte ligada à seda chegou à Inglaterra em 1685, trazida pelas mãos dos protestantes, que a centralizavam em Londres.

Na Espanha

Possuidora de esmerada tecelagem e já famosa pela qualidade de sua lã e de seu linho quando ainda província do Império Romano, a Espanha só passou a tecer a seda após a invasão islâmica (711 a 712), valendo-se dos brilhantes artesãos que chegaram com ela.

Os tecidos de seda inicialmente mostravam tradições asiáticas, com figuras de animais de perfil e de frente e figuras humanas (proibidas depois pelos maometanos, aos quais os árabes da Espanha eram fiéis). Os motivos geométricos procedentes da tradição copta (religião cristã no Egito) acabaram superando as influências asiáticas. As linhas geométricas entrelaçadas fizeram a fama de artesãos mouriscos. Pouco a pouco, rosáceas, estrelas de oito pontas e cordões entrelaçados foram sendo acrescentados aos motivos.

A religião continuou a influenciar o uso de figuras de animais. Desta vez, foi por meio do relaxamento da proibição, o que fez tais figuras reaparecerem, no estilo persa. A chamada "arte árabe da Espanha", que mesclava influências orientais com estilo gótico, tornou-se uma tradição no país. Na

Espanha: influência árabe na tapeçaria de seda. Granada, segunda metade do século XIII. Museu dos Tecidos de Lyon, França.

época de Carlo V (século XVI), as sedas da Espanha concorriam com as da Itália, tidas como as líderes durante o Renascimento.

Na Itália

A entrada da seda na Itália foi inicialmente facilitada por sua posição geográfica. O tráfico marítimo do Mediterrâneo, feito por negociantes italianos, favorecia o comércio de luxo e a importação de sedas provenientes da Ásia. Com a queda do Império Romano, no século V, a seda começou a ser tecida na Itália, e para esse primeiro passo contaram com o trabalho de hábeis artesãos sarracenos.

Enquanto na Sicília, ao sul, a tecelagem da seda era feita de maneira limitada, no norte da Itália ela se desenvolveu ativa e brilhantemente nos séculos XIII e XIV. O fim da Idade Média marcou o início de uma época de grande êxito na tecelagem italiana da seda. Durante quase quatro séculos a Itália dominou esse tipo de trabalho.

Os motivos, inicialmente com nítida influência bizantina, foram se modificando, passando a mostrar grandes animais, pássaros, gazelas entre flores e folhagens.

No século XV, a técnica da tecelagem se modificou e tornou-se mais rica. Todos os motivos desapareceram, dando lugar a um novo estilo que se caracterizava por certo relevo na superfície. O veludo lavrado e a seda adamascada bem exemplificam a novidade dessa época. No caso do veludo, a beleza se encontrava no contraste entre o fundo e o relevo em várias alturas, em desenho relativamente simples.

Durante o Renascimento houve adequação dos motivos à utilização dos tecidos. Grandes desenhos simétricos ficaram reservados ao mobiliário e, destes, os mais suntuosos ficaram conhecidos como "jardineira" de Gênova (século XVII). Motivos florais mais discretos, incluindo flores estilizadas, foram destinados ao vestuário.

A beleza dos tecidos incentivou o comércio durante o século XVII, e a Itália acabou perdendo progressivamente os mercados exteriores, principalmente pelo progresso da manufatura francesa, capaz de atender à crescente demanda por novos desenhos e cores. A França se libertou dos motivos até então usados para criar um novo estilo.

Na França: apogeu em Lyon

Os primeiros esforços dos reis da França para desenvolver a tecelagem da seda no país, em contraposição às importações em larga escala das sedas italianas, remontam ao fim da Idade Média.

Animais e vegetação foram temas usuais nas sedas italianas que antecederam os veludos e as sedas adamascadas. Museu dos Tecidos de Lyon, França.

Foi graças a Luís XI que a cidade de Lyon, no centro da França, tornou-se mundialmente conhecida pela alta qualidade de seus tecidos. Em 1466 ele mandou vir da Itália – mais especificamente, das cidades de Gênova, Veneza e Florença – um grupo de artesãos para implantarem a primeira tecelagem especializada em seda, na cidade de Lyon. Em 1753, a cidade possuía 700 fabricantes com 10 mil teares e 60 mil pessoas empregadas. O crescimento relacionado à seda prosseguia numa média de 30 a 50 novos fabricantes a cada ano, e a fama de Lyon aumentava quando já fornecia tecidos de decoração a todos os palácios reais da Europa.

No fim do século XIX, as sedas de Lyon já eram famosas entre os grandes costureiros parisienses da época. Tafetás, brocados, moirés, crepes, sedas façonées passaram a enriquecer a moda, depois de terem criado seu reinado na decoração. Encomendas mais adequadas ao vestuário, como tecidos mais leves, novos padrões e cores especiais, foram desafios aos fabricantes, que tornaram as sedas lionesas ainda mais especiais, razão pela qual muitos segredos de fabricação são guardados com carinho.

Retrato tecido da rainha Vitória da Grã-Bretanha: seda, fios de ouro e fios metálicos coloridos. Lyon, 1850. Museu dos Tecidos de Lyon, França.

Mercado

Segundo o Fórum do Comércio Internacional da França, o volume atual do comércio da seda e dos produtos de seda é da ordem de muitos milhares de dólares. O preço relativo a uma unidade da seda crua é de aproximadamente vinte vezes ao do algodão. A falta de dados confiáveis relativos aos produtos acabados, pelos países importadores de seda,

Sementagem. Ali são processadas 70 toneladas de casulos de raças puras por ano, que dão origem a ovos híbridos que recebem, no Setor de Incubação, tratamento especial para que as larvas nasçam homogêneas e saudáveis.[37]

A empresa possui campos de criação em cidades nos estados de São Paulo e Paraná, nos quais as larvas são mantidas até a segunda idade. Ao atingirem a terceira idade, as larvas são entregues a sericultores que dão prosseguimento à criação do bicho-da-seda até a formação dos casulos. A Bratac conta com mais de 2.300 famílias produtoras de casulos. São produtores autônomos, que plantam as amoreiras para poderem alimentar as larvas acomodadas em barracões. Formados os casulos, são entregues à empresa, que dá início ao processo de fiação. Das amoreiras depende a vida dos bichos-da-seda, e o clima em nosso país colabora para o êxito dessa plantação. Essa é a razão da preocupação dos produtores em períodos de seca.

O Brasil e o mercado mundial de seda

Apesar da predominância do algodão, outras fibras, como a seda, colaboram de maneira positiva na balança comercial brasileira. Nosso país ocupa a sexta posição na produção de seda no mundo, tanto em casulos verdes como em fios. O tecido, no entanto, é importado em sua maioria. A China, por exemplo, maior produtora e importadora de fios de seda no mundo, importa fios de seda do Brasil e depois exporta o produto tecido a diversos países, inclusive ao próprio Brasil. Embora o consumo nacional da seda seja pequeno, as exportações incentivam os produtores. O estado do Paraná ocupa a primeira posição na produção de casulos verdes e é responsável por 90% do total produzido.

No ano de 2018, o estado do Paraná produziu 517 toneladas de fibras de seda. O produto depois de fiado se transforma no fio reconhecido mundialmente por sua qualidade: o fio de seda brasileiro. Mais branco, mede

---

[37] *Ibidem.*

cerca de 1.200 metros, o dobro do produzido na China (600 metros).[38] Esse diferencial lhe garante facilidade no tingimento e menos emendas para a produção do tecido, razão que o leva a ser preferido pelas tecelagens mais exigentes do mundo. A produção brasileira de fios de seda é exportada a países como China, Itália, França, Suíça e Japão.

---

[38] Agro Saber, "Brasil é o 6º maior produtor mundial de seda! Veja quem está à frente", 25-9-2020. Disponível em https://agrosaber.com.br/brasil-e-o-6o-maior-produtor-mundial-de-seda-veja-quem-esta-a-frente/. Acesso em 27-7-2021.

Logo após a formação do casulo, o bicho-da-seda transforma-se de crisálida (a lagarta quando no casulo) em mariposa. Para se libertar, a mariposa precisa romper o casulo. Para tanto, secreta uma espécie de saliva alcalina que dissolve a sericina numa das extremidades do casulo, facilitando seu trabalho. Finalmente as mariposas se acasalam e as fêmeas desovam, reiniciando o ciclo.

A morte no casulo

Ao romper o casulo em busca da liberdade, a mariposa rompe também a continuidade dos filamentos. É como se cortássemos com uma tesoura uma lateral de um novelo de lã e depois tentássemos desenrolar o fio. Por essa razão, a crisálida deve ser morta antes que se transforme em mariposa e danifique o casulo, tornando-o inutilizável para a produção de fio contínuo. Esse processo é feito por diversas maneiras, das quais se destacam o ar quente e o vapor.

Casulo do bicho-da-seda. Foto: Gerd A. T. Muller/TioSam.com.

Os casulos são então colocados em água quente para amolecer a sericina e desengomar os filamentos. Depois, são escovados a fim de que a ponta do filamento formadora do casulo seja encontrada. É possível retirar cerca de 1.000 m de fio contínuo de cada casulo, que pode ser enrolado em forma de meadas ou bobinas para tecelagem ou tingimento. O fio mais fino usado em tecelagem (que resulta no crepe da China) provém da união dos filamentos de seis ou sete casulos. Para se obter 1 kg de seda são necessários de 6 kg a 7 kg de casulos.

Quando a seda é obtida do casulo do qual a lagarta se libertou – e que, portanto, não possui filamento contínuo, necessitando ser fiado –, é chamada seda selvagem.

O chamado **shantung de seda pura** é obtido de fios com flamas (pontos mais grossos e caroços) bem irregulares. Esses fios, denominados "dupions", surgem quando duas lagartas formam um mesmo casulo. Por se tratar de um fio especial e raro, tem seu preço bem elevado.

Cultura da amoreira

Fatores climáticos e natureza do solo influem no sucesso da cultura da amoreira. Regiões tropicais situadas cerca de 700 m acima do nível do mar oferecem as condições ideais para a cultura da amoreira durante todo o ano, com oito colheitas possíveis no período, em vez de duas por ano nas zonas temperadas. Embora existam 42 espécies de amoreiras, as principais cultivadas atualmente são a *Moris latifólia*, a *Morus alba linn* e a *Morus bombycis koids*.

Por apresentarem rápido crescimento de caules e hastes, oferecem um bom desenvolvimento de folhas. A melhor folha é a espessa, de tamanho médio, de cor verde-escura e que apresenta uma penugem superficial.

A amoreira é cultivada principalmente numa zona compreendida entre as regiões tropicais e os países quase frios. É bastante conhecida no Extremo Oriente (China, Japão, Coreia, sudeste da Ásia) e também no Oriente Próximo, na Europa (Grécia, Itália, Espanha, França) e no Brasil.

Tintura

Com referência ao tingimento, encontramos na seda qualidades inigualáveis: sua capacidade de absorver uma imensa gama de cores e o poder de valorizar sua textura e seu lustro.

Desde os primórdios da civilização, tinturas vegetais e naturais sempre foram usadas, até a chegada das tinturas químicas, comerciais. Entre as naturais podemos lembrar o índigo, a raiz de açafrão das Índias, a pele da romã, a laca, o ferrugem e certas flores como o girassol, entre outras.

As tinturas químicas, inventadas na Europa em 1868, eram comercializadas sob forma de pó. No entanto, apesar de serem brilhantes, oferecerem vasta gama de cores, custarem menos e terem processo simplificado, muitas vezes não coloriam satisfatoriamente.

fosse aperfeiçoado. A evolução tem sido tão grande que hoje muitas sintéticas substituem as naturais, até mesmo com vantagens.

Todos esses aperfeiçoamentos garantem um grandioso futuro na história dos tecidos. A combinação de fios naturais e químicos vem dando origem a uma infinita variedade de tecidos. Os estilistas se valem dos lançamentos em suas coleções. Não é à toa que o tecido constitui a base da evolução da moda. Esta, por sua vez, exige muito mais do que aparência.

As fibras, naturais e químicas

As fibras, como matéria-prima para elaboração de tecidos, foram durante muito tempo obtidas apenas dos animais e das plantas. A lã, antes de ser fiada, já era usada de modo compactada, prensado, como um não tecido primitivo. Cascas de árvores, fibras de caules e de folhas foram inicialmente tramadas para abrigo nas cavernas. As mais maleáveis acabaram sendo usadas na proteção do corpo. A utilização de fibras vegetais em tecelagem é provavelmente tão antiga quanto a agricultura. A tecelagem do linho foi aperfeiçoada no Egito, enquanto o uso do algodão foi desenvolvido na Índia e o da seda, na China.

Durante muito tempo, somente as fibras naturais – vegetais e animais – foram usadas na tecelagem, até que a necessidade de criar o que não havia na natureza motivou o surgimento das fibras químicas, produzidas em laboratório. Estas podem ser de dois tipos básicos: fibras químicas artificiais, obtidas pelo tratamento de matéria-prima natural vegetal, animal ou mineral, e fibras químicas sintéticas, sintetizadas do petróleo, do carvão mineral, etc. As primeiras fibras químicas foram produzidas em 1885; à base de celulose extraída da madeira, deram origem ao raiom, que por seu aspecto ficou conhecido como seda artificial.

São exemplos de fibras naturais vegetais: linho, algodão, cânhamo, juta, sisal, ráfia. Entre as fibras naturais animais, destacam-se lã, seda, crina, cashmere, mohair, angorá.

Como exemplos de fibras químicas artificiais (obtidas pelo tratamento químico de matérias naturais), temos viscose, Modal, Liocel, Lanital. Entre as fibras químicas sintéticas (resultantes da transformação das moléculas de materiais de base, principalmente do petróleo), podemos citar náilon, acrílicos, poliéster, elastano. Sob o ponto de vista industrial, uma das principais diferenças entre a fibra natural e a química diz respeito ao tamanho. As naturais são fibras curtas (com exceção da seda), e as químicas provêm de filamentos contínuos. Quanto à qualidade, respeitando suas características e seus limites, ambas são alvo de esforços de produtores e fabricantes em busca de produtos cada vez melhores.

Nas fibras naturais vegetais, o aprimoramento da qualidade tem início com os cuidados no cultivo das plantas, nos métodos de colheita, nos processos que antecedem a fiação. Nas fibras naturais animais, principalmente no caso das lãs, o cuidado inicial é feito com os animais cuja pelagem vai ser transformada em fios, lembrando que até a parte do corpo da qual a lã é retirada é decisiva para a qualidade da fibra, do fio, do tecido.

Nas **fibras químicas** – sejam *artificiais*, sejam *sintéticas* –, pesquisas constantes e aprimoramentos técnicos se unem para oferecer novidades a um mercado promissor, mas exigente. Embora a química ofereça possibilidades ainda desconhecidas no campo da criação, as fibras naturais continuam sendo parâmetros sob todos os aspectos. Os laboratórios têxteis se cercam dos mais variados processos para chegar o mais próximo possível das fibras naturais – vegetais ou animais.

Tudo tem início no polímero, ou seja, a base da estrutura da fibra, de como as cadeias moleculares se dispõem em seu interior. Essa disposição confere à fibra – e, depois, ao tecido – características fundamentais, como resistência, maciez, flexibilidade, absorção de umidade, etc. A microfibra pode ser vista como um dos melhores resultados conseguidos até hoje por meio da química. Ela nos oferece peso absolutamente mínimo e características próximas às dos tecidos produzidos com fibras naturais.

a da tecelagem, o caminho é longo. Um trabalho lindíssimo, que exige paciência e amor. Por todas essas razões a seda é cara, mas inigualável!

Cuidados recomendados

Apesar de ser um tecido extremamente forte, a seda é delicada. Se tratada de maneira correta, manterá sua aparência de nova por muito tempo. Quando suja em demasia, corre o risco de ter os filamentos rompidos. Alguns artigos de seda podem ser lavados delicadamente, com água e sabão neutro (não torça e deixe secar à sombra). Outros somente poderão ser limpos por lavagem a seco. Verifique sempre as instruções de cuidados do fabricante.

Nunca friccione um tecido de seda para retirar manchas nem utilize alvejante. Também não o ferva ou o deixe de molho. Não se recomenda o uso de máquinas de lavar ou secar.

Algumas vezes a seda pode desbotar-se quando lavada; nesses casos, recomenda-se a lavagem a seco. Para saber se um tecido de seda vai desbotar, é possível fazer o seguinte teste: umedeça uma pequena parte da ponta do artigo em água fria e coloque-a sobre tecido branco. Passe com ferro elétrico regulado para seda – máximo de 150 °C. Se o tecido branco não apresentar resíduo da cor do tecido de seda, é sinal de que ele não desbota e pode ser lavado delicadamente em água morna, com sabão neutro. Depois, enxágue bem, envolva a peça numa toalha de banho para retirar o excesso de água e facilitar a secagem. Não exponha a peça ao sol ou ao calor excessivo. Passe com ferro morno pelo avesso enquanto estiver levemente úmida.

A leveza da seda pura foi sabiamente usada na modelo que parecia deslizar na passarela de Gianfranco Ferre, primavera–verão 2000. Foto: Dinah Bueno Pezzolo.

Adamascado

Durante centenas de anos os chineses elaboraram tecidos de seda trabalhada que chegaram à Europa pelo Oriente Médio com o nome de "damasco". O nome veio da cidade homônima da Síria, onde foram vistos pela primeira vez pelos cavaleiros das Cruzadas. De "damasco" o nome passou para "adamascado" e assim ficou conhecido em todo o mundo.

Adamascados (ou façonnés) são tecidos de cor única, cujos desenhos preestabelecidos resultam do cruzamento da trama com os fios do urdume. Os motivos se destacam por efeito da luz. Para a criação do motivo, vários fios do urdume passam sobre fios da trama, para em seguida serem reintegrados ao tecido. O urdume acaba formando os motivos, enquanto a trama permanece constituindo o fundo. Os raios de luz refletindo de forma diferente entre os fios mostram o motivo com certo relevo criado pelas áreas acetinadas da imagem e as zonas foscas que formam o fundo. Essa técnica, inicialmente utilizada com a seda, é também empregada em outros tipos de fio, como lã e linho. O linho façonné é muito usado em toalhas de mesa, guardanapos, toalhas de mão e de rosto.

Os chineses também foram os primeiros a utilizar o tear com lançadeiras, com grande número de fios no urdume. Os fios do urdume eram levantados individualmente por ajudantes, possibilitando a criação dos mais complexos desenhos. A grande inovação relativa aos adamascados veio com a invenção de Joseph-Marie Jacquard, de Lyon, na França, no início do século XIX. Ele criou um tear automático, o qual podia ser programado com antecedência e é usado até hoje. O sistema jacquard inclui cartões perfurados que selecionam e levantam os fios do urdume na sequência desejada (ver o capítulo "Tecelagem e classificação"). Após essa invenção, o tecido adamascado passou a ser feito mais facilmente, baixando seu custo.

Comportamento diante de produtos químicos. Avaliação da reação da fibra quando em contato com ácidos, álcool e solventes orgânicos.

Desgaste. Análise do comportamento das fibras mediante ação de agentes mecânicos.[39]

Fibras naturais

As primeiras fibras naturais utilizadas pelo homem tinham origem animal: lã, pelos de cabra ou de camelo. Essa indicação é baseada em textos gravados em pedra ou em tabletes de argila encontrados em escavações arqueológicas realizadas no Oriente Próximo e na Ásia Central. Entretanto, fibras naturais vegetais provenientes de caules, como o linho, o cânhamo e a juta, já eram conhecidas na Antiguidade.

Há cerca de 6 mil anos, o linho já era usado no Egito. A China foi o berço da seda. Na Índia antiga foram desenvolvidas técnicas ligadas à utilização do algodão. O sisal já era usado em têxteis por civilizações pré-colombianas, que também utilizavam pelos de vicunha e de lhamas na confecção de roupas.

O trabalho envolvendo a lã, o cânhamo, o algodão, o linho e também a seda inicialmente beneficiou regiões menos favorecidas, gerando um considerável complemento econômico. Antes da era industrial, a mecanização no processo de fabricação de tecidos era quase nula. Algumas poucas inovações ficavam restritas à obtenção dos filamentos por meio de processos mecânicos de torção, limpeza e acabamento. A lã e a seda foram particularmente trabalhadas na França, enquanto a Bretanha desenvolveu uma indústria em torno da utilização do cânhamo voltado à navegação.

A partir do fim do século XVIII, inovações técnicas de tecelagem e fiação deram um novo rumo ao setor têxtil, incluindo a valorização das fibras. Um

---

[39] "Principais características físico-química das fibras têxteis". Disponível em http://www.bauhaus-net.com.br. Acesso em 16-10-2013.

século depois, teve início uma nova era para os têxteis: as fibras químicas abriram um novo horizonte às indústrias, enquanto ofuscaram o futuro das fibras naturais. A partir de 1950, o declínio do algodão face às fibras de laboratório chegou a preocupar. Poliéster, poliamida e especialmente o acrílico dominavam o setor do vestuário. No fim do século XX, mais da metade da produção mundial de fibras era alimentada pelas químicas (artificiais e sintéticas).

Neste início de século XXI, podemos analisar que, apesar do grande desenvolvimento das fibras químicas, das novidades agregadas a elas, do imenso leque de variedades que permitem, da beleza de suas cores, da facilidade de lavagem e, principalmente, do aperfeiçoamento nos itens relacionados a conforto (ventilação, absorção da transpiração), as naturais continuam sendo o padrão no qual são equiparadas. O alerta da ecologia, a constatação do verdadeiro conforto e o incentivo vindo das passarelas de grandes estilistas asseguram a revalorização das fibras naturais.

Características de algumas fibras de caules e folhas

Cânhamo. Planta herbácea da família das canabidáceas (*Cannabis sativa*), cultivada por seu caule que fornece a excelente fibra têxtil de mesmo nome. Os métodos de extração de suas fibras são semelhantes aos utilizados no linho. As fibras do cânhamo, embora mais rústicas, possuem propriedades comparáveis às do linho. Quando observadas ao microscópio, mostram-se cobertas por fibrilas, responsáveis pela espécie de pelugem de sua superfície.

Juta. Fibra rústica proveniente do tecido externo ao lenho de plantas pertencentes ao gênero *Corchorus*. Ela se destina essencialmente à fabricação de sacos, embalagens, cordas, tecidos para revestimento mural ou tapetes de baixo custo.

Rami. Fibra da planta rami, da família das urticáceas (*Boehmeria nivea*), de origem asiática. O tecido produzido com essa fibra, semelhante ao linho, é usado principalmente em decoração (cortinas, forração de móveis, etc.).

trama de ouro. Esses tecidos indicavam uma ligação com a China, com templos budistas e aristocracia conservadora.

A complexidade da técnica do brocado na época não permitia que as mudanças rápidas da moda fossem seguidas; assim, o bordado foi preferido para enfeitar os kosode, os precursores do quimono. O uso dos tecidos brocados ficou restrito aos monastérios e teatros até a metade do século XIX.

Na Índia

Na Índia, o clima quente e úmido dificultou a conservação de tecidos muito antigos; logo, a história de seus têxteis é baseada em documentos nem sempre comprovados. Sabemos, entretanto, segundo provas obtidas nas escavações de Nevasa, que a seda é conhecida na Índia há mais de 3.500 anos.

Textos do vedismo (forma primitiva da religião dos hindus) falam de uma técnica que consistia em realçar certos tecidos com fios de ouro por meio do bordado ou da tecelagem.

No início de nossa era, mercadores romanos se abasteciam de seda na Índia e as técnicas de tecelagem eram difundidas a partir da Ásia Central. A região do Gujarat, localizada entre a Índia e a Pérsia, tornou-se muito cedo um grande centro têxtil.

Os tecidos brocados passaram a ser mencionados com frequência depois do século XII, mas a arte têxtil só atingiu seu apogeu na Índia, no século XVI, com os mongóis. Visando conservar uma espécie de monopólio, a corte real contribuiu muito com o desenvolvimento do brocado, estabelecendo ateliês reais, em que esse tipo de tecido recebia atenção toda especial.

Na Índia de hoje, os mais belos brocados e saris tecidos com fios de ouro são provenientes de Benares (ou Varanasi) e Kanchipuram, sendo que os de Benares são certamente os mais famosos. Entretanto, reportagem publicada pelo jornal francês *Libération* alerta para a concorrência dos tecidos chineses, que ameaçariam a tradição dos brocados locais, notadamente em Benares.

> Herança da época mongólica, os saris banarasi são considerados como os mais finos do país, uma quase obrigação para os presentes de casamento. Segundo estimativas, o setor, totalmente artesanal, emprega perto de 600 mil pessoas na região, das quais 125 mil só na cidade de Benares. Há alguns anos, essa indústria atravessa uma crise sem precedentes. Segundo a Associação dos negociantes têxteis de Benares, as vendas caíram 40% em dois anos. Motivo: a concorrência chinesa.[32]

Mesmo com 30% de direitos da alfândega, única arma protecionista ainda possível, os saris *made in China* chegam ao mercado indiano com preços até 40% inferiores. Os produtores locais se veem incapazes de competir diante dos tecidos chineses, de melhor qualidade e feitos com métodos mais modernos. Os atacadistas de Benares passaram até a importar a seda chinesa, contentando-se em bordar os motivos. Eles ressaltam que os chineses têm a vantagem de produzirem a matéria-prima, enquanto os indianos são obrigados a importar o fio da seda chinesa. Para os atacadistas, uma vez tendo conseguido copiar os modelos da Índia, os chineses se tornaram imbatíveis, porque têm usinas aperfeiçoadas e pagam salários menores.[33]

O fato de não possuírem usinas para tingimentos e acabamentos faz com que a saída para tecelãos e artesãos da Índia seja a produção de modelos mais complexos. Por se tratarem de produtos mais caros, não garantem trabalho a muita gente. É compreensível a insegurança e a apreensão dos trabalhadores da área têxtil indiana, pois observam, sem nada poder fazer, a China concorrer dentro da própria Índia com um produto tradicionalmente indiano.

---

[32] Pierre Prakash, "La soie indienne a perdu de son étoffe", em *Libération*, Paris, 28-12-2004, p. 7.
[33] *Ibidem*.

Segundo relatório do Banco Nacional de Desenvolvimento Econômico e Social (BNDES),

> nenhuma fibra isoladamente, seja química ou natural, preenche todas as necessidades da indústria têxtil; no entanto, a mistura de fibras químicas com fibras naturais, notadamente o algodão, trouxe a estas melhor desempenho, resistência, durabilidade e apresentação. O uso das fibras sintéticas é atualmente bastante difundido, abrangendo todos os segmentos da indústria têxtil.[40]

Como já citado, tanto as fibras químicas artificiais (as resultantes de processos químicos com base em matéria-prima natural vegetal, mineral ou animal, como celulose da madeira, amianto, proteína do leite, etc.) como as fibras químicas sintéticas (obtidas do petróleo ou do carvão mineral) são produzidas pelo mesmo processo de extrusão, no qual o material sob forma pastosa é pressionado por furos finíssimos numa peça denominada fieira. Os filamentos que saem desses furos são imediatamente solidificados. Em seguida, seguem para o estiramento, que pode ser realizado de duas maneiras: ou as fibras são estiradas durante o processo de solidificação, ou o estiramento é feito após estarem solidificadas. Nos dois casos, o diâmetro da fibra é reduzido e sua resistência à tração é aumentada.

Após esse processo, as fibras podem ser apresentadas de três maneiras diferentes, destinadas a usos diversos: **monofilamento** (um único filamento), **multifilamento** (pelo menos dois monofilamentos contínuos, unidos paralelamente por torção) e **fibra cortada** (resultante do corte, em tamanhos determinados, de um grande feixe de filamentos contínuos).

A fibra cortada pode ser fiada nos mesmos filatórios utilizados para fiar algodão e é muito utilizada em misturas com outras fibras naturais durante esse processo, resultando na chamada "mistura íntima". Esse tipo de combi-

---

[40] "Relato setorial: fibras artificiais e sintéticas", junho de 1995, p. 4. Disponível em http://federativo.bndes.gov.br/conhecimento/relato.fibras.pdf. Acesso em 16-10-2013.

nação de fibras químicas com naturais gera produto que alia a resistência e a durabilidade das fibras químicas e o toque e o conforto das naturais. Além disso, a facilidade de manuseio da fibra cortada em relação ao filamento contínuo faz com que os fios fiados sejam mais utilizados do que os filamentos contínuos. O acrílico, por exemplo, raramente é utilizado sob forma de filamentos contínuos na produção de artigos têxteis.

O início das fibras químicas

A primeira fibra química artificial – o raiom, conhecido na época como seda artificial – foi apresentada ao mundo em 1889, pelas mãos do químico francês Hilaire Bernigaud, conde de Chardonnet de Grange (1839 a 1914).

Logo após a Primeira Guerra Mundial, uma segunda fibra química artificial foi desenvolvida, dessa vez pelos irmãos suíços Henry e Camille Dreyfus. Da celulose, eles obtiveram, em 1921, a celanese, que se tornou conhecida como raiom acetato (pelo fato de sua produção envolver o acetato de celulose).

Foram várias as novas fibras que surgiram, resultantes de inúmeros processos de sínteses, mas a grande invenção ainda estava por vir: a poliamida (náilon).

A grande aceitação comercial das fibras químicas lançadas entre as duas guerras mundiais motivou o desenvolvimento de novos produtos. Assim, as fibras sintéticas lançadas na indústria têxtil na segunda metade do século XX – poliéster, poliamida e, especialmente, o acrílico – chegaram a ocasionar o declínio do consumo do algodão.

O gráfico mostra o posicionamento das fibras naturais e químicas (artificiais e sintéticas) no mercado mundial após a Segunda Guerra Mundial, com marcante alteração das sintéticas a partir de 1960.

Atualmente, a seda representa 2% no mercado mundial de fibras têxteis.[34] Os maiores produtores de fios de seda no mundo são: China, Índia, Uzbequistão, Tailândia, Vietnã e Brasil, na sexta posição. O Brasil produz cerca de 400 toneladas por ano e exporta 97% desse total.

A seda na tapeçaria

A seda está presente em inúmeras obras de arte da tapeçaria, incluindo peças do século VII provenientes do Japão e da China. Inteiramente feitas de seda e mostrando uma delicadeza incomparável, muitas vezes elas recebiam retoques de pintura feita à mão, o que não ocorria nas famosas tapeçarias europeias.

O início do Renascimento na Europa foi marcado por uma tapeçaria de rara beleza na qual se somavam a perfeição do trabalho e a riqueza da tecelagem em seda e ouro.

A partir do século XVIII, com a criação da Manufatura dos Gobelins, a seda passou a ser mais usada nesse tipo de trabalho. As mais belas tapeçarias da época mostram temas de caça, especialmente relacionadas a Luís XV, muitas delas criadas por J. B. Oudry para a Gobelins. (Esta manufatura existe até hoje em Paris. Atualmente, a Gobelins só trabalha para o governo francês – para a sede na Faubourg Saint Honorée, para embaixadas, etc. –, desenvolvendo tapetes e tapeçarias de parede, bem como as famosas peças que enfeitam alguns castelos do vale do Loire.)

Na tapeçaria da Europa, ainda hoje são utilizados dois tipos de teares: o vertical, usado nas tapeçarias Gobelins, e o horizontal, aplicado nos trabalhos de tapetes Aubusson e Beauvais. Nos dois casos, a tapeçaria é tecida pelo avesso, o que quer dizer que os tecelãos ficam de frente para o avesso do trabalho.

---

[34] Patrícia Campos Mello, "A seda brasileira luta para sobreviver", em *O Estado de S. Paulo*, Economia, São Paulo, 24-4-2005, p. B12.

A seda no Brasil

A sericultura foi introduzida em 1825 no Brasil, onde encontrou excelente campo para seu desenvolvimento. A seda brasileira é considerada a melhor do mundo, de acordo com reportagem publicada pelo jornal *O Estado de S. Paulo*:

> Os famosos lenços da marca francesa Hermès, que chegam a custar US$ 320, são feitos com fios de seda 100% brasileiros. Os quimonos mais sofisticados do Japão também usam seda made in Brazil. E mais de 90% dos fios de seda produzidos aqui são exportados para mercados exigentes como Europa e Japão.[35]

A qualidade da seda brasileira – que supera tantas outras de países tradicionais – começa na seleção da raça dos bichos-da-seda a serem cultivados. Esse cuidado é essencial, segundo a Bratac, única empresa de seda no Brasil, que tem duas filiais, uma em Bastos (SP), que emprega cerca de 600 colaboradores, e outra em Londrina (PR).

> Depois da Segunda Guerra Mundial, imigrantes japoneses vinham de navio para o Brasil, trazendo no bolso ovinhos de bicho-da-seda. Chegando aqui, técnicos da Bratac criaram uma raça híbrida, cruzando os bichos japoneses contrabandeados com os bichos chineses, que haviam sido trazidos para o Brasil pelos Matarazzo. Com esse cruzamento, a empresa conseguiu criar um bicho-da-seda que se adapta melhor ao clima brasileiro e produz um fio de maior qualidade. Na China e no Japão, é possível fazer apenas três ciclos de produção por ano. No Brasil, até 10.[36]

Na reportagem, a Bratac informa que

> para produzir um dos melhores fios de seda do mundo, seu investimento começa na produção dos ovos do bicho-da-seda, que são originários do cruzamento de matrizes de raças puras, realizado em seu setor de

---

[35] *Ibidem.*

[36] *Ibidem.*

Sementagem. Ali são processadas 70 toneladas de casulos de raças puras por ano, que dão origem a ovos híbridos que recebem, no Setor de Incubação, tratamento especial para que as larvas nasçam homogêneas e saudáveis.[37]

A empresa possui campos de criação em cidades nos estados de São Paulo e Paraná, nos quais as larvas são mantidas até a segunda idade. Ao atingirem a terceira idade, as larvas são entregues a sericultores que dão prosseguimento à criação do bicho-da-seda até a formação dos casulos. A Bratac conta com mais de 2.300 famílias produtoras de casulos. São produtores autônomos, que plantam as amoreiras para poderem alimentar as larvas acomodadas em barracões. Formados os casulos, são entregues à empresa, que dá início ao processo de fiação. Das amoreiras depende a vida dos bichos-da-seda, e o clima em nosso país colabora para o êxito dessa plantação. Essa é a razão da preocupação dos produtores em períodos de seca.

O Brasil e o mercado mundial de seda

Apesar da predominância do algodão, outras fibras, como a seda, colaboram de maneira positiva na balança comercial brasileira. Nosso país ocupa a sexta posição na produção de seda no mundo, tanto em casulos verdes como em fios. O tecido, no entanto, é importado em sua maioria. A China, por exemplo, maior produtora e importadora de fios de seda no mundo, importa fios de seda do Brasil e depois exporta o produto tecido a diversos países, inclusive ao próprio Brasil. Embora o consumo nacional da seda seja pequeno, as exportações incentivam os produtores. O estado do Paraná ocupa a primeira posição na produção de casulos verdes e é responsável por 90% do total produzido.

No ano de 2018, o estado do Paraná produziu 517 toneladas de fibras de seda. O produto depois de fiado se transforma no fio reconhecido mundialmente por sua qualidade: o fio de seda brasileiro. Mais branco, mede

---

[37] *Ibidem.*

cerca de 1.200 metros, o dobro do produzido na China (600 metros).[38] Esse diferencial lhe garante facilidade no tingimento e menos emendas para a produção do tecido, razão que o leva a ser preferido pelas tecelagens mais exigentes do mundo. A produção brasileira de fios de seda é exportada a países como China, Itália, França, Suíça e Japão.

---

[38] Agro Saber, "Brasil é o 6º maior produtor mundial de seda! Veja quem está à frente", 25-9-2020. Disponível em https://agrosaber.com.br/brasil-e-o-6o-maior-produtor-mundial-de-seda-veja-quem-esta-a-frente/. Acesso em 27-7-2021.

Fibras e fios

Embora na tecelagem os fios ganhem corpo e se transformem em tecido, o papel da fiação é essencial nesse processo, pois é nela que fibras e filamentos se transformam em fios. Vale a pena pensarmos no longo caminho que existe entre a fibra e o tecido.

As fibras, antes de se tornarem fios, são preparadas para que se tornem homogêneas e paralelas. Elas passam por uma série de máquinas que as limpam, estiram-nas e lhes dão torção. Graças a esse processo, os fios obtêm a coesão necessária para entrarem no tear. Quando saem, já em forma de tecido, o chamado beneficiamento tem início. Nessa etapa, o tecido é preparado para o tingimento e a estampagem, além de vários processos de acabamento direcionados ao aspecto, ao toque, à impermeabilização, etc. (ver o capítulo "Beneficiamento têxtil, tintura e estampagem".)

Veremos neste capítulo que o progresso da química permitiu que grande número de fibras sintéticas inventadas antes da Segunda Guerra Mundial fosse aperfeiçoado. A evolução tem sido tão grande que hoje muitas sintéticas substituem as naturais, até mesmo com vantagens.

Todos esses aperfeiçoamentos garantem um grandioso futuro na história dos tecidos. A combinação de fios naturais e químicos vem dando origem a uma infinita variedade de tecidos. Os estilistas se valem dos lançamentos em suas coleções. Não é à toa que o tecido constitui a base da evolução da moda. Esta, por sua vez, exige muito mais do que aparência.

As fibras, naturais e químicas

As fibras, como matéria-prima para elaboração de tecidos, foram durante muito tempo obtidas apenas dos animais e das plantas. A lã, antes de ser fiada, já era usada de modo compactada, prensado, como um não tecido primitivo. Cascas de árvores, fibras de caules e de folhas foram inicialmente tramadas para abrigo nas cavernas. As mais maleáveis acabaram sendo usadas na proteção do corpo. A utilização de fibras vegetais em tecelagem é provavelmente tão antiga quanto a agricultura. A tecelagem do linho foi aperfeiçoada no Egito, enquanto o uso do algodão foi desenvolvido na Índia e o da seda, na China.

Durante muito tempo, somente as fibras naturais – vegetais e animais – foram usadas na tecelagem, até que a necessidade de criar o que não havia na natureza motivou o surgimento das fibras químicas, produzidas em laboratório. Estas podem ser de dois tipos básicos: fibras químicas artificiais, obtidas pelo tratamento de matéria-prima natural vegetal, animal ou mineral, e fibras químicas sintéticas, sintetizadas do petróleo, do carvão mineral, etc. As primeiras fibras químicas foram produzidas em 1885; à base de celulose extraída da madeira, deram origem ao raiom, que por seu aspecto ficou conhecido como seda artificial.

São exemplos de fibras naturais vegetais: linho, algodão, cânhamo, juta, sisal, ráfia. Entre as fibras naturais animais, destacam-se lã, seda, crina, cashmere, mohair, angorá.

Como exemplos de fibras químicas artificiais (obtidas pelo tratamento químico de matérias naturais), temos viscose, Modal, Liocel, Lanital. Entre as fibras químicas sintéticas (resultantes da transformação das moléculas de materiais de base, principalmente do petróleo), podemos citar náilon, acrílicos, poliéster, elastano. Sob o ponto de vista industrial, uma das principais diferenças entra a fibra natural e a química diz respeito ao tamanho. As naturais são fibras curtas (com exceção da seda), e as químicas provêm de filamentos contínuos. Quanto à qualidade, respeitando suas características e seus limites, ambas são alvo de esforços de produtores e fabricantes em busca de produtos cada vez melhores.

Nas fibras naturais vegetais, o aprimoramento da qualidade tem início com os cuidados no cultivo das plantas, nos métodos de colheita, nos processos que antecedem a fiação. Nas fibras naturais animais, principalmente no caso das lãs, o cuidado inicial é feito com os animais cuja pelagem vai ser transformada em fios, lembrando que até a parte do corpo da qual a lã é retirada é decisiva para a qualidade da fibra, do fio, do tecido.

Nas **fibras químicas** – sejam *artificiais*, sejam *sintéticas* –, pesquisas constantes e aprimoramentos técnicos se unem para oferecer novidades a um mercado promissor, mas exigente. Embora a química ofereça possibilidades ainda desconhecidas no campo da criação, as fibras naturais continuam sendo parâmetros sob todos os aspectos. Os laboratórios têxteis se cercam dos mais variados processos para chegar o mais próximo possível das fibras naturais – vegetais ou animais.

Tudo tem início no polímero, ou seja, a base da estrutura da fibra, de como as cadeias moleculares se dispõem em seu interior. Essa disposição confere à fibra – e, depois, ao tecido – características fundamentais, como resistência, maciez, flexibilidade, absorção de umidade, etc. A microfibra pode ser vista como um dos melhores resultados conseguidos até hoje por meio da química. Ela nos oferece peso absolutamente mínimo e características próximas às dos tecidos produzidos com fibras naturais.

Quadro 1. Variedades e proveniências de fibras têxteis*

Naturais	Vegetais	Sementes e frutos	Algodão
			Fibra de coco
		Caules	Cânhamo
			Linho
			Juta
			Rami
			Basho
		Folhas	Sisal
			Ráfia
	Animais	Carneiro (raça merino, mestiço, etc.)	Lã
		Cabra (raças cashmere, angorá, mohair)	Lã
		Coelho (raça angorá)	Lã
		Lhama	Lã
		Alpaca	Lã
		Camelo	Lã
		Vicunha	Lã
		Iaque	Lã
		Cavalo, asno, boi	Crina
		Lagartas	Seda
Químicas	Artificiais	Matéria-prima natural vegetal	Raiom (acetato e viscose)
			Modal
			Tencel® (Liocel)
		Matéria-prima natural mineral	Amianto
			Fibra de carbono
			Vidro
			Metálica: ouro, prata, cobre, alumínio, latão

(cont.)

		Matéria-prima natural animal	Lanital
	Sintéticas	Obtidas do petróleo	Acrílico
			Elastano (Lycra®)
			Poliamida (náilon)
			Poliéster
			Polipropileno

* A microfibra não aparece na tabela pelo fato de poder ser obtida a partir de várias fibras.

Características das fibras têxteis

As fibras têxteis possuem propriedades que as diferenciam e fazem com que sejam selecionadas para a produção dos tecidos.

Finura. Relaciona-se com seu diâmetro ou espessura. Quanto mais fina for a fibra, mais agradável será o toque do tecido que produzirá. Vale lembrar a suavidade dos tecidos feitos com microfibras.

Elasticidade. A propriedade que as fibras possuem de voltar ao seu estado natural depois de alongadas por uma força de tração.

Resistência. A característica que certas fibras apresentam de voltar ao estado original após terem sido amarrotadas.

Toque. A sensação de conforto que certas fibras proporcionam quando em contato com a pele.

Hidrofilidade. A capacidade de absorção e retenção da água que certas fibras possuem. Essa propriedade é encontrada em fibras têxteis naturais.

Hidrofobilidade. Ao contrário da característica anterior, esta se refere à capacidade de absorver lentamente a água ou até mesmo de repeli-la, o que pode provocar sensação de desconforto. Esse item é frequente nos tecidos de fibras sintéticas.

Comportamento diante de produtos químicos. Avaliação da reação da fibra quando em contato com ácidos, álcool e solventes orgânicos.

Desgaste. Análise do comportamento das fibras mediante ação de agentes mecânicos.[39]

Fibras naturais

As primeiras fibras naturais utilizadas pelo homem tinham origem animal: lã, pelos de cabra ou de camelo. Essa indicação é baseada em textos gravados em pedra ou em tabletes de argila encontrados em escavações arqueológicas realizadas no Oriente Próximo e na Ásia Central. Entretanto, fibras naturais vegetais provenientes de caules, como o linho, o cânhamo e a juta, já eram conhecidas na Antiguidade.

Há cerca de 6 mil anos, o linho já era usado no Egito. A China foi o berço da seda. Na Índia antiga foram desenvolvidas técnicas ligadas à utilização do algodão. O sisal já era usado em têxteis por civilizações pré-colombianas, que também utilizavam pelos de vicunha e de lhamas na confecção de roupas.

O trabalho envolvendo a lã, o cânhamo, o algodão, o linho e também a seda inicialmente beneficiou regiões menos favorecidas, gerando um considerável complemento econômico. Antes da era industrial, a mecanização no processo de fabricação de tecidos era quase nula. Algumas poucas inovações ficavam restritas à obtenção dos filamentos por meio de processos mecânicos de torção, limpeza e acabamento. A lã e a seda foram particularmente trabalhadas na França, enquanto a Bretanha desenvolveu uma indústria em torno da utilização do cânhamo voltado à navegação.

A partir do fim do século XVIII, inovações técnicas de tecelagem e fiação deram um novo rumo ao setor têxtil, incluindo a valorização das fibras. Um

---

[39] "Principais características físico-química das fibras têxteis". Disponível em http://www.bauhaus-net.com.br. Acesso em 16-10-2013.

século depois, teve início uma nova era para os têxteis: as fibras químicas abriram um novo horizonte às indústrias, enquanto ofuscaram o futuro das fibras naturais. A partir de 1950, o declínio do algodão face às fibras de laboratório chegou a preocupar. Poliéster, poliamida e especialmente o acrílico dominavam o setor do vestuário. No fim do século XX, mais da metade da produção mundial de fibras era alimentada pelas químicas (artificiais e sintéticas).

Neste início de século XXI, podemos analisar que, apesar do grande desenvolvimento das fibras químicas, das novidades agregadas a elas, do imenso leque de variedades que permitem, da beleza de suas cores, da facilidade de lavagem e, principalmente, do aperfeiçoamento nos itens relacionados a conforto (ventilação, absorção da transpiração), as naturais continuam sendo o padrão no qual são equiparadas. O alerta da ecologia, a constatação do verdadeiro conforto e o incentivo vindo das passarelas de grandes estilistas asseguram a revalorização das fibras naturais.

Características de algumas fibras de caules e folhas

Cânhamo. Planta herbácea da família das canabidáceas (*Cannabis sativa*), cultivada por seu caule que fornece a excelente fibra têxtil de mesmo nome. Os métodos de extração de suas fibras são semelhantes aos utilizados no linho. As fibras do cânhamo, embora mais rústicas, possuem propriedades comparáveis às do linho. Quando observadas ao microscópio, mostram-se cobertas por fibrilas, responsáveis pela espécie de pelugem de sua superfície.

Juta. Fibra rústica proveniente do tecido externo ao lenho de plantas pertencentes ao gênero *Corchorus*. Ela se destina essencialmente à fabricação de sacos, embalagens, cordas, tecidos para revestimento mural ou tapetes de baixo custo.

Rami. Fibra da planta rami, da família das urticáceas (*Boehmeria nivea*), de origem asiática. O tecido produzido com essa fibra, semelhante ao linho, é usado principalmente em decoração (cortinas, forração de móveis, etc.).

Ráfia. Fibra extraída das palmeiras africanas e americanas do mesmo nome. A tecelagem se destina à montagem de chapéus, bolsas, calçados, esteiras, toalhas para mesa e bandeja.

Sisal. Fibra extraída das folhas de diferentes espécies de agaves, da família das agaviáceas. É usada basicamente na fabricação de cordas e barbantes e na tecelagem de tapetes rústicos.

Tradição na fibra de bananeira

Conhecida no Japão por basho, a fibra extraída do caule de um tipo especial de bananeira (que não dá fruta) pode ser comparada à do linho e hoje sobrevive pela tradição. O basho faz parte da cultura têxtil da região de Okinawa, onde algumas famílias ainda utilizam teares manuais para a confecção de quimonos. Inicialmente a fibra era tecida apenas para o rei, mas com o passar do tempo ela foi se popularizando. Atualmente, são poucas as pessoas que trabalham com basho, mas o governo japonês vem trabalhando para preservar esse costume.

As fibras do miolo do caule são finas e resultam numa espécie de cambraia, também fina. As extraídas da parte mais externa do caule, grossas e de maior resistência, são usadas em tecidos para almofadas e revestimentos. Para um tecido mais quente, combinam o basho com o algodão; quando desejam maior brilho, ele é associado à seda.

Hoje, por causa da ocidentalização dos costumes, o basho é usado na confecção de outros tipos de roupa, além de gravatas e bolsas. Dessa maneira, os japoneses encontraram formas de adaptar o tecido ao mundo atual, ainda que continuem a fabricar os finíssimos tecidos próprios para quimonos. Para a confecção de um quimono necessita-se de 12,35 m de tecido; somente a faixa tem 7 m de comprimento. Um único quimono exige matéria-prima de 200 bananeiras com 2 m de altura.

Derrubadas as bananeiras, suas fibras são separadas e cozidas em panela; depois, têm as impurezas removidas e são postas para secar. Em seguida, calcula-se a quantidade de fibras para o tingimento. São novamente cozidas, dessa vez numa mistura com cinza, com a finalidade de amaciá-las. Algumas vezes, a mistura com cinza é substituída pelo líquido proveniente da fermentação do arroz. Para o tingimento das fibras utilizam-se unicamente pigmentos vegetais (extraídos de flores, folhas, caules e raízes). Os desenhos surgem no tecido pela trama dos fios tingidos e são quatrocentos no total, todos inspirados na vida cotidiana do povo: pássaros, cataventos, rodas, corrente de água, barcos, flores, etc., usados isoladamente ou combinados.

Saindo dos teares, o tecido é lavado em água do mar e batido manualmente a fim de que tenha a tecelagem igualada e ganhe maciez. Segundo a tradição, a roupa deve ser vista como se fosse a pele da pessoa – tem que ser macia para envolver o corpo e a alma. O processo todo é absolutamente artesanal e faz parte da cultura e dos costumes locais.

Existem até superstições relacionadas ao basho. Por exemplo: normalmente, o primeiro dentinho de uma criança nasce no maxilar inferior. Quando esse primeiro dentinho desponta no maxilar superior, é visto como mau sinal. A tradição diz, então, que é preciso derrubar umas bananeiras, tirar-lhe as fibras, tecer o tecido, cortá-lo, costurar uma roupinha e vesti-la na criança. Mas tudo precisa ser feito num só dia, para que o presságio ruim seja eliminado.

Fibras químicas

Desenvolvidas inicialmente com o objetivo de copiar e melhorar as características e propriedades das fibras naturais, as químicas acabaram se tornando uma necessidade. Dois fatores principais motivaram seu progresso: a demanda por vestuários confeccionados com rapidez e a baixo custo pela população mundial em crescimento e a vulnerabilidade da indústria têxtil a eventuais dificuldades da produção agrícola.

Segundo relatório do Banco Nacional de Desenvolvimento Econômico e Social (BNDES),

> nenhuma fibra isoladamente, seja química ou natural, preenche todas as necessidades da indústria têxtil; no entanto, a mistura de fibras químicas com fibras naturais, notadamente o algodão, trouxe a estas melhor desempenho, resistência, durabilidade e apresentação. O uso das fibras sintéticas é atualmente bastante difundido, abrangendo todos os segmentos da indústria têxtil.[40]

Como já citado, tanto as fibras químicas artificiais (as resultantes de processos químicos com base em matéria-prima natural vegetal, mineral ou animal, como celulose da madeira, amianto, proteína do leite, etc.) como as fibras químicas sintéticas (obtidas do petróleo ou do carvão mineral) são produzidas pelo mesmo processo de extrusão, no qual o material sob forma pastosa é pressionado por furos finíssimos numa peça denominada fieira. Os filamentos que saem desses furos são imediatamente solidificados. Em seguida, seguem para o estiramento, que pode ser realizado de duas maneiras: ou as fibras são estiradas durante o processo de solidificação, ou o estiramento é feito após estarem solidificadas. Nos dois casos, o diâmetro da fibra é reduzido e sua resistência à tração é aumentada.

Após esse processo, as fibras podem ser apresentadas de três maneiras diferentes, destinadas a usos diversos: **monofilamento** (um único filamento), **multifilamento** (pelo menos dois monofilamentos contínuos, unidos paralelamente por torção) e **fibra cortada** (resultante do corte, em tamanhos determinados, de um grande feixe de filamentos contínuos).

A fibra cortada pode ser fiada nos mesmos filatórios utilizados para fiar algodão e é muito utilizada em misturas com outras fibras naturais durante esse processo, resultando na chamada "mistura íntima". Esse tipo de combi-

---

[40] "Relato setorial: fibras artificiais e sintéticas", junho de 1995, p. 4. Disponível em http://federativo.bndes.gov.br/conhecimento/relato.fibras.pdf. Acesso em 16-10-2013.

nação de fibras químicas com naturais gera produto que alia a resistência e a durabilidade das fibras químicas e o toque e o conforto das naturais. Além disso, a facilidade de manuseio da fibra cortada em relação ao filamento contínuo faz com que os fios fiados sejam mais utilizados do que os filamentos contínuos. O acrílico, por exemplo, raramente é utilizado sob forma de filamentos contínuos na produção de artigos têxteis.

O início das fibras químicas

A primeira fibra química artificial – o raiom, conhecido na época como seda artificial – foi apresentada ao mundo em 1889, pelas mãos do químico francês Hilaire Bernigaud, conde de Chardonnet de Grange (1839 a 1914).

Logo após a Primeira Guerra Mundial, uma segunda fibra química artificial foi desenvolvida, dessa vez pelos irmãos suíços Henry e Camille Dreyfus. Da celulose, eles obtiveram, em 1921, a celanese, que se tornou conhecida como raiom acetato (pelo fato de sua produção envolver o acetato de celulose).

Foram várias as novas fibras que surgiram, resultantes de inúmeros processos de sínteses, mas a grande invenção ainda estava por vir: a poliamida (náilon).

A grande aceitação comercial das fibras químicas lançadas entre as duas guerras mundiais motivou o desenvolvimento de novos produtos. Assim, as fibras sintéticas lançadas na indústria têxtil na segunda metade do século XX – poliéster, poliamida e, especialmente, o acrílico – chegaram a ocasionar o declínio do consumo do algodão.

O gráfico mostra o posicionamento das fibras naturais e químicas (artificiais e sintéticas) no mercado mundial após a Segunda Guerra Mundial, com marcante alteração das sintéticas a partir de 1960.

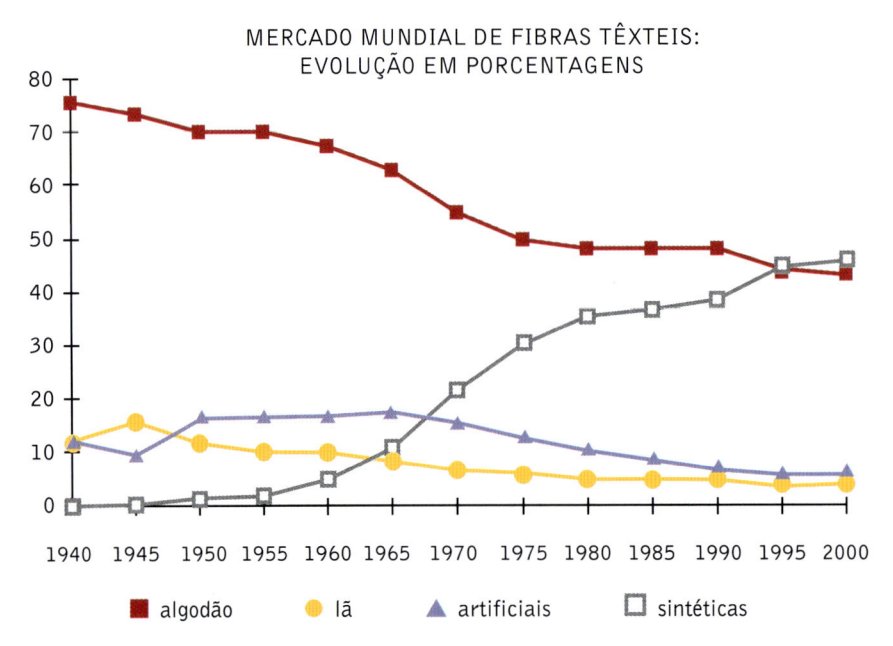

MERCADO MUNDIAL DE FIBRAS TÊXTEIS: EVOLUÇÃO EM PORCENTAGENS

■ algodão ● lã ▲ artificiais ☐ sintéticas

Fonte: adaptado de International Textiles Manufactures Federation (ITMF).[41]

O consumo mundial das fibras têxteis teve um aumento de 77,3% entre os anos de 2000 e 2018, com o comércio de 106 milhões de toneladas. A demanda por fibras naturais caiu 30%, cerca de 32 milhões de toneladas, enquanto as químicas (sintéticas e artificiais) foram as responsáveis por 68% do comércio mundial, segundo dados da Discover Natural Fibers (DNFI), que representa 15 organizações de fibras naturais no mundo.[42]

A procura pelas fibras celulósicas, principalmente a viscose, nesse início do século XXI, vem chamando a atenção de analistas. Após 20 anos de declínio no mercado, poderá se tornar a fibra têxtil do futuro.

---

[41] ITMF (1994) *apud* Fátima de Souza Freire *et al.*, "O confronto fibras químicas x algodão na indústria têxtil brasileira", em *Recitec*, 1 (1), Recife, jan.-dez. de 1997, pp. 103-132. Disponível em http://www.abqct.com.br/artigost/artigoesp24.pdf. Acesso em 13-9-2017.

[42] Marcia Mariano, "Fibras celulósicas recuperam espaço no mercado, em disputa com sintéticas e artificiais", em *ABTCP 2020*. Disponível em https://abtcp2020.org.br/fibras-celulosicas-recuperam-espaco-no-mercado-em-disputa-com-sinteticas-e-artificiais/. Acesso em 27-7-2021.

Fibras químicas artificiais obtidas de matérias-primas vegetais

Raiom. Esta fibra foi a primeira química artificial obtida pelo homem. Ela é composta de celulose, que passa inicialmente por banho de ácido sulfúrico; depois, por diluição em acetona, por extrusão e, finalmente, por operação de evaporação da acetona. Como já dissemos, na extrusão a resina sob forma pastosa é pressionada por furos finíssimos numa peça (a fieira). Os filamentos que saem desses furos são imediatamente solidificados. Embora o químico Hilaire Bernigaud a tenha apresentado ao mundo em 1889, vinha fazendo pesquisas e testes havia muitos anos. Ele começou a desenvolver a fibra em 1878, dissolvendo a nitrocelulose (que é a celulose após tratamento com ácido sulfúrico) numa mistura de éter e álcool. A seguir, passava a mistura por um fino orifício, fazendo o tratamento final com auxílio de um forno. Obteve sua patente em 1884, mas continuou a trabalhar em seu projeto, procurando reduzir o alto poder de combustão da nova substância. Numa exposição de Paris, em 1889, ele apresentou produtos de raiom pela primeira vez ao público. Finalmente, em 1891, começou a produzir comercialmente a fibra, que foi chamada de seda artificial. As experiências não terminaram, e diferentes tratamentos à celulose inicial levaram a dois tipos de raiom: viscose e acetato (ou raiom viscose e raiom acetato).

Viscose. Esta fibra (também denominada raiom viscose) provém de uma solução viscosa obtida pelo tratamento da celulose. A celulose é dissolvida em soda cáustica e, depois, inserida num banho de ácido sulfúrico e sulfato de soda.

O método de obtenção da viscose surgiu em 1892, e a produção comercial dos fios teve início em 1905. A indústria nela baseada desenvolveu-se rapidamente por causa das vantagens tecnológicas do novo processo produtivo.

Os fios e fibras de viscose são semelhantes ao algodão em absorção de umidade, resistência à tração, maciez do toque e caimento. No entanto, a fibra é pouco resistente quando molhada, encolhe e amarrota com facilidade, amarela e desbota com a transpiração e queima com facilidade.

A viscose pode ser utilizada pura (javanesa, seda 100% artificial) ou em combinação com outras fibras, nas mais diferentes proporções e tipos de misturas. Os tecidos com ela produzidos atingem todos os segmentos do mercado têxtil: tecidos planos, malhas, cama, mesa, banho, bordados e linhas.

Embora os tecidos com viscose sejam bastante requisitados por confeccionistas de moda, a produção dessa fibra não tem grandes perspectivas de crescimento mundial, em razão dos altos custos ambientais envolvidos (a necessidade de árvores para o fornecimento de celulose).

Acetato. Esta fibra (também chamada raiom acetato) é produzida pela reação da celulose com anidrido acético e ácido acético, na presença de ácido sulfúrico. Em seguida, o produto é hidrolizado para remoção do ácido sulfúrico e grupos sulfato e acetato, chegando às propriedades desejadas. Foi em 1905, na Suíça, que os irmãos Camille e Henry Dreyfus iniciaram o trabalho com a celulose, chegando primeiro à produção de filme de acetato. As pesquisas continuaram e, em 1913, os irmãos obtiveram o filamento contínuo de acetato. Finalmente, em 1924 esse filamento foi patenteado e lançado de forma comercial nos Estados Unidos pela Celanese. O tecido acetato é macio, sedoso, pode ser brilhante ou fosco e, por suas características, tanto é usado em lingerie como em roupa de verão. É comum que, nas lojas, quando pegamos uma peça de acetato e perguntamos ao vendedor "Que tecido é este?", ele responda apenas: "Raiom".

Tencel®. Com o nome comercial de Liocel, esta fibra celulósica de última geração pode ser vista como a grande novidade entre as fibras têxteis. Ela é obtida da celulose da polpa da madeira de árvores específicas. Essas árvores são híbridas, produzidas geneticamente com a finalidade de fornecer uma polpa mais branca e de melhor qualidade, que permita o uso de produtos químicos em menor quantidade para a obtenção da fibra. Tais árvores são também constantemente replantadas. Ela possibilita um tecido que oferece caimento perfeito, a resistência do algodão e o toque e a maciez da seda, tudo aliado ao frescor das fibras celulósicas. Fabricantes de malha combinam a fibra de Tencel® com o algodão e a Lycra® para obter peças com bom caimento e agradáveis de usar no verão. A principal característica da fibra Tencel® é seu alto poder de fibrilação, isto é, o poder de separar "microfibrilas" no sentido longitudinal de cada fibra. Essa propriedade permite o desenvolvimento dos mais diferentes efeitos estruturais de superfícies.

Surgido em 1992, o Tencel® é tido por alguns como fibra natural, pois não sofre a agressão de ingredientes químicos. Durante a sua produção, é utilizado um solvente totalmente reciclável, daí o Tencel® ser considerado fibra "ecologicamente correta". O Tencel® possibilita uma ampla gama de cores, dos tons pastel aos mais vivos. Apresenta ainda extrema estabilidade à lavagem, tem encolhimento quase nulo e possui a capacidade de dificilmente se rasgar. Os principais cuidados são lavar com sabão neutro, não usar alvejantes, secar à sombra e passar a ferro em temperatura média pelo avesso, para não deixar brilho.

Modal. Essa fibra ecologicamente produzida da celulose encontrada na madeira acrescenta características de conforto, maciez e suavidade aos tecidos. O Modal absorve 33% mais água que o algodão e a evapora quatro vezes mais rápido – essa é a razão de proporcionar o chamado conforto seco. Modal by Leazing é a marca registrada da fibra modal pela empresa Leazing Fibers, da Áustria. No Brasil, a Pegaso, com o suporte técnico e mercadológico da Leazing, fabrica com exclusividade fios 100% Modal e em outras combinações:

- *Modal algodão*. A união da fibra Modal (50%) ao algodão penteado (50%) confere ao algodão brilho sedoso, vivacidade de cores e maciez.

- *Modal acrílico*. A mistura de 70% da fibra Modal e 30% resulta num tecido levemente invernal, com aspecto mescla, maleável e deslizante.

- *Modal stretch*. Usado na produção de malhas com stretch suave, é obtido da combinação da fibra Modal (65%) com a Poliamida (35%).

- *Modal cotton*. Mistura Poliamida (34%), Modal (33%) e algodão (33%). O resultado é um fio com elasticidade, maciez e visual opaco.

- *Modal crepe*. É obtido pela combinação do Modal (45%) com a Poliamida (35%) e o acrílico (20%). Trata-se de um produto resistente que explora principalmente o visual mescla, com propriedade stretch.
- *Modal linho*. Composição de Modal (40%), algodão (32%), Poliamida (20%) e linho (8%) que resulta num produto com o visual do linho, mas com maior flexibilidade.
- *ProModal*. Combinação de Modal (70%) e Liocel (30%) que fornece produto com maior resistência e alta estabilidade dimensional, isto é, não encolhe e também não lasseia devido ao uso.

Fibras químicas artificiais obtidas de matéria-prima mineral

Amianto. Silicato natural hidratado de cálcio e magnésio, de contextura fibrosa, composto de fibras finíssimas e sedosas, em geral brancas e brilhantes, refratárias, resistentes a ataques de bases e ácidos, que dificilmente se fundem, e com as quais se fabricam tecidos, placas, tubos. Por serem totalmente incombustíveis, eram até há pouco tempo usadas principalmente em construções.

O termo amianto ou *asbestos* (inglês), de origem grega, significa indestrutível ou inextinguível, em referência às propriedades dessa fibra mineral, conhecida e utilizada na Europa há milhares de anos. Na Roma antiga, do amianto era feito um tecido próprio contra chamas.

O texto grego *Sobre rochas*, escrito no ano 300 a.C. por Teofrastos, discípulo de Aristóteles, faz referência ao amianto da seguinte forma: "Uma substância que arde como a madeira, quando misturada com o azeite, mas não se consome". Sabe-se que o amianto era extraído de minas em Creta, de onde seguia para ser usado na Grécia, na Roma e no Egito.

Há quase 800 anos, quando Marco Polo visitou a China – quando conheceu a Rota da Seda e o papel-moeda e soube da existência do petróleo, do carvão de pedra e de tantas outras maravilhas –, relatou que em suas viagens encontrou uns panos que não pegavam fogo e que as pessoas utilizavam um mineral extraído da terra para tecer um tipo de roupa indestrutível. Marco Polo se referia a peças confeccionadas com um material que não era lavado, mas simplesmente passado pelas chamas para branquear. Foi dessa maneira que o amianto entrou para a história como uma matéria-prima maravilhosa, uma das maravilhas do Oriente. Sua importância era tanta que o imperador da China mandou como presente para o papa uma caixa de amianto, a fim de que este guardasse nela a relíquia mais preciosa da Cristandade: o Santo Sudário, o lençol de linho que teria envolvido o corpo de Cristo após sua morte. Durante séculos, a caixa de amianto guardou a relíquia. O que não se sabia naquela época é que minúsculos fragmentos de amianto são altamente nocivos ao homem, destruindo seus pulmões.

Hoje, utilizam-se, com extremo cuidado, fibras de amianto em têxteis para proteção e isolamento e na fabricação de telhas, tubos e caixas d'água.

Carbono. Suas fibras, leves e resistentes ao mesmo tempo, são elaboradas de fibras acrílicas, celulósicas ou breu. Usam-se fibras de carbono na fabricação de peças para aviões e artigos esportivos, especialmente raquetes para tênis.

Metal. Fios de ouro, prata, platina, alumínio, cobre e certas ligas de aço podem ser utilizados na realização de produtos especiais. A indústria aproveita suas propriedades na fabricação de materiais de alta resistência mecânica ou térmica. Os fios metálicos são usados sozinhos ou associados a outros tipos de fibras. Entre os recentes "tecidos com memória", a diferença é conseguida pela combinação de finíssimos fios metálicos com outros, provenientes de outras fibras. A "memória" do tecido consiste no fato de ele conservar a forma obtida por movimento, dobra ou pressão. Tecidos metalizados e com peso têm sido sabiamente usados por estilistas em modelos muito especiais.

Vidro. Incombustível e dotada de grande resistência, a fibra de vidro é vista hoje como excelente material tanto para a elaboração de

Fios metálicos, especiamente dourados, são muito usados na fabricação de fitas decorativas. Foto: Dinah Bueno Pezzolo.

Detalhe do tecido de vidro fiado em duas cores, inventado e fabricado por Dubus-Bonnel, de Paris, em 1839. Museu de Artes e Ofícios, Paris.

tecidos usados na proteção contra fogo como para a fabricação de materiais isolantes e de construção. Em tecelagem, seu uso encontra certas limitações, pois os tecidos resultantes desse material são pouco flexíveis e de difícil tingimento. Essas restrições, porém, não impediram que passassem a fazer parte da coleção do Museu de Artes e Ofícios de Paris, duas peças de tecido de vidro fiado combinado com seda: um brocado de ouro sobre vermelho e um brocado de prata sobre amarelo. Seu inventor e fabricante, Dubus-Bonnel, foi um dos primeiros artesãos da primeira metade do século XIX a tecer e divulgar novos tipos de tecidos.

Fibras químicas artificiais obtidas de matéria-prima animal

Lanital. Fibra extraída da caseína, proteína existente no leite. Por causa de sua baixa resistência, inferior à da lã, o lanital é sempre utilizado em combinação com outras fibras. Suas propriedades são comparáveis às da lã.

Fibras químicas sintéticas

As fibras sintéticas – obtidas principalmente do petróleo, mas também do carvão mineral –, apesar de terem sido lançadas no fim do século XIX, só foram desenvolvidas e aplicadas ao longo do século XX. O náilon teve seu desenvolvimento em 1935, inicialmente para utilização em paraquedas, depois, em meias e, em seguida, no vestuário em geral. O uso das fibras sintéticas na indústria têxtil foi ampliado até que, na década de 1980, o consumidor passou a rejeitá-las em virtude de certas desvantagens em relação às naturais. Essa mudança no consumo incentivou a indústria a iniciar uma série de pesquisas para aprimorar os sintéticos.

Acrílico. Fibra obtida por síntese de diferentes elementos extraídos do carvão, petróleo e cálcio, pode ser misturada com a maioria das outras fibras, naturais ou sintéticas. A fibra de acrílico surgiu na Alemanha em 1948. Isolante, proporciona aos artigos estabilidade dimensional, além de solidez e vivacidade das cores. Bastante utilizada na fabricação de tecidos, artigos de malha e nas imitações de pele, é conhecida também como substituta da lã por sua semelhança e leveza. No entanto, assim como o poliéster e o náilon, absorve mal a umidade, não oferecendo o ideal em termos de conforto.

Elastano. Fibra química obtida do etano, inventada e registrada pela DuPont com a marca Lycra®. As fibras elastoméricas exercem papel complementar em relação às demais fibras têxteis (naturais ou químicas): sua função específica é conferir elasticidade aos tecidos convencionais (de malha ou planos), o que permite confeccionar peças de vestuário que aderem ao corpo, acompanhando-lhe as formas sem tolher os movimentos. Essa característica as torna particularmente apropriadas à confecção de roupas de praia, roupas femininas e esportivas, roupas íntimas, meias e artigos para aplicações médicas e estéticas. As fibras elastoméricas possuem grande elasticidade (podem atingir até cinco vezes seu tamanho normal sem se romperem) e resistência a abrasão e deterioração pela ação de detergentes, loções, transpiração e diversos produtos químicos. Sua utilização se faz sempre em combinação com outras fibras convencionais, em proporções que variam entre 5% e 20%.

Poliamida. A resina de poliamida é a substância básica formadora do náilon. Trata-se de um composto obtido pela polimerização de aminoácidos ou pela condensação de diaminas com ácidos dicarboxálicos. Características: leve e macia; não encolhe nem deforma; resistente ao uso, aos fungos e às traças; de fácil tratamento e secagem rápida; sensível à luz; tem tendência a reter poeira e sujeira; mancha com facilidade; não absorve umidade; aquece pouco; favorece a transpiração do corpo; encolhe com o calor; não resiste a produtos químicos. A poliamida é utilizada só ou combinada a outras fibras nas confecções em geral (fabricação de rou-

As fibras sintéticas possibilitam a criação dos mais diferenciados tecidos, além de efeitos permanentes.
Foto: Dinah Bueno Pezzolo.

pas íntimas, blusas, camisas e impermeáveis) e em paraquedas, redes contra insetos, redes para pesca, suturas para cirurgia e cordas. São vários os tecidos provenientes de combinações com o fio de poliamida, entre eles a Helanca®, tecido elástico produzido com fio de poliamida texturizada por falsa torção geralmente colocado na trama (a Helanca® geralmente tem elasticidade no sentido lateral).

O náilon, derivado de resina de poliamida e considerado o mais nobre dos fios sintéticos, foi o primeiro a ser produzido industrialmente; surgiu em 1935 graças ao trabalho de uma equipe de pesquisa dirigida pelo químico americano Wallace Carothers (1896 a 1937), da empresa DuPont.

Wallace inventou primeiro o Neoprene®, em 1930. O Neoprene®, marca registrada da DuPont, ainda hoje é usado em roupas de surfistas e mergulhadores. Wallace continuou seu trabalho, pesquisando um polímero sintético que substituísse a seda. Sua grande realização chegou cinco anos depois, com a fórmula do polímero que se tornou conhecido como náilon. Em 1940, o comércio e as mulheres chegavam à loucura com as meias de náilon. Wallace não chegou a ver essa revolução na moda – faleceu em 1937.

Quando associado ao algodão, resulta num tecido misto confortável e com boa absorção de umidade, sendo então usado para camisaria. Não se encontra hoje no mercado uma fibra que se aproxime tanto da perfeição da seda como a poliamida.

Entre muitas qualidades, o náilon oferece alta resistência mecânica (cerca de 3,5 vezes mais que o algodão), razão pela qual é utilizado na fabricação de dispositivos de segurança como paraquedas, cintos de segurança, cordas, linhas e redes de pesca, etc. Na Segunda Guerra Mundial, os paraquedas de seda foram substituídos pelos de náilon. Após o ataque a Pearl Harbor, em 1941, ficou constatada a superioridade do náilon sobre a fibra natural. Sua eficiência era tamanha que as Forças Aliadas requisitaram toda a produção do material da DuPont para a fabricação de paraquedas. Daí em diante, todas as missões dos soldados usando paraquedas tiveram sucesso.

No fim da guerra, os céus salpicados por milhares de paraquedas anunciaram que o triste e longo período bélico tinha chegado ao fim.

Microfibra. Filamentos extremamente finos provenientes de fibras de acrílico, poliamida ou poliéster que surgiram no mercado na década de 1990. Dez mil metros desses filamentos podem pesar menos de 1 g. Um tecido microfibra é formado pela trama de fios multifilamentos (filamentos microfibras). A microfibra agrega ao tecido a função de acelerar a evaporação do suor e reúne outras características: possui toque macio; é de fácil manutenção; tem secagem rápida; apresenta nível de encolhimento extremamente baixo; não amassa; possui bom caimento, mesmo sendo leve; tem alta resistência; proporciona bom isolamento do vento e do frio; pode ser usada sozinha ou misturada a outras fibras; tem aplicação variada em malharia, tecelagem, moda feminina, moda masculina e moda infantil, incluindo roupas íntimas, peças esportivas, meias e outros artigos, como passamanarias.

Tactel®. Marca registrada da DuPont, 100% poliamida, é um tipo de microfibra cuja estrutura possui fios texturizados a ar, o que a torna capaz de alta secagem (principalmente quando exposta ao sol) e permite alta transpiração. Por essas características, é muito utilizada na confecção de calções e shorts de banho.

Supermicrofibra. Ainda mais fina que a microfibra tradicional, resulta em produtos extremamente leves, macios e confortáveis. O tecido feito com a SuperMicrofibra apresenta outras características positivas: é durável, fácil de lavar, possui secagem rápida e dispensa ferro de passar; mantém suas cores mesmo após várias lavagens; proporciona contato agradável; possui respirabilidade (seus filamentos extremamente finos criam microespaços entre si, o que facilita a circulação do ar quente para o exterior, evitando o excesso de umidade e garantindo o equilíbrio térmico do corpo).

Poliéster. Também conhecido como tergal, o poliéster é utilizado tanto em malharia como em tecido plano, só ou combinado a outras fibras químicas ou naturais. Pode ser usado em vestuário e também em tecidos para decoração, revestimentos, etc. Absorve pouquíssima umidade. O poliéster é a mais barata das fibras, sejam químicas ou naturais. Sua utilização tende a crescer, e os avanços tecnológicos têm permitido que ela se torne cada vez mais semelhante ao algodão. Os tipos de fibras de poliéster são vários:

- *Poliéster/Meryl®*. Microfibra composta de filamentos poliéster e poliamida. A marca é registrada pela Rhodia.

- *Fibra Tergal-Algodão*. Fibra curta que normalmente é misturada em peças 100% algodão, para utilização em praticamente todas aplicações.

- *Fibra Tergal-Tech*. É a fibra poliéster dirigida aos não tecidos (produzidos sem trabalho de tear). A fibra tergal-tech é combinada a outras, naturais ou químicas, para a fabricação principalmente de cobertores, toalhas, tapetes, forração de carpetes, fronhas e lençóis hospitalares e aventais.

- *Fibra Tergal-Lofty*. Fibra de alta performance, desenvolvida especialmente para aplicações em mantas de enchimento (vestuário, edredons, travesseiros, brinquedos).

Polipropileno. Obtido pela polimerização do propeno (fórmula: C_3H_6), não se trata de uma fibra importante para o vestuário ou para o uso doméstico. Mas, por causa da sua elevada inércia química, leveza e resistência à umidade, à abrasão e à ação de mofos e bactérias, torna-se ideal para a produção de sacarias (ela protege os produtos assim acondicionados) e forrações de interiores e exteriores. É usada também na fabricação de feltros e estofamentos.

Fibras químicas no Brasil

As fibras artificiais foram introduzidas no Brasil quase ao mesmo tempo que apareceram no exterior. Elas começaram a ser produzidas em escala comercial em nosso país em 1931, pela

Malhas produzidas com fibras químicas, sintéticas, surgiram sob aplausos no desfile de Issey Miyake. Paris, março de 2000. Foto: Dinah Bueno Pezzolo.

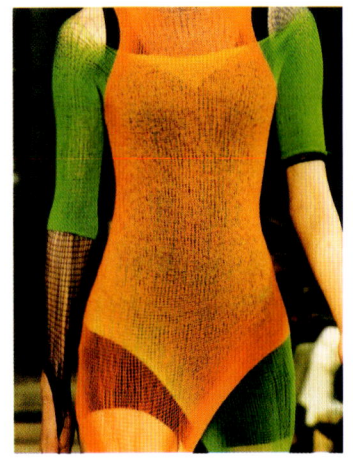

Companhia Brasileira Rhodiaceta, atual Rhodia, com o filamento têxtil de acetato. A produção desse tipo de fibra teve rápido crescimento em virtude da abundância de linter de algodão (utilizado na produção de viscose), à mão de obra barata e à energia elétrica a baixo custo.

As fibras sintéticas, de origem petroquímica, surgiram após a Segunda Guerra Mundial, mas sua produção teve início apenas em 1955, também pela Rhodia. A primeira fibra sintética produzida no Brasil foi o náilon. Nos anos 1960, as sintéticas tiveram crescimento contínuo e, na metade da década, já superavam as artificiais. Em 1961, foi a vez do poliéster; em 1968, do acrílico. Em 1993, a produção brasileira de fibras sintéticas alcançou 234.411 toneladas, enquanto a de fibras artificiais foi de 67.793. No século XXI, a produção de sintéticas continuou a superar a de artificiais. Em 2016, chegou a 221.531 toneladas, ao passo que a das artificiais foi de 10.428 toneladas.[43]

OS FIOS

Fios são produtos obtidos pela fiação de fibras naturais e pela extrusão de fibras químicas (artificiais ou sintéticas). O fio pode ser constituído por um único filamento (monofilamento) ou formado por um conjunto de dois ou mais filamentos (multifilamento). Filamento contínuo é a unidade linear de comprimento indefinido, caso do acetato, do náilon, do poliéster e de outras fibras químicas, que podem ter vários quilômetros de comprimento.

Entre as fibras naturais, a seda é a que apresenta o mais fino dos filamentos. Cada casulo fornece um finíssimo filamento contínuo de seda pura (fibroína) que chega a cerca de 1.000 m (ver o capítulo "Seda"). O fio de seda mais fino usado em tecelagem, que resulta no crepe da China, é formado por seis ou sete desses filamentos, tratando-se, então, de um fio multifilamento.

---

[43] Associação Brasileira de Produtores de Fibras Artificiais e Sintéticas (Abrafas), *Estatísticas*. Disponível em http://www.abrafas.org.br/site/vitrine-noticias/index/materia/estatisticas-/c/b6e. Acesso em 6-9-17.

A delicadeza do fio e das mãos ganharam destaque na obra *A fiandeira*. William-Adolphe Bouguereau (1825 a 1905).

Texturização. Esse beneficiamento tem por finalidade transformar os fios de fibras químicas (sintéticas ou artificiais), que são lisos e duros, em fios macios, cheios, fofos, com aspecto encrespado, maior volume e elasticidade – propriedades que caracterizam o fio para fiação. Ela é feita por meio de processos mecânicos e térmicos que variam dependendo do uso final do fio.

Produção

Os processos de fiação para obtenção de fios destinados ao uso têxtil são dois: fiação a anel e fiação por rotor (Open-End).

Fiação a anel. Conhecida como convencional (CO), é utilizada para fibras curtas e fibras longas e em ambos os casos pode resultar em fios cardados e fios penteados. O fio obtido pela fiação a anel oferece maior resistência, mas seu custo é maior em relação ao fio Open-End. O processo a anel inclui fios com torção no sentido direito (Z) ou no sentido esquerdo (S). A torção é realizada de fora da fibra para dentro, o que gera um fio mais macio tanto no núcleo como na sua superfície.

Fiação por rotor. Também conhecida como fiação Open-End (OE), tem custo menor por causa da simplificação do ciclo de formação do fio. O produto final é mais regular que o fiado a anel (fio convencional), mas apresenta menor resistência. É o método mais prático para a produção de fios. Ele é utilizado na maioria das vezes para aproveitar resíduos de outros sistemas de produção, como a fiação a anel. Também apresenta melhores resultados lidando com fibras mais curtas do que o processo convencional. Por conta disso, geralmente as fiações possuem uma linha de fios anel e outra de fios Open-End, a qual aproveita os resíduos daquela. A capacidade de alongamento do fio Open-End é maior, importante para a malharia, mas problemática em relação ao acabamento, pois malhas com esses fios tendem a ficar mais largas e necessitam de regulagens especiais.

Tipos

Os fios podem ser divididos em quatro grupos principais.

Fio penteado. Passa por um equipamento chamado penteadeira, na qual são eliminadas as fibras mais curtas e as impurezas que não foram retiradas em processos anteriores. Esse processo lhe confere melhor qualidade, melhor resistência e resultado mais regular, que garante menor formação de bolinhas (pilling) na malha acabada.

Fio cardado. Por não passar pela penteadeira, possui mais fibras curtas, o que gera defeito na regularidade do fio (neps) e a formação de bolinhas no tecido (pilling).

Fio fantasia. Adquire, por meio de beneficiamento, aspecto ou toque diferente, a fim de valorizar e diversificar o tecido. Exemplos: buclê, chenilha, metalizado, botonê, perlê, etc.

Fio tinto. É o colorido antes de entrar na tecelagem.

Tecelagem e classificação

Das fibras fiadas, tecidas e coloridas artesanalmente pelos povos da Antiguidade até o que as indústrias têxteis nos oferecem hoje, uma longa e trabalhosa estrada foi percorrida.

Durante muitos séculos, a arte têxtil permaneceu exclusivamente como trabalho manual em todas as suas etapas, mas nem por isso deixou de se mostrar incrivelmente bela! Ainda hoje, o tecido artesanal tanto é valorizado na decoração de ambientes como em criações de grandes estilistas.

O tear

A máquina que permite o entrelaçamento ordenado de dois conjuntos de fios, longitudinais e transversais, para a formação da trama é conhecida por tear. O princípio de seu funcionamento é calcado em elementos essenciais: urdume, trama, cala e pente.

Urdume. Formado por um conjunto de fios tensos, paralelos e colocados previamente no sentido do comprimento do tear. Também conhecido por urdidura.

Trama. Segundo conjunto de fios, passados no sentido transversal, com auxílio de uma lançadeira (ou navete). A trama é passada por entre os fios do urdume por uma abertura denominada cala. O primeiro passo para a mecanização do tear foi a lançadeira volante, patenteada em 1733 pelo inventor britânico John Kay. Consistia num mecanismo de alavancas que empurrava a lançadeira por uma direção.

Cala. Abertura entre os fios ímpares e pares da urdidura, por onde passa a trama.

Pente. Peça básica que permite levantar e abaixar alternadamente os fios do urdume, para permitir a abertura da cala e a posterior passagem da trama.

Funcionamento

O urdume é colocado pelo pente, e seus fios são mantidos com uma tensão constante. O movimento vertical do pente faz surgir a abertura (cala), por onde é passada a trama sucessivamente de um lado para outro, entrelaçando-se, assim, os dois conjuntos de fios.

O desenho mostra de maneira bastante simples o princípio do tear: a) urdume, b) trama, c) tecido, d) pente, e) cala, f) lançadeira com a trama. Desenho: Dinah Bueno Pezzolo.

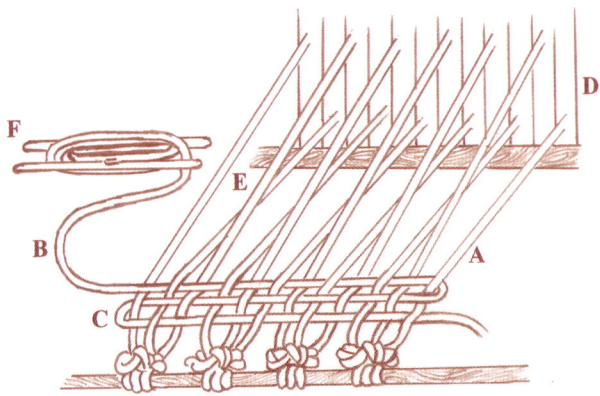

Revolução Industrial

Tudo começou com a máquina a vapor imaginada por Da Vinci no século XVI, mas foi em 1698 que o mecânico inglês Thomas Savery patenteou a primeira máquina a vapor prática, com função voltada à drenagem de água de minas para o abastecimento de cidades.

Em 1712, Thomas Newcomen, ferreiro inglês, inventou outra máquina a vapor, igualmente para esvaziar águas de infiltrações nas minas. A semente estava lançada e ela só foi germinar quando o homem passou a ser auxiliado por máquinas.

A mecanização dos sistemas de produção, especialmente na área têxtil, foi iniciada na Inglaterra, a "oficina do mundo". A Inglaterra possuía grandes reservas de carvão mineral em seu subsolo, a principal fonte de energia das máquinas a vapor. Além dessa fonte, os ingleses tinham ainda grandes reservas de minério de ferro, a principal matéria-prima utilizada neste período.

A invenção da lançadeira volante por John Kay, em 1733, foi o primeiro passo na renovação do ramo de tecidos. Adaptada aos teares manuais, propiciou o aumento na capacidade de tecer e permitiu a obtenção de tecidos mais largos, pois até então o tecelão só podia fazer tecidos da largura de seus braços.

Com o aumento da produção, começaram a faltar fios, produzidos na roca. Era urgente que algo fosse feito para suprir a necessidade desse material. Em 1763, James Hargreaves inventou o filatório manual e, em 1767, aperfeiçoou sua invenção, criando um que fiava até oitenta fios de uma única vez e era comandado por uma única pessoa — mas, infelizmente, originava fios finos e quebradiços. Em 1769, Richard Arkwright idealizou o sistema hidráulico para fiar. Movido a água, era econômico, mas produzia fios grossos. Nesse mesmo ano, James Watt registrou a patente da máquina a vapor, à qual se dedicava desde 1763. Ele transformou o movimento de pistão, utilizado até então, em movimento rotativo por meio de um sistema de biela–manivela, pondo em movimento um volante. (Biela é uma barra que movimenta duas peças articuladas em suas extremidades.) Graças a essas melhorias, a máquina a vapor pode ser adaptada a todos os trabalhos.

Em 1779, Samuel Crompton criou a *mule*, filatório automático que combinava as duas máquinas anteriores. Com esse novo filatório, foi possível conseguir fios finos e resistentes, tanto que o material, antes em falta no mercado, passou a sobrar. Essa inversão no desequilíbrio foi corrigida apenas em 1785, com o tear mecânico inventado por Edmond Cartwright, que aumentou a capacidade de produção das fábricas.

O tear mecânico permitiu um grande salto da indústria têxtil, mas a energia motriz hidráulica, à base de rodas d'água, era insuficiente para seu funcionamento. Foi adotada, então, a máquina a vapor que o escocês James Watt havia aperfeiçoado. A máquina, agora com movimento duplo, transformava o movimento linear do pistão em movimento circular, adaptando-se ao tear.

Continuando a corrente do desenvolvimento industrial, outro problema pedia solução: a resistência das máquinas. A madeira das peças foi, então, substituída por metal, o que estimulou o avanço da siderurgia. Nessa época, as invenções chegavam a outro ramo ligado à indústria têxtil: nos Estados Unidos, Eli Whitney, em 1793, criou o descaroçador de algodão, patenteado em 1794, que passou a separar os grãos das fibras. A indústria do algodão teve um grande desenvolvimento, intensificado pela mecanização na fiação (ver o capítulo "Algodão").

Teares cada vez maiores aceleravam o ritmo de produção, mas a substituição do homem pela máquina gerava milhares de desempregados. Entre os que trabalhavam, a insatisfação também era grande. Movimentos de protesto e quebra-quebras de máquinas eram formas de manifestações operárias contra baixos salários, condições precárias nas fábricas e ausência de qualquer benefício, como descanso semanal remunerado, férias, auxílio-doença. Contudo, os preços das mercadorias caíam, o consumo aumentava e o comércio se expandia, beneficiado também pelo progresso na área de transportes. Locomotivas a vapor transportavam mais mercadorias e pessoas num tempo mais curto e com custos mais baixos.

Até a segunda metade do século XVIII, a tecelagem de lã dominava a indústria inglesa. Mas a primeira a ser mecanizada foi a do algodão. Suas colônias contribuíam com matéria-prima, capitais e consumo. Do total da produção inglesa, 90% era exportada.

De 1850 a 1914 a Revolução Industrial atravessou fronteiras, espalhando-se pela Europa, pela América e pela Ásia: Bélgica, França, Alemanha, Itália, Estados Unidos, Japão e Rússia. A concorrência foi aumentada, incentivando a criação. Fibras artificiais, valorização da estamparia e criadores de moda impulsionaram o progresso na área têxtil.

Após a Primeira Guerra Mundial, começaram a surgir os conglomerados industriais e multinacionais. A produção se automatizou, passando a ser feita em série. Os meios de comunicação se expandiram, e a sociedade de consumo explodiu, sempre ávida por novidades. As pesquisas se intensificaram, e os tecidos sintéticos acabaram conquistando o mercado.

Os desdobramentos da Revolução Industrial atingiram o outro lado do mundo, especialmente a Índia, então sob domínio inglês. Antes da chegada dos ingleses, os indianos fiavam e teciam suas próprias roupas, como forma de complementar o pouco que obtinham com a agricultura. Com a Revolução Industrial a manufatura de tecidos foi arruinada.

O indiano Mohandas Karamchand Gandhi (1860-1948), conhecido popularmente por Mahatma Gandhi (mahatma em sânscrito, antiga língua clássica da Índia, significa "a Grande Alma"), determinado a conter o poderio inglês na Índia, iniciou a campanha contra o uso de produtos ingleses, incluindo tecidos, que voltaram a ser produzidos pela população em suas próprias casas. Toda casa possuía um tear. Mais tarde, em visitas à Inglaterra, Gandhi usou seu tear manual para tecer suas roupas, numa atitude afrontosa aos ingleses, lembrando a proibição sofrida pela indústria indiana.

TEARES SEM LANÇADEIRAS

Teares sem lançadeiras continuam a substituir os convencionais (com lançadeiras), de primeira geração. Apesar de mais antigos, os teares com lançadeiras existem em maior número. No Brasil, em 1996, os tipos de teares em tecelagens estavam assim distribuídos: teares com lançadeiras, 122.408; teares de projétil, 5.000; teares de pinça, 22.816, teares jato de ar, 5.250; teares a jato d'água, 130.[44]

Os teares de projétil e de pinça são conhecidos como de segunda geração. Os de terceira geração trabalham a jato de ar e jato de água. O aperfeiçoamento tecnológico nos teares tem a finalidade não só de aperfeiçoar a qualidade, mas, também, a velocidade da produção. Tanto os de segunda como os de terceira geração não possuem lançadeiras. O fio é lançado ou pinçado numa velocidade incrível, e nas tecelagens mais modernas o controle é computadorizado e controlado a distância. À primeira vista, nem parecem teares; não se vêem fios, não se enxerga o trabalho – o tecido já sai pronto bem adiante.

Segundo relatório do Banco Nacional de Desenvolvimento Econômico e Social (BNDES),

> a velocidade dos teares tradicionais varia de acordo com os tecidos a serem produzidos: para os tecidos de 90 cm de largura a velocidade chega, no máximo, a 170 batidas por minuto (bpm); já com os tecidos de 140 cm de largura, eles atingem 150 bpm. Os teares a projétil e pinças podem desenvolver uma velocidade de 300 bpm, ao passo que naqueles a jato de ar ou água, a mesma alcança 900 e 1000 bpm, respectivamente (especialmente para tecidos leves).[45]

Os teares sem lançadeiras, além de permitirem grande velocidade no trabalho, não apresentam restrições quanto à largura do tecido a ser produzido, fato que não se dá com os teares convencionais, que não estão habilitados a tecer peças com largura superior a 140 cm. As grandes empresas de

---

[44] Ana Paula Fontenelle Gorini *et al.*, "Tecelagem e malharia", p. 11. Disponível em http://www.bndes.gov.br/conhecimento/bnset/rsmalha1.pdf. Acesso em 16-10-2013.

[45] *Ibid.*, p. 25.

confecção têm exigido tecidos com largura superior a 180 cm, que permitem melhor adaptação à mesa de corte e evitam perdas.

Escolha do tear

No entanto, na definição do tear a ser utilizado não são consideradas apenas a velocidade e a eficiência em relação à largura do tecido. Analisam-se o peso do tecido, o grau de absorção de água, a resistência dos fios e a liberação de resíduos. Assim, para os tecidos denim, devido ao seu peso, são utilizados teares de pinça, projétil ou mesmo de lançadeira, e não teares a jato de água; os denim também liberam grande quantidade de resíduos e, por essa razão, o tear a jato de ar não é utilizado em sua fabricação. Para os tecidos de algodão em geral, que retêm água facilmente, não são utilizados teares a jato de água.

Tecidos sintéticos e tecidos mistos de algodão e poliéster, por causa da resistência de seus fios, têm sido produzidos em teares mais velozes. Teares a jato de ar geralmente criam tecidos de estrutura leve e até média, como os utilizados para lençóis e camisaria. Esses teares a jato de ar, para atingirem níveis elevados de produção, pedem instalação de unidades de ar comprimido, climatização apropriada do ambiente, além de fios de boa qualidade para evitar constantes paradas. Segundo o BNDES, esses fatores encarecem seu uso e até inviabilizam o acesso a essa tecnologia por parte das pequenas e médias empresas.

Teares para malharia

Os teares utilizados para malharia variam não só por serem mais ou menos modernos, mas também pelo sistema que oferecem para formação da malha. Os sistemas básicos são dois: malharia por trama e malharia por urdume.

Malharia por trama. Esse sistema trabalha com entrelaçamento na direção horizontal (daí o nome "por trama"), e os teares podem ser retilíneos ou circulares. Os *retilíneos* produzem qualquer tipo de tecido de malha para vestuário,

Tear jacquard antigo e a fila de cartões perfurados, responsáveis pelos desenhos da trama. Museu Deutsches.

além de golas e punhos para camisas tipo polo, blusões, agasalhos, etc. Os teares *circulares* produzem um tecido tubular contínuo, que pode ter grande ou pequeno diâmetro (fabrico de meias masculinas e femininas, sacos, etc.).

Malharia por urdume. Com esse sistema, em que o entrelaçamento de malhas é feito no sentido longitudinal (sentido do urdume), são criados tecidos lisos para roupas íntimas, tecidos elásticos, forros, veludos para estofamento, tecidos para toalhas de mesa. Nesse mesmo sistema, máquinas mais sofisticadas, além de produzirem tecidos lisos, podem criar rendados para lingerie, toalhas de mesa, cortinas, etc.

A invenção do jacquard

Até 1790, para se obterem tecidos com desenhos formados pela trama dos fios eram necessárias cinco pessoas por tear. Meninos posicionados em cima do tear levantavam os fios do urdume, para a passagem da lançadeira com o fio da trama. Esse tipo de trabalho, minucioso e demorado, foi eli-

Toalhas de algodão adamascado. Os desenhos surgem do contraste do brilhante sobre o opaco, obtido na tecelagem semelhante ao jacquard. Foto: Dinah Bueno Pezzolo.

minado com a invenção da máquina Jacquard, por Joseph-Marie Jacquard, francês de Lyon e filho de tecelão.

Apesar de inventada em 1790, a primeira máquina ficou pronta apenas em 1800. Ela permitia movimentar os fios de urdume com um só tecelão e, assim, diminuir o número de funcionários. Por esse motivo, no início, a máquina jacquard foi muito mal acolhida.

O princípio da invenção é utilizar um sistema de cartões perfurados que atua sobre cada fio de urdidura, a fim de selecionar o levantamento dos fios que devem criar os motivos decorativos do tecido. O mesmo acontece com o mecanismo verdol, também chamado "papel sem fim", que funciona com o auxílio de uma fita contínua de papel perfurado. A realização do tecido jacquard pede quatro operações: esboço, pintura, leitura e tecimento.

Esboço. Representação gráfica e colorida, sobre papel, do futuro desenho jacquard.

Pintura. Reprodução do esboço sobre papel quadriculado que representa o cruzamento dos fios do urdume e da trama.

Leitura. Operação que consiste em furar os cartões ou o papel sem fim (papel verdol), a partir do desenho pintado.

Tecimento. Trabalho realizado pela máquina que obedece à perfuração dos cartões (ou papel verdol).

Quadro 2. Resumo do progresso na tecelagem

Data	Autor	País	Invenção
1698	Thomas Savery	Inglaterra	Patente da primeira máquina a vapor
1712	Thomas Newcomen	Inglaterra	Variação da máquina a vapor
1733	John Kay	Inglaterra	Invenção da lançadeira volante
1763	James Watt	Escócia	Início das experiências com máquina a vapor
1763	Hargreaves	Inglaterra	Filatório manual
1767	Hargreaves	Inglaterra	Filatório para vários fios simultâneos
1769	Arkwright	Inglaterra	Patente da máquina de fiar hidráulica
1769	James Watt	Escócia	Patente da máquina a vapor adaptável a trabalhos diversos
1771	Arkwright	Inglaterra	Máquina de fiar mecânica
1779	Samuel Crompton	Inglaterra	Aperfeiçoamento do filatório automático
1785	Cartwright	Inglaterra	Invenção do tear mecânico
1790	Joseph-Marie Jacquard	França	Desenvolvimento do jacquard
1793	Eli Whitney	Estados Unidos	Invenção do descaroçador de algodão
1794	Eli Whitney	Estados Unidos	Patente do descaroçador de algodão

Classificação do tecido na tecelagem

O modo de tecer os fios determina a estrutura básica de um tecido, ou seja, seu padrão. A tecelagem pode ser feita de inúmeras maneiras; entretanto, são três os ligamentos ou ordens básicas de cruzamento dos fios da trama com os fios do urdume: ligamento tafetá, ligamento sarja e ligamento cetim.

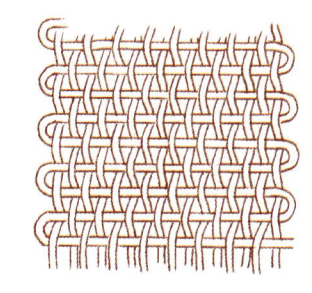

De cima para baixo: esquemas e desenhos da trama tafetá, da sarja e do cetim. Desenhos: Dinah Bueno Pezzolo.

Ligamento tafetá. A mais simples das estruturas de base, caracteriza-se pela disposição inversa de fios pares e ímpares. Cada fio da trama passa alternadamente por cima e por baixo de cada fio do urdume, resultando numa tela que lembra um tabuleiro. Mais de 70% dos têxteis são tecidos segundo esta técnica. Exemplos: cretone, batista, musseline.

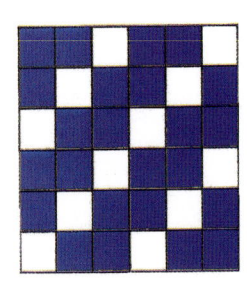

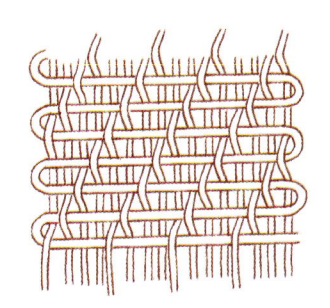

Ligamento sarja. Reconhecido por suas linhas diagonais, que formam, na maioria das vezes, o ângulo de 45°. A armação sarja resulta num tecido com direito e avesso nitidamente diferentes. Ritmo da tecelagem: um não, dois sim. Exemplos: sarja, espinha-de-peixe.

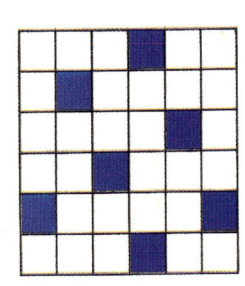

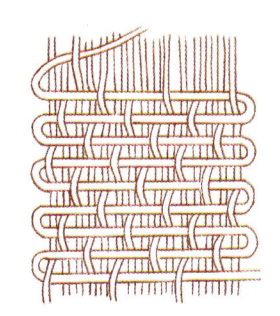

Ligamento cetim. Resulta num tecido liso, sem qualquer efeito motivado pela trama, graças à disseminação dos pontos de cruzamento entre os fios. Característica: direito e avesso diferentes, sendo o direito com brilho. Exemplo: cetim.

Classificação do tecido na formação

Quanto à formação, os tecidos podem ser classificados em planos, malha, de laçada, especiais e não tecidos.

Tecidos planos. A característica principal dos "planos" é seu entrelaçamento, formado por dois conjuntos de fios em ângulo de 90°. Um desses conjuntos, o urdume, é composto por fios dispostos no sentido longitudinal do tecido; o outro, a trama, fica disposto no sentido transversal, perpendicular ao urdume. Os tecidos planos apresentam, basicamente, quatro variedades principais: liso, maquinetado, jacquard e estampado.

Tecido liso. Apresenta aspecto uniforme, sem qualquer estampa. Ligamento tafetá, sarja ou cetim. A parte mais importante destes tecidos é o acabamento, que deve dar valor aos fios, à padronagem e ao toque final. Exemplos: cambraia, cetim, crepe, brim, gaze, veludo.

Tecido maquinetado. Tem aspecto mais fantasioso, o qual pode ser obtido pela trama de fios ou por tratamentos de acabamento. Exemplos: xadrez, listrado, barrado, shantung.

Tecidos maquinetados, com desenhos em relevo obtidos na tecelagem dos fios. Foto: Dinah Bueno Pezzolo.

Tecido jacquard. Mostra efeito decorativo reproduzido por meio da tecelagem. Os inúmeros desenhos surgem do entrelaçamento dos fios, que variam na cor e no brilho. Seu aspecto final resulta do cruzamento livre dos fios do urdume e de trama, geralmente tintos ou fantasia.

Tecido estampado. Aquele que na fase do acabamento recebe a aplicação de desenhos e cores.

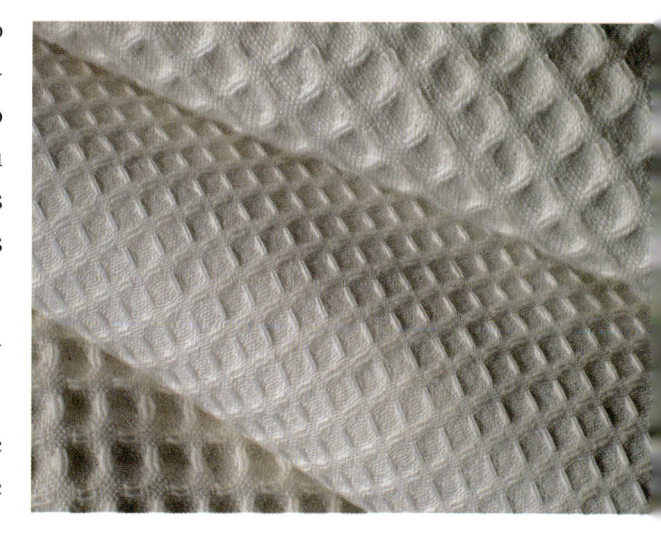

Tecidos malha. A malha não resulta de um trabalho de tecelagem no qual os fios se cruzam, mas surge do entrelaçamento de laçadas de um ou mais fios. Exemplo: jersey, tricô. Podem ser divididos em três tipos: malhas de trama, malhas de teia ou urdume e malhas mistas.

Malhas de trama. Obtidas pelo entrelaçamento de um único fio, podendo resultar num tecido aberto ou circular.

Malhas de teia ou *urdume*. Um ou mais conjuntos de fios são colocados lado a lado, lembrando os fios do urdume num tear comum.

Malhas mistas. Malha de teia ou urdume, na qual é feita a inserção periódica de um fio de trama, com o objetivo de dar mais firmeza ao produto.

Tecidos laçada. Associação entre o processo de entrelaçamento usado na malha com a tecelagem comum. Os fios, em determinadas etapas, realizam laçadas completas (nós) que formam a base da amarração. Exemplos: rendas, cobertores e outros. Na malha, as laçadas são feitas sem que o nó seja executado.

Tecidos especiais. Os que apresentam estrutura mista de tecidos comuns ou malhas e os não tecidos são classificados como especiais. Esta categoria inclui ainda os que no acabamento receberam aplicações de soluções específicas. Exemplo: laminados, emborrachados, plastificados.

Não tecidos. Também conhecidos por **não texturizados**, são obtidos sem o uso de tear. Provêm de elementos fibrosos compactados por meio mecânico, físico ou químico, formando uma folha contínua. Podem ser obtidos pelo entrelaçamento das fibras ou pela ação de adesivos

Os sintéticos não tecidos ganham formas na imaginação de Issey Miyake, primavera-verão 2000. Foto: Dinah Bueno Pezzolo.

na fusão das fibras. Ao contrário dos têxteis obtidos em teares, em um não tecido as fibras não têm sentido de direção; não há necessidade de serem orientadas.

A indústria dos não tecidos nasceu por volta de 1935, e seu desenvolvimento se deu após a Segunda Guerra Mundial, graças à inovação trazida pelas fibras químicas (ver o capítulo "Fibras e fios"). Os não tecidos constituem um dos setores mais dinâmicos da indústria têxtil.

Fibras químicas unidas por prensagem resultam nos não tecidos. Foto: Dinah Bueno Pezzolo.

Não tecidos por entrelaçamento de fibras. O entrelaçamento das fibras é feito por agentes mecânicos, como a agulhagem, por exemplo. Esta técnica consiste em emaranhar as fibras têxteis entre si por meio de agulhas com farpas. A feltragem é completada pela adição de produtos químicos. Exemplos: feltros, cobertores e semelhantes.

Não tecidos pela ação de adesivos na fusão das fibras. O processo químico se encarrega da união das fibras. Exemplos: lenços de uso único para higiene, toalhas para mesa ou para limpeza, que suportam várias lavagens.

Classificação do tecido na coloração

Quanto à coloração, os tecidos podem ser crus, alvejados, tintos, mesclados, estampados, listrados ou xadrezes.

Tecidos crus. Não sofrem acabamento a úmido após serem tecidos.

Tecidos alvejados. Passam pelo processo de alvejamento/branqueamento.

Tecidos tintos. Recebem uma coloração única em toda sua extensão.

Tecidos mesclados. Resultam da mistura de fibras ou fios de diferentes colorações dispostos irregularmente.

Tecidos estampados. Mostram desenhos obtidos por meio da aplicação de corantes em áreas específicas.

Tecidos listrados. Apresentam listras que podem ser formadas, somente, pelo urdume ou pela trama.

Tecidos xadrezes. Mostram a combinação de listras formadas pelo urdume com listras formadas pela trama.

Beneficiamento têxtil, tintura e estampagem

Beneficiamento

O beneficiamento têxtil, constituído por várias etapas, tem por finalidade melhorar as características físico-químicas de fibras, fios e tecidos. Na etapa final, ele confere propriedades particulares aos tecidos.

Etapa inicial

Limpeza é a primeira operação feita sobre fibras naturais. O objetivo é separar a fibra propriamente dita de substâncias indesejáveis que a acompanham. No caso da lã bruta, são utilizados produtos químicos destinados a eliminar gordura e substâncias oleosas, que constituem 40% de seu peso. Depois de limpas e fiadas, as fibras se tornam fios que formarão o urdume e a trama do tecido. Os fios destinados ao urdume recebem um banho à base de amido, resinas sintéticas ou produtos gordurosos, que os protegerão da fricção durante a tecelagem.

Após a tecelagem, as etapas seguintes visam preparar o tecido para a coloração total (tintura) ou parcial (estampagem).

Desengomagem. Feita com substâncias químicas ou bioquímicas, ela retira produtos que foram adicionados aos fios do urdume para aumentar sua rigidez e resistência durante a tecelagem. Essa eliminação é importante, pois os produtos que de certa forma engomam os fios impediriam a penetração de banhos subsequentes.

Alvejamento. Trata-se de um branqueamento químico feito para eliminar a coloração amarelada ou marrom que as fibras celulósicas apresentam em seu estado natural. O alvejamento também remove outras impurezas que ainda possam existir, além de preparar o tecido para os processos seguintes: branqueamento óptico, tintura ou estampagem.

Branqueamento ótico. O tecido, mesmo após o alvejamento, tende a refletir uma coloração amarelada. O branqueamento ótico adiciona ao tecido um produto com propriedade de refletir raios azulados, violáceos, que inibem o tom amarelado, dando a impressão de um branco mais branco. A nova cor pode ser notada sob luz ultravioleta. Esse branqueamento ótico é o responsável pelos brancos quase fosforescentes comumente vistos sob a chamada luz negra comum em casas noturnas.

Navalhagem. Retira, por corte, pontas de fibras salientes na superfície do tecido. Essas pontas de fibras (fibrilas), além de darem um toque áspero, causariam problemas na perfeição dos estampados.

Flambagem. Elimina, por queima (placas aquecidas ou chama), pontas de fibras salientes (fibrilas) na superfície do tecido.

Prefixação. Realizada para evitar distorções, como encolhimento ou alongamento, principalmente em produtos de fibras sintéticas, causadas por banhos aquecidos. A prefixação é feita submetendo o produto a temperaturas superiores às das operações posteriores.

Etapa secundária

Os processos de tintura e estampagem são considerados beneficiamentos secundários. *Tintura* (ou tingimento) é a técnica que tem por finalidade proporcionar cor aos tecidos, mediante utilização de corantes. A *estampagem*, feita por vários processos, imprime desenho decorativo a um tecido.

Etapa final

Após a tecelagem e a tintura, o tecido pode ser submetido a diferentes tratamentos que modificam sua aparência ou lhe acrescentam novas propriedades. Além de acabamentos finais físicos, como pré-encolhimento, prensagem permanente (permanent-press), flanelagem (felpagem), lixagem (lixamento) e escovagem (escovamento), existem outros, responsáveis por diferenças consideráveis.

Acabamento crackant. Tratamento à base de ácido orgânico (tartárico ou cítrico) ou solução específica que confere toque rangente a tecidos de seda, acetato ou triacetato.

Acabamento "lave e use" (wash and wear). Permite que o tecido de algodão ou de algodão e poliéster não se amarrote por tempo indeterminado, facilitando e tornando praticamente desnecessário o alisamento por ferro de passar ou prensa após a lavagem doméstica.

Antifogo. Impede que o tecido seja queimado. Essa característica é fundamental para tecidos empregados na decoração de locais de grande concentração humana, como teatros, cinemas, etc.

Antimanchas. Acabamento que confere ao tecido a propriedade de repelir sujeira e impedir a fixação de manchas, permitindo a conservação com

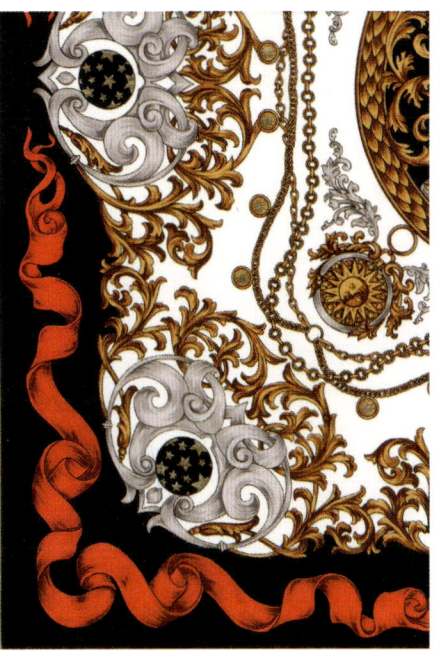

Na estampa desse lenço da grife Céline foram combinados desenhos de arabescos, fitas e correntes. Foto: Dinah Bueno Pezzolo.

bom aspecto por mais tempo, além de facilitar a lavagem. Existem também tratamentos antiestáticos, que evitam a fixação de poeira.

Antimicrorganismo. Evita o ataque de numerosos microrganismos e impede o desenvolvimento de fungos, bem como a deterioração biológica do tecido, principalmente os constituídos de celulose.

Antiparasitas. Protege o tecido contra o ataque de numerosos microrganismos.

Antirruga. Evita que o tecido se amarrote.

Aplicação de amaciantes. Dá suavidade ao toque.

Aplicação de encorpantes. Engrossa e aumenta a rigidez de tecidos planos ou malhas.

Calandragem. Confere aspecto lustroso ao tecido quando ele passa entre os dois cilindros, sendo um deles aquecido.

Carregamento. Feito por meio da aplicação de agentes de carga, tem por finalidade tornar o tecido mais pesado.

Escovagem. Dá ao tecido superfície fibrosa por meio de escovação. Essa superfície fibrosa (também obtida pela lixagem e pela flanelagem) melhora o toque e a propriedade de isolamento térmico.

Flanelagem. Confere ao tecido uma base felpuda. Primeiramente forma-se uma superfície fibrosa, obtida pelo emprego de cilindros recobertos por "guarnições de aço" que repuxam os fios do tecido, formando assim a base felpuda.

Gofragem. Permite criar efeitos de relevo à superfície do tecido. Os modelos são inseridos entre cilindros, dos quais um contém o motivo em alto-relevo, e o outro, em baixo-relevo. Os desenhos são impressos sobre o tecido por pressão. Outra técnica, totalmente diferente, permite desenhos em relevo (*cloquê*): no decorrer da fabricação do tecido, fios que encolhem são associados a fios estáveis; após a tecelagem, os primeiros são submetidos a um encolhimento, enquanto os fios estáveis formam relevos. O nome *cloquê* vem do francês e significa "bolha". Portanto, o tecido *cloquê* tem irregularidades estufadas na superfície, dando efeito de alto-relevo.

Hidrofugação (repelência à água). Acrescenta propriedades hidrófobas ao tecido, sem prejudicar sua ventilação. Esse tratamento não obstrui os poros do tecido – ao contrário da impermeabilização, que veda completamente a passagem do ar.

Impermeabilização. Obtida pela aplicação de resinas sintéticas condensáveis que formam um filme contínuo sobre a superfície do tecido. Esse filme impossibilita a passagem de líquidos para a outra face.

Lixagem. Fornece ao tecido superfície fibrosa de menor altura em relação à da flanelagem. Neste caso, os cilindros são recobertos por lixas que raspam a superfície do tecido.

Matificação. Tem por objetivo retirar o brilho de tecidos ou fios compostos de matérias-primas brilhantes, como acetato e poliamida.

Moiré. Efeito de ondulações com brilho moderado, obtido pela passagem do tecido pela calandra (cilindros de aço).

Pré-encolhimento (sanforização). Evita o encolhimento do tecido na lavagem doméstica.

Prensagem permanente (permanent-press). Tratamento que combina resinas e prensagem a quente, usado em tecidos já confeccionados. Garante estabilidade dimensional, forma e vincos permanentes.

O relevo pode ser obtido pela associação de fios que encolhem enquanto outros permanecem estáveis, como no tecido da foto, ou pela gofragem, tipo de acabamento feito por pressão. Foto: Dinah Bueno Pezzolo.

Resinagem. São três tipos diferentes, utilizados de acordo com o resultado desejado: PVC, acrílica e termofixagem.

PVC. Resina que, aplicada ao tecido, muda seu aspecto, deixando-o similar à borracha ou ao plástico, o que facilita a limpeza. Não é indicado para tecido com relevo ou com trama muito aberta.

Acrílica. Resina à base de água que torna o tecido impermeável, ou seja, repelente à água.

Termofixagem (fixagem a quente). Acabamento que utiliza o calor para dar estabilidade a certos tecidos de fibras artificiais, impedindo deformações posteriores.

TINTURA

A cor natural de uma fibra, de um fio ou de um tecido pode ser modificada por meio da tintura. Conforme explicam John Gillow e Bryan Sentance,

> de forma muito simples, pode-se dizer que o tingimento é um processo no qual a fibra ou o tecido são mergulhados numa solução onde foi fervida uma seleção de matérias-primas colorantes. Essas matérias colorantes podem ser de origem animal (como caracóis marinhos produtores da púrpura do gênero Murex), vegetais (cascas de cebola para o amarelo) ou minerais (óxido de ferro para o vermelho).[46]

O INÍCIO

Há milhares de anos o homem se valia de corantes de origem mineral, animal e vegetal. Usava-os para seu próprio adorno, para decorar objetos e utensílios, fazer pinturas e, principalmente, tingir fios e tecidos, que utilizava em seu corpo e em sua casa. O primeiro registro escrito co-

---

[46] John Gillow & Bryan Sentance, *Tejidos del mundo* (Hondarribia: Nerea, 2000), p. 118.

nhecido que faz referência aos corantes naturais e à sua utilização na China data de 2600 a.C.[47]

A cor das roupas indicava posição social: amarelo para o imperador, violeta para suas esposas. Azul, vermelho e negro eram reservados aos cavaleiros, dependendo de suas classes. Mas foi a introdução da estamparia sobre tecido que impulsionou a arte. Ela surgiu na Índia, por meio de uma técnica baseada em tintura parcial, conhecida como tintura à reserva (ver p. 102).

No Egito, as vestimentas de tela de linho não eram tingidas. Os egípcios só passaram a usar a cor depois de verem os tecidos maravilhosamente tingidos da Ásia Menor durante as guerras comandadas pelo faraó Touthmôsis (1480 a.C. a 1448 a.C.). As técnicas foram aprimoradas, como documentam os rolos de papiro encontrados em Tebas e que são cópias dos originais que datam do século III. Eles descrevem processos de tintura usados anteriormente e citam corantes que indicam grau elevado de conhecimento químico.

Os mordentes atuais, substâncias que garantem a fixação das cores e permitem a obtenção de várias nuanças com um único corante, já eram conhecidos dos egípcios. O tecido era primeiramente molhado numa solução que não lhe dava cor, mas em seguida, quando mergulhado no banho de tintura, era tingido em pouco tempo. Um mesmo banho de tintura resultava em diferentes cores de tecido, dependendo da natureza das substâncias inicialmente utilizadas. A solução que antecedia à tintura também garantia cores resistentes à lavagem.

Escavações feitas na cidade de Pompeia mostraram ateliês de tinturas da época romana que haviam sido soterrados pelas cinzas e lavas do Vesúvio em 79 d.C. As pinturas nas paredes registram que os tecidos eram lavados

---

[47] Maria Eduarda M. Araújo, "Corantes naturais para têxteis – da Antiguidade aos tempos modernos". Disponível em http://www.dqb.fc.ul.pt/docentes/earaujo/Corantes. Acesso em 16-10-2013.

e socados em cubas sobrepostas para que a água escorresse em cascata. O método ainda é válido, passados cerca de 2 mil anos.

Tinturas na Idade Média

A garança (vermelho) e o pastel (diversos tons de azul) foram os dois principais corantes usados na Idade Média (476 a 1453). Também se utilizava o quermes dos tintureiros, semelhante à cochonilha, que igualmente resulta numa tintura vermelha, e a gauda (tonalidade verde-amarelada).

Nessa época, os tintureiros utilizavam em seu trabalho o alúmen (fixador de tintas), o qual chegava à França pelas mãos de mercadores italianos que vinham participar das feiras comerciais anuais realizadas no norte do país. O desenvolvimento do comércio facilitou a introdução dos corantes a mordente, vindos das regiões meridionais: o açafrão para o amarelo, o cártamo para o vermelho, perfazendo um total de dezesseis cores.

A riqueza do colorido das roupas na época fez aumentar o uso dos corantes. Por meio das diferentes tinturas, era feita a distinção das classes sociais, que se adaptavam a cores específicas.

Em virtude do alto preço de corantes que resultavam em cores fixas, frequentemente os tintureiros os substituíam por outros, extraídos de plantas locais. As cinzas obtidas pela queima de diversas árvores, com propriedades químicas semelhantes às da soda e da potassa, eram utilizadas na tintura e na lavagem dos tecidos, agindo como fixador.

Tingimento com garança – cena que ilustra a tradução francesa, feita por Jean Corbechon, do manuscrito *De Proprietatibus rerum*, de Barthélemi l'Anglais. Pintura feita em Bruges, Bélgica, em 1482. Biblioteca Real Britânica.

Novo impulso na história da tintura

As técnicas de tintura sempre foram muito mais desenvolvidas entre as civilizações orientais, notadamente a indiana, apesar de os países tropicais e subtropicais possuírem uma escolha infinitamente mais ampla de plantas tinturiais.

Quando Vasco da Gama encontrou o caminho marítimo para as Índias cruzando o Cabo da Boa Esperança, em 1497, teve início uma nova época na história da tintura.

O primeiro carregamento de índigo chegou à Europa em 1516. Para termos uma ideia da importância e do valor que o índigo foi conquistando, em 1631, somente os holandeses levaram para seu país cerca de 66 toneladas desse corante, num valor correspondente a 5 toneladas de ouro.

Os portugueses descobriram as grandes florestas da América do Sul, ricas em pau-brasil, cujas exportações se tornaram bastante rentáveis. O novo continente fornecia, ainda, outros colorantes, como a madeira amarela e a cochonilha. Foram os espanhóis e os portugueses que introduziram esses novos produtos na Europa, colocando em declínio a supremacia comercial de Veneza.

Em 1669, outro acontecimento influenciou a história das tinturas: determinado em tornar a França a nação mais rica da Europa, Jean-Baptiste de Colbert, superintendente das Artes e Manufaturas de Luís XIV, incentivou a produção de manufaturas de luxo visando à exportação. Decretos por ele promulgados regulamentavam que os profissionais encarregados das tinturas deveriam formar duas categorias bem definidas: os tintureiros de cores vivas utilizariam somente cores fixas, que não desbotassem, como o pastel, a garança, a cochonilha, o índigo, o quermes, a gauda; tintureiros de cores comuns se contentariam em usar corantes com menor poder de fixação, como o pau-brasil, o açafrão e a amoreira dos tintureiros, entre outros.

Durante a segunda metade do século XVII, as experiências em busca de determinadas cores se intensificaram. Os franceses conseguiram descobrir o segredo do famoso "vermelho turco", luminoso e resistente, mas isso graças ao auxílio de imigrantes gregos, tintureiros. A fim de chegarem à "nova cor", seguiam um complicado método de tintura, baseado na garança e que incluía entre dezesseis e dezessete operações. Não tardou para que o "vermelho turco" se expandisse para Holanda, Inglaterra, Alemanha e Suíça. A partir de então, os europeus encabeçaram a tecnologia da tintura no mundo, utilizando corantes vegetais e animais quase na totalidade de seu trabalho, fato que se estendeu até meados do século XIX.

O processo de tintura

Trata-se de uma tarefa complexa. No caso da utilização de corantes naturais vegetais, antes de tudo é preciso obter os extratos das matérias, que raramente podem ser utilizadas como se apresentam, por causa das impurezas. O trabalho exige algumas operações sob temperatura e acidez controladas: maceração, ebulição, fermentação.

A tintura de fios ou tecido tem início com a aplicação do mordente, que serve de fixador entre as fibras e o corante. Esse processo de fixação pode ser feito antes, durante ou após a tintura. Para tanto, é preciso ferver o tecido ou os fios num banho contendo mordente. Foram vários os produtos usados para esse fim no decorrer do tempo: cinzas vegetais, alúmen, tártaro, urina, ferrugem, vinagre. Nem todos os vegetais exigem essa operação. A natureza dos corantes e do mordente utilizado influi diretamente no resultado da cor obtida.

O trabalho artesanal praticado por diferentes povos desde as épocas remotas até os dias de hoje segue dois processos: a tintura a frio (ou fermentação) e a tintura a quente. Esta última, considerada um processo tradicional também utilizado nas indústrias, é feita por meio da imersão dos têxteis num banho contendo o corante. Na prática artesanal, o corante é obtido preliminarmente com a fervura das plantas na água.

As tinturas a quente oferecem melhores resultados que as realizadas a frio. Temperaturas elevadas e banhos prolongados possibilitam melhor impregnação nas fibras têxteis. A temperatura da totalidade do banho e da totalidade do tecido deve ser constante. Além disso, o material precisa ser continuamente mexido para evitar que o tecido entre em contato com as laterais e o fundo do recipiente submetido ao calor. A má distribuição da temperatura do banho geralmente resulta em manchas.

Para que os corantes se fixem aos têxteis, é preciso que haja afinidade entre eles. Determinados corantes podem agir sobre tal fibra e não agir sobre outra. Para aumentar essa afinidade são usados produtos químicos como sais alcalinos, redutores (hidrosulfito de sódio) ou sulfureto de carbono. Quando se trata de corantes vegetais, o mordente pode desempenhar essa tarefa.

Diversidade de tinturas

Substâncias que mancham ou transmitem a cor são inúmeras; entretanto, poucas oferecem a segurança de uma cor firme, capaz de resistir à exposição ao sol e a lavagens frequentes.

Corantes diretos. São os que proporcionam cores inalteráveis e duradouras sem o auxílio de produtos químicos. Um bom exemplo de corante direto é a casca de noz, que resulta em tons de marrom e preto.

Corantes a mordente. A maioria dos corantes naturais não se fixa satisfatoriamente nos tecidos se estes não forem tratados com os chamados mordentes. Os mordentes – a maioria de origem mineral, como o alúmen, os sais de ferro, o cromo ou os sais de estanho – fazem com que a tinta "morda" ou se fixe nos tecidos. As técnicas de aplicação do mordente são várias. Um dos sistemas mais simples consiste em mergulhar o tecido num banho conjunto de mordente e tinta, fervendo em seguida. Outra maneira é colocar o tecido primeiro num banho de mordente e só depois fazer a tintura, o que garante uma distribuição mais homogênea da cor.

Corantes de cuba. O têxtil é mergulhado num banho contendo o derivado do corante, que é incolor. Em seguida, o têxtil é exposto ao ar para que a oxidação dê surgimento à cor.

Corantes a cobre. O têxtil é tratado num banho de sulfato de cobre. O processo resulta em tinturas resistentes à luz e a lavagens.

Corantes ácidos. Tingem lã e seda num banho ácido.

Corantes na massa. Em fibras químicas (tanto artificiais quanto sintéticas, como o raiom e o náilon), a tintura é adicionada à massa líquida ou pastosa antes que ela seja transformada em fios. Geralmente as cores obtidas são firmes e inalteráveis.[48]

Corantes naturais

A natureza nos oferece uma fabulosa riqueza de cores: flores, frutos, ervas, arbustos, raízes, madeiras, líquens, insetos tintoriais, algas, cogumelos, moluscos constituem fontes de enorme variedade de tons: amarelos, azuis, violetas, vermelhos, púrpura... Do reino animal, a cochonilha (inseto que fornece o carmim), o múrice (molusco do qual se extrai a cor púrpura)... Do reino vegetal, o índigo (azul índigo), o pastel (diferentes tons de azul), a garança (vermelho), a gauda (tons de amarelo)... Do reino mineral, as terras ocres (tons castanhos, vermelhos e amarelos), o lápis-lazúli (azul)...

Desde a Antiguidade, a utilização das tinturas incluía o uso de mordentes, que são substâncias químicas, tiradas em sua maioria de metais, usadas para fixar as cores e para a obtenção de certas nuanças a partir de um único corante. As técnicas de aplicação dos mordentes constituíam segredo profissional e eram transmitidas de pai para filho.

---

[48] *Enciclopédia Multimídia Hachette*, cit.

Com o passar do tempo, o número de cores naturais usadas em tingimentos de fios e tecidos foi aumentando. Se 16 era o máximo de cores usadas na Idade Média, no século XVII o número de tons utilizados pela famosa Manufatura dos Gobelins, em Paris, variava entre 80 e 120. No século seguinte, eram 30 mil as nuanças originadas de 36 tons. O desenvolvimento da indústria têxtil no decorrer dos séculos XVIII e XIX foi bastante acentuado, e ela se manteve sempre perseverante ao uso de cores vegetais.

Hoje, os corantes químicos surgidos no fim do século XIX abastecem o mercado mundial. Artistas e artesãos têxteis são os únicos que ainda utilizam as tinturas vegetais, por suas nuanças únicas e as gamas de cores infinitas que elas permitem.

Pulseira de prata 950 com fios de algodão colorido, da designer Paula Mourão. Foto: Almir Pastore.

Índigo

A tintura feita com índigo, um mistério no passado, hoje é explicada pela ciência. Como entender em tempos remotos que tecidos que saíam amarelos das cubas se tornavam azuis em contato com o ar? Quem seriam os primeiros homens que descobriram que uma planta verde teria o poder de tingir as fibras na cor azul? Poderes sobrenaturais? Bruxaria? Não importa. Hoje sabemos a importância do índigo, que, após atravessar milhares de anos, se mantém no auge da moda, colorindo o mundo.

O azul índigo é extraído principalmente de uma planta de origem indiana (*Indigofera tinctoria*), mas também de outras variedades que crescem na Índia, no Egito, no Oriente Médio e na América. Os egípcios, os fenícios e os chineses conhecem o índigo há milhares de anos. Na Índia, já era usado em 600 a.C. Ainda na Antiguidade, ele chegava à Europa via península árabe e sua importação só se intensificou com a descoberta do caminho marítimo para as Índias.

O índigo foi obtido sinteticamente em 1880 (ver a seção "Dos naturais aos sintéticos"). Desde então, as plantações que fornecem o pigmento natural deixaram de ser um bom negócio, pois o custo de seu cultivo era maior que a fabricação do corante sintético. Até o fim do século XIX, ele superou o índigo natural. Outros corantes azuis surgiram para concorrer com a cor milenar. Durante os anos de 1930 e 1940, a produção do índigo diminuiu consideravelmente, chegando quase a desaparecer. Mas a década do *blue jeans* (1950) reativou o mercado, pois o aspecto tão apreciado do délavé se deve ao envelhecimento típico da tintura a índigo, que oferece pouca resistência às lavagens e à fricção natural causada pelo uso.

Durante o tingimento, o índigo se mostra como uma solução amarelada chamada "índigo branco", utilizável em fibras naturais. Após a tintura, a cor deve ser regenerada por meio da oxidação; para isso, os tecidos são expostos ao ar. Os tecidos, amarelos ao saírem da cuba, tornam-se verdes e, em seguida, azuis. O excesso da tintura é eliminado por lavagem. Ao contrário do que ocorre no algodão e no linho, nos quais oferece pouca resistência à luz e à fricção, a tintura a índigo é resistente nas lãs.

Inicialmente, fazia-se o tingimento do modo mais simples e rudimentar que se possa imaginar: os tecidos eram colocados numa cuba, junto com as plantas de índigo em fermentação que produziam seu próprio redutor. Adicionava-se à mistura uma substância alcalina necessária para o tingimento, geralmente urina putrificada (amoníaco). A cuba era aquecida, fazendo com que as fibras ficassem impregnadas pelo índigo. Fora da cuba, os tecidos, em contato com o ar, acabavam por mostrar o azul desejado.

O arbusto que produzia o valioso pigmento azul utilizado na tintura dos têxteis crescia em abundância nas planícies inundadas de Bengala, na Índia. O fato despertou a atenção dos ingleses, desde 1837 senhores absolutos no país. Eles obrigaram os camponeses a trocar o plantio de alimentos, especialmente arroz, pelo cultivo do índigo.

A obediência dos indianos durou até a metade do século XIX, quando Bengala foi tomada pela fome e pelo furor contra o colonizador. Teve início a "Revolta do Índigo", em que a população se recusou a plantar o valioso arbusto, da espécie *Indigofera*. Os lavradores sofreram um verdadeiro massacre dos ingleses, que, no final, foram obrigados a ceder parte das terras para o cultivo dos indianos.

Tudo indica ter sido na Índia que os artesãos encontraram um meio de facilitar a tintura com índigo. Eles colocavam os vegetais na água para que fermentassem. Revolvendo a mistura continuamente, favoreciam a introdução da maior quantidade possível de oxigênio, enquanto o índigo se depositava no fundo. O líquido era filtrado e fervido para ser reduzido. Em seguida, era prensado em blocos que, solúveis em água, facilitavam a tintura.

Os tintureiros europeus aprenderam a reduzir o índigo somente no século XV. Depois de 1700, o cal e o sulfato de ferro passaram a ser utilizados em tinturas feitas a frio, numa época em que os processos pediam temperatura entre 40 °C e 70 °C. Essa inovação para a época possibilitou a estampa por reserva, utilizada no batik.

Púrpura

Os primeiros testes da tintura à base de púrpura, um corante extraído do molusco múrice, deram-se em 1439 a.C., na Fenícia (onde hoje se situam o Líbano e a Síria). Nenhuma outra tintura natural pode igualar seu esplendor, que no passado distinguia a elite e o poder.

Os príncipes dos impérios do Oriente, Alexandre, o Grande, e seus generais usavam mantôs dessa cor. Na Grécia, a cor era reservada às pessoas ricas e elegantes. Em Roma, um regulamento designava as pessoas autorizadas a se vestirem de púrpura. Segundo um registro do imperador Diocleciano (ano 301), a lã púrpura custava 20 vezes mais que a lã natural. No Antigo Testamento, ela é mencionada como cor sagrada. Na Idade Média, manuscritos dos evangelhos foram decorados com essa cor, que também tingia trajes do culto católico. No Ocidente, a púrpura foi a cor preferida dos soberanos por muito tempo, fazendo associação com o poder real.

A Sicília permaneceu como centro da tintura à base de púrpura durante séculos, até ser substituída por outra de melhor preço, como o carmim, proveniente da cochonilha. Após a tomada de Constantinopla pelos turcos, em 1453, os últimos ateliês da verdadeira tintura à púrpura desapareceram.

Finalmente, em 1909, a fórmula química desse corante foi estabelecida por Paul Friedländ, passando a ser produzido de modo sintético.

Garança

A tintura vermelha extraída da raiz da garança (*Rubia tinctorum*) é a mais conhecida das tinturas vegetais, a que oferece a cor mais firme e a utilizada há mais tempo – seguramente, desde a Idade da Pedra Polida (10000 a.C. a 4000 a.C.). Ela provavelmente se origina da Ásia. Na Idade Média, era cultivada tanto na Europa quanto no Oriente Médio, crescendo em toda a bacia do Mediterrâneo.

Ela foi usada não apenas como corante único, mas também misturado a outros, ampliando a gama de cores. Os gauleses misturavam o vermelho da garança com o azul do pastel para conseguir uma bela tonalidade de violeta.

A garança não se fixa de maneira satisfatória às fibras (animais ou vegetais) dos tecidos, a não ser em presença do calcário (carbonato de cálcio) e sob ação de um mordente (alúmen). Os processos variavam de acordo com o tipo de tecido: seda, lã, algodão ou linho.

Uma vez fixada, a garança, assim como o quermes e a cochonilha (corantes animais), gerava cores firmes, que não desbotavam. Diferentemente dessas, o pau-brasil, embora proporcionasse uma bela cor, oferecia pouca resistência – por isso, era utilizado em tecidos de menor importância, como os destinados a forro de roupas.

A garança deixou de ser usada por causa do progresso da ciência no século XIX. Em 1826, o químico Pierre Robiquet identificou a substância corante da garança, a alizarina; em 1869, os alemães Graebe e Lieberman patentearam o processo para sua obtenção. Nos anos seguintes, o preço do sintético caiu até chegar a 10% do preço da garança natural, com as vantagens de oferecer igual poder de tingimento e de se tratar de alizarina pura (o produto natural precisava ser tratado para se livrar de outras substâncias colorantes, sob pena de não gerar cor pura). O surgimento da alizarina sintética significou a ruína para os produtores de garança natural, que foram obrigados a se ocuparem com outros tipos de cultura.

O vermelho obtido com a garança durante muitos anos caracterizou uniformes militares na Europa. Diz-se que a famosa "calça garança" da armada francesa sobreviveu até 1914 apenas em respeito à tradição e aos cultivadores da planta. Antes de caracterizar a calça militar francesa, o vermelho garança havia marcado os regimentos suíços, o que fez com que fossem confundidos mais de uma vez com as tropas inglesas às quais eles eram opositores, notadamente na Sicília e na Espanha.

Hoje, no Afeganistão, raízes secas de garança podem ser encontradas em bazares de vilarejos afastados. Tudo leva a crer que a garança natural ainda é utilizada pelas tribos daquele país no tingimento da lã para confeccionar seus maravilhosos tapetes.

Pastel

Essa planta (*Isatis tinctoria*), da qual são extraídos diferentes tons de azul, também é conhecida do homem desde a Idade da Pedra Polida. Possui flores amarelas, mas a propriedade de tingir se concentra unicamente nas folhas.

Seu uso para tingimento se desenvolveu na Idade Média, quando foi intensamente cultivada pela França. O comércio desse corante no sudoeste daquele país gerou grandes fortunas. O pastel foi também usado no restante da Europa, do Oriente Médio e no sul da Ásia.

Com a chegada do índigo à Europa, em 1516, a glória do pastel chegou ao fim. O índigo garantia uma tonalidade mais rica, além de oferecer produção mais fácil.

Gauda

A gauda (*Reseda luteola*) é uma planta herbácea totalmente utilizável em tinturas. É a principal fonte de amarelos, incluindo o amarelo canário claro, o amarelo limão, o amarelo enxofre, o amarelo dourado, o amarelo açafrão. Também fornece tons castanhos claros, chegando até o oliva. Assim como a garança, a gauda foi utilizada para tingir a seda, a lã, o algodão e o linho, sempre precedida por um mordente à base de alúmen ou de alúmen e tártaro.

Sementes de gauda foram encontradas em escavações feitas na Suíça datando do Período Neolítico (10000 a.C. a 4000 a.C.), ou Idade da Pedra Polida. Seu hábitat indica solos pobres, secos, arenosos ou calcários. Tudo leva a crer que a planta é originária da Europa, onde até hoje ela pode ser encontrada em estado selvagem ou esporadicamente em regiões onde antigamente foi cultivada para tintura.

Dominique Cardon cita que "a *Mishna* judia, compilada durantes os dois primeiros séculos depois de Cristo, menciona a gauda e a garança como as duas plantas tinturiais então cultivadas na Palestina".[49]

Análises feitas em têxteis coptas, de épocas variadas entre os séculos III e X de nossa era, mostraram a presença da gauda não só nas tinturas amarelas, mas também em combinações variadas que resultaram em outros tons: o laranja, quando combinada com a garança, e tons de verde, quando associada ao índigo ou ao pastel.

Tapeçaria de linho e lã do período copta do Egito, quando a gauda era usada para tons de amarelo, laranja (associada à garança) e verde (combinada ao índigo ou ao pastel). Museu Pouchkine, Moscou.

---

[49] Dominique Cardon, *Le monde des teintures naturelles* (Paris: Belin, 2003), p. 150.

Quermes

Este corante é obtido da fêmea de um inseto que contém o pigmento vermelho escarlate – o mais custoso entre todos os tons de vermelho conhecidos no Ocidente medieval.

A espécie quermes (*Kermes vermilio*) vive como parasita do carvalho quermes. A fêmea apresenta formato esférico, no tom vermelho escuro, não possui patas (é um inseto imóvel) e mede entre 6 mm e 8 mm de diâmetro no período em que está cheia de ovos não eclodidos. Quando ainda havia quermes em abundância, a colheita do inseto era feita nesse estágio, pois forneciam o máximo de colorante. O macho tem a mesma cor, mede 2 mm de comprimento por 3,5 mm de largura e possui patas bem desenvolvidas.

Com a descoberta do Novo Mundo, o quermes, conhecido desde a Pré-História, foi substituído pela cochonilha do México, tornando-se um produto muito, muito raro. Esse tipo de inseto, em vias de extinção, ainda pode ser encontrado em determinadas regiões da França, da Espanha, de Portugal, do Marrocos e da Argélia, além de Croácia, Grécia, Creta, Turquia, Líbano e Israel. São várias as razões que ameaçam sua extinção (agravada por sua mobilidade reduzida): incêndios florestais, aumento de culturas próximas que expõem os insetos a pesticidas, derrubada de carvalhos (que geralmente ocupam áreas baldias) para construções ou abertura de estradas. Outra dificuldade reside no fato de o quermes não poder ser criado, ao contrário da cochonilha.[50]

Fragmento do *Manto da Virgem* de Thuir, Espanha, século XII. A trama do fundo desta seda façonée foi tingida com quermes, segundo análises feitas por Jan Wouters. Museu dos Tecidos de Lyon.

---

[50] *Ibidem.*

Os insetos são comercializados depois de secos ao sol, quando adquirem a aparência de pequenas sementes brilhantes, de tom vermelho-escuro, conhecidas comercialmente pelo nome de grana. A respeito da fêmea da espécie, Dominique Cardon descreveu: "Seca, como ela é comercializada, é preciso, segundo minhas experiências de pesos, entre sessenta e oitenta indivíduos para alcançar o peso de um grama".[51]

Na Idade Média, o vermelho escarlate do quermes era sinal de poder e riqueza. Fazia-se o tingimento dos tecidos com os insetos secos, socados e transformados em pó. De acordo com Dominique Cardon, uma receita medieval de tintura escrita em Florença, por volta de 1420, cita o mesmo peso para tecido a ser tingido e colorante. Levando-se em conta que nessa época uma coberta de lã pesava cerca de 25 kg, podemos imaginar que era necessário recolher, secar e manipular quase 2 milhões de insetos. Para tingir a seda, a receita também indicava usar a grana em peso igual ou até superior ao do tecido. Mas a seda, em fios ou tecida, é muito mais leve que a lã.

Cochonilha

A cochonilha é um inseto da família dos coccídeos, cujo corpo seco fornece um corante vermelho natural, o carmim. São várias as espécies de cochonilha: a doméstica (da América, conhecida também por cochonilha do México), as do Velho Mundo (Armênia, Egito e Polônia) e a cochonilha a laque (Índia e Birmânia). O uso mais remoto do carmim oriundo da cochonilha parece ter sido feito pelos indianos, por volta de 400 a.C.

Assim como o quermes, a cochonilha também é um inseto parasita, mas, enquanto o quermes tem como hábitat unicamente o carvalho quermes, a cochonilha pode ser encontrada em várias espécies de plantas características de várias regiões.

A cochonilha doméstica, a mais popular, é encontrada nos cactus originários da América Central e já era conhecida entre as civilizações pré-

---

[51] *Ibid.*, p. 478.

-colombianas, especialmente os incas do Peru. Quando os conquistadores espanhóis chegaram ao Novo Mundo, ficaram impressionados com a beleza das cores dos tecidos, época em que a cochonilha já era utilizada nos Andes peruanos e no México.

A Europa iniciou a importação da cochonilha a partir do fim do século XVI para substituir outros corantes, especialmente o quermes. Além de resultar numa cor belíssima, o material da cochonilha oferecia grande resistência à luz, à transpiração e a lavagens repetidas, razões que o tornaram a tintura ideal das vestimentas militares de gala.

O carmim, pela beleza de sua cor, foi valorizado na pintura por grandes mestres, como Michelangelo e Tintoreto, mas também tingiu muitas roupas de cardeais. O declínio de seu uso se deu pela descoberta dos corantes sintéticos (1856-1869). No entanto, os dias atuais registram uma demanda crescente pelo carmim natural, principalmente para utilização pelas indústrias de alimentação e na fabricação de cosméticos, como substituto dos corantes sintéticos. Atualmente, a cochonilha é o único colorante de origem animal autorizado pela Food and Drugs Administration (FDA) para uso em alimentos e no setor de cosméticos (na fabricação de maquiagem para as pálpebras).

O princípio para a obtenção do carmim é igual ao do quermes para o vermelho escarlate. A colheita das cochonilhas fêmeas adultas e cheias de ovos é feita antes da postura, quando oferecem maior quantidade de colorante. Podem ser mortas e desidratadas de diversas maneiras, incluindo estufas, fornos em temperatura moderada e grelhas, mas a forma mais antiga e simples continua sendo a melhor: a exposição prolongada ao sol. Calculam-se cerca de 14 mil cochonilhas para se obterem 100 g de corante.

Mantô de cavaleiro, em lã cashmere vermelha, tingida com cochonilha da Armênia (século VI d.C.). Proveniência: escavações de Antinoia, Egito, século XIX. Museu dos Tecidos de Lyon, França

A cochonilha dá tons de rosa em tecidos não tratados com mordentes e, de acordo com a natureza dos mordentes empregados, obtêm-se coloridos que vão do vermelho escarlate ao púrpura.

Dos naturais aos sintéticos

Com o desenvolvimento da indústria têxtil, o aprimoramento das técnicas e a concorrência decorrente do progresso, os processos de tingimento foram sendo analisados, uma vez que o uso de corantes naturais envolve uma série de dificuldades: esses corantes, além de se apresentarem sob diversas formas, reagem de modo diferente às misturas alcalinas, ácidas e aos sais metálicos, resultando em nuanças variadas. A solubilidade deles também varia, tanto na água como em soluções alcalinas ou ácidas. Assim, cada corante natural demanda um tipo de processo, além do fato de que determinadas cores só são obtidas mediante uma sucessão de tinturas. Essas razões fizeram com que os corantes sintéticos não demorassem a suplantar os naturais.

Em meados do século XIX, Augusto W. Hofmann, famoso químico alemão, foi convidado a fundar a primeira Escola Superior de Química na Inglaterra. Em 1856, um discípulo seu de apenas 18 anos, William Henry Perkin, na tentativa de sintetizar um medicamento contra a malária a partir do alcatrão do carvão, sem querer acabou criando um corante de cor púrpura, a malveína. Foi o primeiro de uma longa lista de corantes artificiais que substituiriam os naturais.[52]

Perkin notou que poderia produzir e comercializar sua descoberta em escala industrial e, em agosto de 1856, pediu sua patente. Na época, a única fonte da cor púrpura consistia numa mucosidade glandular de certos moluscos marinhos. O momento também era propício à comercialização do novo produto sintético por causa dos avanços na produção

---

[52] Claude Aubert & Myriam Goldminc, *Vêtement: la fibre écologique*, cit.

de têxteis impulsionados pela Revolução Industrial. Perkin pediu dinheiro emprestado a seu pai e investiu na produção em massa do primeiro corante sintético, usado industrialmente a partir de dezembro de 1857. Instalou uma fábrica a oeste de Londres, prosseguiu descobrindo novas cores sintéticas e aos 36 anos se afastou dos negócios, pois havia conseguido uma fortuna. Seu exemplo foi seguido por outros químicos, que começaram a sintetizar novos produtos. Na passagem do século XIX para o XX, os fabricantes de corantes tinham 2 mil cores sintetizadas à sua disposição.

Outros corantes sintéticos foram surgindo, principalmente por causa da demanda das indústrias têxteis, preocupadas com a diminuição das fontes de importantes corantes naturais. O desmatamento das florestas tropicais ameaçava as madeiras tintoriais. O índigo também preocupava, já que na Índia e na Indonésia, em milhões de hectares, a cultura desse corante vinha perdendo espaço para a de alimentos. Camponeses eram forçados a substituir o cultivo de produtos de sua subsistência por plantações de café, chá e índigo destinados ao abastecimento do Reino Unido, o que gerou a "Revolta do Índigo" em Bengala, na segunda metade do século XIX. A Índia passou por períodos de calamidade e fome que causaram entre 30 e 40 milhões de mortes. A síntese desse corante ocorreu pela primeira vez em 1880, pelo químico von Bayer. Entretanto, foram necessários quase vinte anos de pesquisa até que se conseguisse industrializar, em 1897, o índigo sintético mais barato que o obtido naturalmente.

Os novos corantes sintéticos resultavam em cores de vivacidade e pureza até então desconhecidas, mas sua resistência nem sempre era a ideal se comparada à obtida das melhores tinturas vegetais.

Diante do problema, os químicos se empenharam na elaboração de corantes sintéticos mais resistentes. Começaram a estudar a composição dos melhores corantes naturais para poder imitá-los de maneira sintética. Como vimos, em 1869, a alizarina, princípio colorante da garança, foi patenteada

A exuberância de cores é uma das característica de Issey Miyake. Prêt-à-porter primavera–verão de 1999. Paris, outubro de 1998. Foto: Dinah Bueno Pezzolo.

(desde 1871, esse corante vermelho-alaranjado obtido sinteticamente é utilizado no tingimento de tecidos). Com a anilina, proveniente das espécies do gênero *Indigofera*, desde 1897 é produzido o índigo sintético. Em 1920, esses e outros corantes sintéticos já estavam próximos da qualidade que apresentam hoje. Os corantes que contêm minérios metálicos, embora tenham surgido em 1889, somente a partir de 1951 passaram a ser comercializados.

Difusão dos corantes sintéticos

No início não foi fácil convencer os tintureiros e os estampadores têxteis a experimentarem os corantes sintéticos; não queriam nem mesmo saber o método para uso. Sua comercialização não foi fácil: tiveram de fornecer amostras, informações e notas explicativas sobre as novas categorias de tinturas e cada um dos novos corantes.

O interesse pelos sintéticos foi estimulado pela facilidade que ofereciam no trabalho. Não era mais preciso utilizar processos diferentes, que variavam de acordo com o tipo de corante natural, mesmo os pertencentes a uma mesma espécie. Com os sintéticos, um mesmo processo passou a ser utilizado e, além das cores primárias (amarelo, vermelho e azul), foi possível fazer inúmeras misturas para obtenção de um amplo leque de novas cores.

Atualmente, os corantes utilizados em tinturas têxteis são quase exclusivamente produtos químicos provenientes da síntese industrial do alcatrão e do petróleo. A tintura natural se tornou prática artesanal, utilizada por amadores e por artistas, que buscam criações diferenciadas resgatando as tonalidades que o homem obtinha nos tempos mais remotos.

Estampagem

Muito antes de surgirem os tecidos, os homens já pintavam seus corpos com pigmentos minerais – este foi o primeiro adorno pessoal. Além de realçar a beleza, essa pintura servia para distinguir a classe social e lhes assegurava proteção mágica. Para executá-las, valiam-se dos dedos, de palitos ou de espátulas. Do corpo, a pintura passou para o couro e, depois, para os tecidos.

Na Costa do Marfim, África, ainda hoje as roupas para cerimônias de iniciação da comunidade masculina de Poro são pintadas à mão. O artista que executa o trabalho, num processo de grande concentração, agrega força vital ao tecido, dotando-o de poderes particulares.[53]

As cores e a combinação entre floral e geométrico na estampa evidenciam a influência oriental do modelo. Erre Uno, Milão, outubro de 1999. Foto: Dinah Bueno Pezzolo.

---

[53] John Gillow & Bryan Sentance, *Tejidos del mundo*, cit.

Os povos primitivos tiveram no barro seu primeiro corante. Observando, testando, selecionando e misturando argilas de diferentes procedências com outras substâncias, foram conseguindo uma gama de cores e matizes muito especiais: vermelho, amarelo, marrom, preto e branco. Atualmente, nas mais diversas civilizações, são inúmeros os pigmentos minerais utilizados para colorir. No Quênia, os massais utilizam muito o ocre, com seu tom avermelhado característico, para decorar tanto as roupas como os corpos. Artistas do mundo todo não dispensam o ocre e a terra de Siena, por exemplo, como pigmentos na fabricação de suas tintas.

Surgimento das matrizes

Provavelmente o homem usou a mão como matriz para estampar os primeiros tecidos com pigmentos. Em seguida, pedaços de madeira, muitas vezes com uma das extremidades amassadas, permitiam novas formas e traços variados nos desenhos. Não tardou para que pelos de animais fossem atados a um pedaço de madeira, surgindo, assim, um rudimentar pincel. Linhas onduladas eram traçadas mais facilmente. Como precedente dos carimbos, a mão ou uma concha eram molhadas no pigmento e estampadas no tecido. Dessas primitivas origens, a imaginação do homem criou carimbos de argila, madeira e metal.

Há cerca de 2 mil anos, os chineses utilizavam blocos de madeira esculpidos para imprimir caracteres caligráficos. Pouco mais tarde, com essa mesma técnica, estampavam-se tecidos tanto na China quanto na Índia.

Estampas iniciais

A criação de estampas pelo homem foi motivada pela necessidade de colorir e decorar seu meio ambiente. Esse tipo de trabalho teve início na Índia e na Indonésia, de onde chegou aos países do Mediterrâneo. Nos séculos V a.C. e IV a.C. os egípcios já dominavam as técnicas, utilizando substâncias ácidas e corantes naturais.

No fim do século XV, Vasco da Gama trouxe tecidos estampados de algodão, finos e transparentes, da Índia para a Europa. Antes, esse precioso material chegava por meio das trocas na Rota da Seda (ver o capítulo "Seda"). Os tecidos estampados eram exclusivos das altas classes sociais. Representantes das companhias das Índias orientavam os artesãos para que desenvolvessem estampas adaptadas ao mercado europeu. Gravuras europeias serviam como modelo para tinturas indianas; figuras clássicas se misturavam a flores estilizadas e sem profundidade, caules ondulantes, enfim, uma botânica decorativa que dava prioridade à elegância das formas e à beleza das cores.

Em pleno século XVII, a maioria dos fabricantes da Europa ainda não conseguia ir além dos tecidos simplesmente pintados, sem a preocupação de contorno definido – o que na Índia era conseguido com auxílio da cera quente. A técnica com cera quente, além de permitir contornar desenhos, cobria partes de um motivo em que a tintura não deveria agir (a chamada pintura com reserva). Além da demanda por parte da aristocracia, havia o interesse do povo em usar, também, as famosas roupas coloridas. Estrangeiros conhecedores dos segredos de sua fabricação começaram a chegar. Todos esses fatores, somados ao desenvolvimento de técnicas de tintura, impulsionaram a estamparia na indústria europeia.

A Itália já praticava a estampagem têxtil no século XVI por meio de madeira gravada. O método se espalhou a outros países, especialmente França e Inglaterra. O desenvolvimento da estamparia local não esfriou as relações comerciais entre Oriente e Ocidente, muito pelo contrário: elas se intensificaram no decorrer do século XVII, impulsionadas pelo crescente desejo do consumidor europeu em adquirir peças diferenciadas por motivos exóticos, beleza, leveza, variedade e vivacidade das cores e resistência à luz e às lavagens.

No século XVIII, carimbos de metal para imitar a estampa batik passaram a ser usados na Europa. As técnicas foram aperfeiçoadas, fazendo com que certas manufaturas se tornassem famosas nesse tipo de trabalho. Entretanto, uma novidade estava por vir: no fim desse mesmo século, a invenção do cilindro para estampar daria início a uma nova era na área têxtil.

Proibição

O interesse do consumidor – de todas as classes sociais – pelos "indianos" chegou a provocar a proibição deles na França. Visando à proteção das atividades dos fabricantes de lã e seda, que protestavam contra a invasão do algodão, Luís XIV proibiu, 1686, a importação, a fabricação e o uso de tecidos estampados ou pintados (ver o capítulo "Algodão").

Apenas em 1759 as restrições seriam completamente eliminadas, e inúmeros centros de manufatura surgiriam em torno dos principais polos de produção: Nantes, Paris, Marselha, Lyon, Rouen e Mulhouse (cidade independente localizada na Alsácia que se tornou francesa em 1798). A França se tornaria líder na arte de estampar e famosa principalmente pela toile de Jouy. Estampadas com personagens, as toiles de Jouy eram usadas na decoração. Monocromáticas em sua maioria, mostravam cenas familiares e históricas por meio da diferença de tons e de efeitos de luz e sombra. A placa de cobre era a técnica de impressão utilizada, o que garantia a precisão do trabalho (ver o capítulo "Motivos e padrões").

Algodão estampado com chapa de cobre. O exemplar, de 1761, é a mais antiga estampagem em cobre conhecida. Galeria de Arte de Whitworth, Universidade de Manchester.

Métodos de estamparia

A arte de estampar percorreu um longo caminho desde a inicial forma artesanal até as avançadas técnicas atuais. Foram inúmeros os meios usados pelo homem para estampar seus tecidos: batik, bloco de madeira, rolos de madeira ou de ferro recobertos com cobre, quadro, cilindro rotativo (ou quadro rotativo), transfer. Todos são utilizados até hoje, de acordo com o tipo de trabalho: artesanal ou industrial. No setor industrial, eles variam de acordo com o resultado desejado e o porte da empresa. A última palavra em termos de tecnologia indica o cilindro rotativo e o jato de tinta, comandados a distância graças à informática.

Batik

O processo nascido na Índia se mantém inalterado até hoje. Cera quente ou parafina é aplicada com a mão sobre o tecido seguindo o motivo, com a finalidade de isolar áreas em que o tingimento não deve agir. Após a tintura, a cera é dissolvida em água quente. O processo pode ser repetido várias vezes, dependendo do número de cores que se deseja usar.

O nome batik vem da palavra *batikken*, que quer dizer "desenho ou pintura com cera". Esse método artesanal muitas vezes é associado à tinta aplicada com a mão e a detalhes estampados com auxílio de pranchas de madeira gravadas em relevo, usadas como carimbo.

Da Índia, o processo se expandiu para a Indonésia, a Tailândia, o Sri Lanka e, depois, para o oeste. Na Europa, Amsterdã, Holanda, tornou-se o centro de sua difusão.

Foi pelos holandeses que o batik chegou à África, onde se tornou tradição e forma de expressão artística. Na Costa do Marfim e no Senegal, o trabalho é feito com espécies de carimbos esculpidos em madeira (pranchas), contendo motivos geométricos, de animais e de flores e frutas, especialmente o ananás. Esses mesmos motivos aparecem nos batiks das ilhas dos Mares do Sul, como documentam as telas de Gauguin que mostram nativas da Polinésia Francesa.

A tela de Gauguin, pintada no Taiti em 1893, documenta a presença do batik no sarongue usado pelas nativas. Museu Hermitage, São Petersburgo, Rússia.

No entanto, o batik nem sempre foi uma maneira artística de se exprimir. Tecidos estampados com essa técnica foram primeiramente usados por camponeses, em cerimônias religiosas ou não.

No Japão. Enquanto no batik original a estampa por reserva é feita com cera quente, que cumpre o papel de isolar partes do tecido que não devem receber coloração, no Japão e na Nigéria esse processo é realizado com pasta de amido. A aplicação é feita com a mão ou com auxílio de moldes vazados. Estende-se o tecido numa superfície lisa, e em seguida os moldes vazados são colocados sobre ele. A aplicação do amido de arroz ou de soja é feita com auxílio de uma espátula de madeira. Quando a pasta de amido seca, o tecido é tingido. Em seguida, fixa-se a tintura com vapor. Finalmente, lava-se o tecido, para retirada da pasta. A mesma pasta de amido é utilizada sobre tecido de algodão esticado em bastidor de bambu, o que permite trabalhar em ambos os lados ao mesmo tempo.[54]

Bloco de madeira

O bloco (ou prancha) de madeira esculpida foi usado para estampar tecidos desde o século V. Para construir essa espécie de carimbo, a escolha de madeiras duras é primordial. Se o desenho for grande, ele é dividido em diferentes blocos para evitar que pese em demasia. Inicialmente a madeira era apenas esculpida em baixo-relevo. Mais tarde, essa matriz foi aperfeiçoada, recebendo uma fita de bronze no contorno do desenho. Quando o bloco é colocado sobre a tinta, somente o perfil desse contorno é molhado, permitindo uma linha de impressão bem fina sobre o tecido. As pranchas gravadas em relevo têm geralmente 5 cm de altura.

Para iniciar o trabalho, o tecido é estendido e fixado pelas bordas sobre uma longa mesa. Coloca-se o corante num recipiente coberto com uma espécie de almofadinha que o absorve. Trabalhando ao longo da mesa, o estampa-

---

[54] John Gillow & Bryan Sentance, cit., p. 110.

dor pressiona a parte esculpida do bloco de madeira contra essa almofadinha – apenas o necessário para captar a quantidade adequada de tinta. O "carimbo" é posicionado sobre o tecido a ser estampado e golpeado com a palma da mão ou uma espécie de martelo de madeira. Repete-se, então, o processo, sempre com o cuidado de alinhar o bloco de madeira com o motivo já estampado, até que toda a superfície do tecido fique coberta com o desenho.

A estampagem de tecidos feita com blocos de madeira esculpida foi usada pela primeira vez na Itália no século XVI. Pouco a pouco o método foi se espalhando pela Europa, e, no século XVIII, Inglaterra e França, países possuidores de manufaturas de grande renome, se destacavam nessa área. Ainda hoje o processo é utilizado em trabalhos artesanais.

A técnica do bloco de madeira permite estampar desenhos com várias cores. Em um só desenho são utilizados diversos carimbos, um para cada cor. Em cada bloco é esculpida uma parte do desenho. A fim de garantir que a impressão seguinte se encaixe perfeitamente na anterior, usam-se guias, espécie de espetos finos, nos cantos de cada carimbo. Somente depois de percorrer toda a mesa estampando com uma cor é que o profissional passa para a cor seguinte. Em alguns casos, depois do contorno impresso, o motivo é complementado com pintura à mão.

Os tecidos com estampas multicores mais sofisticados do mundo sempre foram produzidos pela Índia, que até hoje domina as técnicas de tingimento e uso de mordentes. De lá partiam para outros países não só tecidos, mas as técnicas usadas. Carimbos para estampar datando do século XV procedentes da Índia foram encontrados em escavações arqueológicas perto do Cairo, no Egito.

Segundo John Gillow e Bryan Sentance, "a economia indiana dependeu durante muito tempo das exportações de tecidos estampados, até o desenvolvimento das fábricas inglesas e escocesas nos séculos XVIII e XIX".[55]

---

[55] *Ibid.*, p. 113.

Rolo de madeira

O rolo de madeira foi criado no século XVIII como substituto do bloco, com a transferência do motivo para uma superfície cilíndrica. A partir de sua criação, a impressão passou a ser mecanizada.

Nesse processo, rolos de madeira gravados são alimentados com o produto colorante por outro rolo fornecedor, que gira numa barcaça com o produto. Uma lâmina de aço elimina o excesso de colorante. O tecido a ser estampado passa pressionado por entre os rolos gravados e cilindros impressores, recebendo as diferentes cores necessárias.

Os rolos de madeira antecederam os cilindros de cobre, que surgiram no fim do mesmo século XVIII. Os de madeira, assim como os blocos, ainda hoje são usados em técnicas artesanais.

Cilindro

A patente do rolo de cobre esculpido em baixo-relevo destinado a estampar tecidos foi requerida em 1783 pelo escocês Thomas Bell. A rapidez e a eficiência do trabalho fizeram com que o método fosse rapidamente popularizado.

Esse tipo de estampagem, também conhecida por estampagem *rouleaux*, foi desenvolvida a partir de 1785, com a estamparia já mecanizada. O método consistia em transferir para o tecido, sob pressão, o desenho gravado em rolos de cobre ou de ferro recobertos com cobre. Artesãos habilitados faziam a gravação manual desses cilindros, um para cada cor.

Em 1797, a manufatura de Jouy-e-Josas foi a primeira na França a aprimorar esse método de estampar, aproveitando as possibilidades permitidas pelo cobre: a gravação de desenhos mais miúdos e detalhados. Até hoje são famosas as cenas campestres e pastorais criadas pela famosa manufatura. O método multiplicou por 25 o rendimento da impressão em relação à feita por blocos, além de permitir nitidez do desenho, simplicidade nos ajustes e, acima de tudo, maior desenvolvimento na produção.

A impressão obtida pela técnica de quadros permite variedade de cores e precisão nos barrados, como mostram os tecidos da coleção de Issey Miyake para a primavera–verão de 2000. Foto: Dinah Bueno Pezzolo.

Quadro

Esse processo, usado no Oriente desde o século VIII, teve início no setor têxtil. Por volta dos séculos XVII e XVIII foi utilizado na realização de obras litúrgicas e para colorir imagens populares. Tecidos japoneses estampados com essa técnica, datando do século XIX, podem ser vistos no Museu de Impressão sobre Tecidos, em Mulhouse, França.

No século XX, a técnica foi muito usada em serigrafia sobre papel, especialmente em publicidade (cartazes e embalagens). Na área têxtil, esse processo manual ainda é utilizado para estampar motivos trabalhosos sobre grandes áreas, especialmente quando o objetivo é a precisão dos desenhos. Realiza-se o trabalho no tecido estendido sobre uma longa mesa. Uma moldura em forma de quadro mantém o tecido muito fino (poliamida ou poliéster) esticado e recoberto com uma espécie de verniz na área em que a tinta não deve atingir o tecido. O quadro é posicionado sobre o tecido, e a pasta da cor, espalhada com uma espécie de rodo ou espátula, atravessa apenas as microperfurações livres. O processo manual foi automatizado nos anos 1950. Atualmente, o desenho a ser estampado é gravado pelo processo de fotogravura sobre o quadro revestido com a tela fina. São utilizados vários quadros, um para cada cor. O quadro pode ser deslocado manual ou mecanicamente, ao longo da mesa. Esse processo é ainda muito usado. Para ter uma ideia da alta qualidade do resultado, basta saber que a grife Hermès estampa seus famosos lenços de seda com essa técnica.

Cilindro rotativo

Trata-se de um processo relativamente recente (de 1962) que combina o antigo sistema a rolos e o sistema a quadros; é também chamado de quadro rotativo. Em cerca de quinze anos, o quadro rotativo passou a dominar as técnicas de impressão têxtil. A estampagem é feita por meio de tela cilíndrica, de inox, da mesma forma: o tecido é estendido sobre a mesa, ou melhor, sobre a esteira rolante. Ordens são transmitidas por computador às máquinas que alimentam com jatos de tinta os cilindros, com extrema rapidez. A rotação dos cilindros apoiados sobre o tecido é sincronizada com a velocidade da esteira rolante, de modo contínuo.

Esse processo apresenta grandes vantagens, principalmente em relação ao que utiliza quadros: elimina o encaixe do quadro, aumenta a rapidez da produção, estampa qualquer tipo de desenho, oferece maior nitidez e permite grande variedade de cores.

Transfer

Também conhecido como termoimpressão, surgiu na França em 1980. O processo utiliza a alta temperatura na transferência de corantes e é bastante aproveitado na estamparia de base sintética e em camisetas. Um papel previamente impresso é colocado sobre o tecido. Os dois passam juntos entre os cilindros quentes de uma calandra, o que faz com que o corante do papel migre para o tecido. Apesar de caro, este método tem a vantagem de ser rápido e permitir grande nitidez.

A figura do animal parece ter vida, graças ao sistema transfer. Criação de Roberto Cavalli para o outono–inverno 2001. Milão, março de 2000. Foto: Dinah Bueno Pezzolo.

Jato de tinta

Este recente processo de impressão, comandado a distância graças à informática, permite colorir as fibras em profundidade, por causa da sua capacidade de lançar em alta velocidade quantidades importantes de material corante. Ele também possibilita maior liberdade para o desenho, que pode ter vários metros de comprimento. Por esse motivo, torna-se adequado à impressão de têxteis destinados à decoração de interiores, como cortinas, colchas, lençóis, etc.

Numa máquina atual, seis tinteiros básicos cobrem uma ampla gama de cores, garantindo riqueza de tons bem maior que a de técnicas tradicionais. Outra grande vantagem é a possibilidade de transferir um desenho diretamente do computador para o tecido. O método também permite a impressão em pequenas quantidades para o rápido atendimento de encomendas, evitando a formação de estoques.

A INFLUÊNCIA DOS CORANTES SINTÉTICOS NA IMPRESSÃO TÊXTIL

Na era das revoluções industriais, a impressão têxtil se modificou totalmente. Nunca as mudanças haviam sido tantas quanto nos vinte anos compreendidos entre 1815 e 1835. Tudo passou a girar não só em torno da máquina, mas também dos corantes químicos. A partir dos anos 1860, o ajuste dos primeiros corantes nascidos de misturas químicas deu início ao prodigioso período de pesquisas e de inovações que se prolongaram até o século XX. Essa grande evolução pode ser comprovada pelos resultados das pesquisas químicas: em 1856, o primeiro corante de síntese foi descoberto pelo químico inglês Perkin; em 1902, já eram cerca de 700 os corantes sintéticos existentes.

Sobre tecidos de base sintética, a estampagem pode ser convencional, feita por cilindros e corantes, ou diferenciada, como a WaterPrint ou a RubberPrint. Na WaterPrint, o desenho se revela quando o tecido é molhado. Na RubberPrint, a estampa se mostra em alto-relevo, com toque emborrachado.

A ilustração do poema *A tartaruga* faz parte de uma coleção especialmente criada por Raoul Dufy para ilustrar *O bestiário*, do poeta Guillaume Apollinaire (Paris: Deplanche Editeur d'Art, 1911). Desenho de propriedade da Bianchini-Férier; tecido inédito.

Projeto têxtil 13245, de Raoul Dufy, para a famosa tecelagem Bianchini-Férier, da cidade de Lyon, na França. Numa perfeita harmonia, Dufy desenhou as cabeças das tartarugas viradas para a direita e para a esquerda, acompanhando o movimento das folhas com contornos abertos e fechados. Desenho de propriedade da Bianchini-Férier.

A criação de estampas

Arquivos de séculos passados são constantemente consultados por desenhistas em busca de inspiração para a criação de estampas. Um mesmo tema permite inúmeras versões. Dependendo do criador, o aperfeiçoamento de um motivo pode requerer inúmeros retornos ao desenho até que seja conseguida a imagem ideal. Desenhos de plantas que há dezenas de séculos fizeram a beleza de tecidos, principalmente indianos, ainda são reproduzidos em múltiplas interpretações.

Essa releitura de motivos pôde ser constatada no início do século XX, quando o poeta francês Guillaume Apollinaire retomou a tradição medieval

A imagem de madeira esculpida mostra figura de cabra e vegetação indefinida. No tecido façonné Bianchini-Férier 13590, de 2 de abril de 1913, as flores mostram estrutura com desenho de estrela e as folhas adquirem forma definida. Raoul Dufy, desenhos de propriedade da Bianchini-Ferier.

do bestiário, gênero literário em prosa ou verso que combina recursos da fábula, com fundo moral, e descrições de animais reais ou lendários. A obra de Apollinaire foi ilustrada por Raoul Dufy, que se encarregou ele mesmo de esculpir em madeira os motivos que seriam as matrizes das figuras. Foram inúmeras as estampas criadas por Dufy, entre elas, a que mostra tartarugas entre folhagens. Eis aí um exemplo da lapidação feita por um criador sobre sua ideia inicial.

Antes mesmo do bestiário de Apollinaire, o poder de criação de Dufy já havia chamado a atenção do costureiro Paul Poiret, apaixonado pela arte decorativa. Poiret chegou a propor a Dufy a criação de tecidos, o que foi realizado no ateliê que ambos montaram num pequeno local alugado por Poiret, na avenida de Clichy, em Paris. Para isso, Poiret não mediu esforços, pois admirava o talento de Dufy e sabia que esse era um de seus sonhos. Dufy desenhou para Poiret e esculpiu, ele próprio, em blocos de madeira, motivos então já tirados do bestiário.

Segundo Poiret, Dufy criou motivos belíssimos para tecidos que valorizaram vestidos suntuosos. Depois de haverem investido dinheiro e trabalho no ateliê, M. Bianchini, um dos proprietários da tecelagem Bianchini-Férier, surgiu para propor a Dufy que procurasse meios industriais "mais dignos dele". Bianchini conseguiu Dufy. Poiret desfez o ateliê da avenida Clichy e depois se consolou admirando nos tecidos Bianchini-Férier a arte de seu amigo.[56]

Hoje, as reprises têm grande peso nas coleções, muitas vezes alimentadas pela tradição. Criações sem vestígio do passado são raridades. No entanto, uma função nova nessa área parece ganhar força com o passar dos anos: o estilista que elabora as tendências. Ele direciona as criações às exigências do mercado. Tradição e criação então se mesclam para satisfazer uma tendência baseada em pesquisas. Afinal de contas, dessa base resulta o sucesso – ou o fracasso – de uma coleção.

---

[56] Paul Poiret, *En habillant l'époque* (Paris: Grasset, 1974), p. 121.

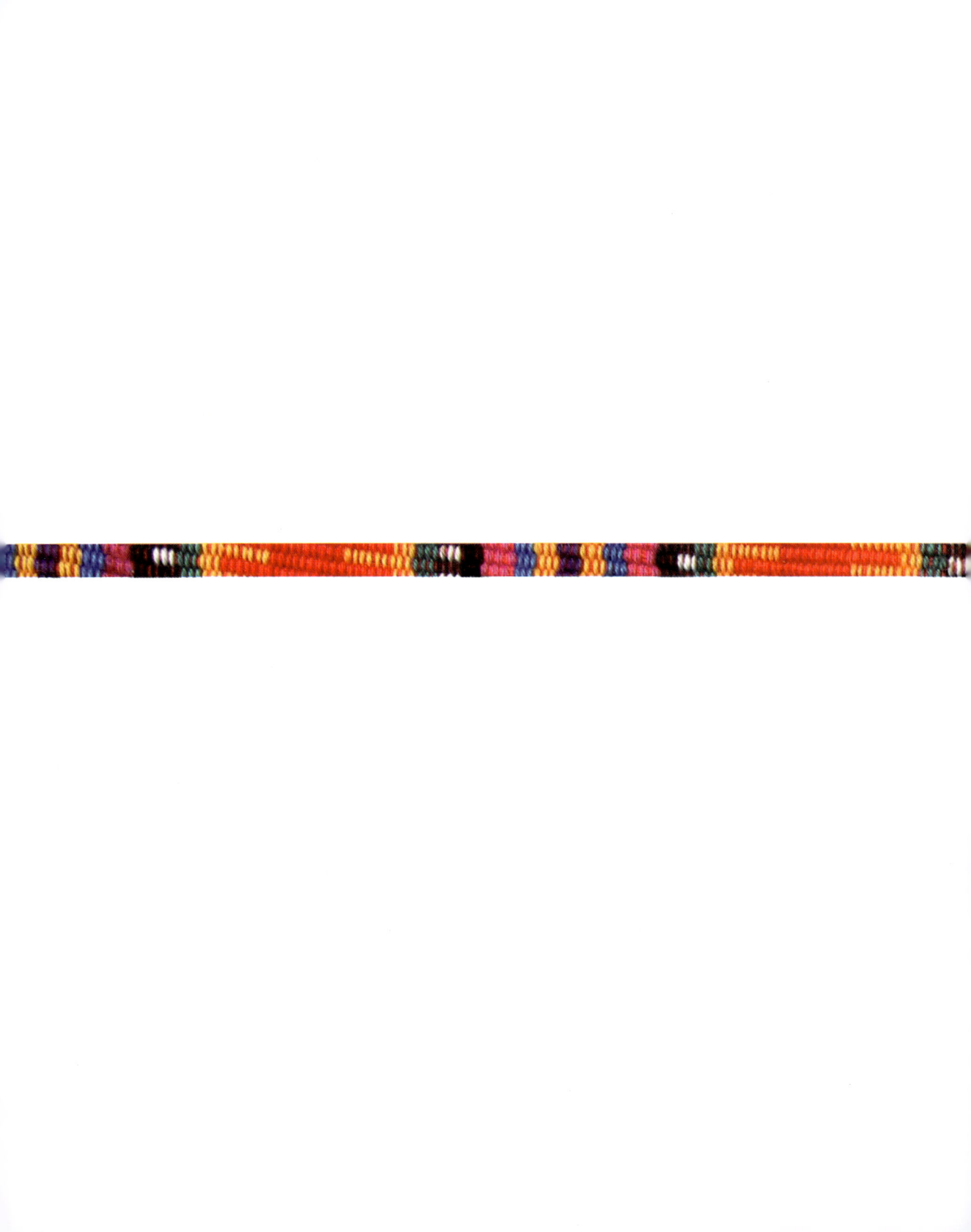

Motivos e padrões

Os tecidos, em relação ao universo de cores, podem ser divididos entre lisos e fantasia. Os *lisos* mostram uma única cor, embora possam se diferenciar pelo tipo de fio, pela trama, pelo acabamento. Os do tipo *fantasia*, com duas ou mais cores, compreendem os que mostram *padrões clássicos* e os que possuem *motivos variados*.

Entre os que apresentam *motivos variados*, a diversificação se dá por temas básicos – floral, geométrico, animal, abstrato e figurativo – e a partir de inúmeras combinações de cores. Entre os tecidos de *padrões clássicos* estão os listrados, os cashmere, os xadrezes, os tweeds, os olho-de-perdiz, os risca-de-giz e os tecidos com poás.

Motivos variados

Os mais variados desenhos, com uma gama infinita de cores, são usados na decoração de tecidos. Essa decoração pode ser obtida durante a tece-

A musseline, muito leve com estampa de plumas, parecia flutuar na passarela de Versace em 2001. Foto: Dinah Bueno Pezzolo.

lagem (o que inclui o sistema jacquard) ou após esta, por meio de inúmeros processos de estamparia manual ou industrial. Esses desenhos são classificados de acordo com o tema que representam: florais, geométricos, animais, abstratos e figurativos.

Floral

Há muitos séculos, a natureza vem sendo reproduzida com fidelidade ou de forma estilizada pelo homem em seus tecidos. Trata-se do mais simples, do mais puro modelo para a criação de desenhos. Formas e cores se mostram prontas, e o homem as transforma em estampas, acrescidas de interpretações individuais.

Esse motivo era o preferido na Índia, o berço da arte da estampagem. Desenhos de flores estilizadas, em duas dimensões, caules ondulados, vegetais ao natural ou imaginários apresentavam um equilíbrio de cores que até hoje identifica essa arte nata dos indianos.

A técnica desses artesãos chegou à Europa nos anos de 1640, via Marselha, França, pelas mãos de mercadores armênios. Nessa época, o desenhista era a pessoa-chave na decoração dos tecidos. Artistas e pintores de flores eram escolhidos por seu talento e sua capacidade de adaptar a arte às exigências industriais.

O floral foi o motivo predominante na estamparia até o fim do século XVIII. Mais tarde, nos últimos anos do século XIX, ganhou novo impulso por conta do movimento artístico *art nouveau*, marcado por seu design rebuscado, mas elegante, com folhas onduladas, caules alongados e cores esmaecidas. Nas idas e vindas da história da estampagem, as flores se mantêm atuais. Minúsculas, graúdas, espaçadas, mistura-

Motivo floral estampado em branco e preto sobre pura lã.
Foto: Dinah Bueno Pezzolo.

das, isoladas, formando barrados, listras, quadros... A imaginação humana não tem limites.

Geométrico

Os motivos geométricos dividiam com o floral (e o figurativo) a preferência do consumidor europeu nos séculos XVII e XVIII e tiveram grande valorização no início do século XX, impulsionados pelo movimento *art déco*, que sucedeu o *art nouveau*, apresentando-se como uma antítese deste.

Motivo geométrico repetido, com diferença de cores. Foto: Dinah Bueno Pezzolo.

As linhas de inspiração floral foram substituídas por um estilo limpo, puro e geométrico, mostrado em todas as formas de artes e ofícios: arquitetura, indústria, móveis, utensílios, desenho de interior e, logicamente, joalharia e vestuário. A simetria, as linhas retas, os círculos, os semicírculos e as cores intensas influíram na criação de estampas.

Assim como os florais, os geométricos também possuem um poder especial de se manterem na moda. Além dos clássicos (o xadrez, o listrado e os poás, com todas suas variações), é infinita a possibilidade de criação de desenhos geométricos para serem reproduzidos por meio da tecelagem ou da estamparia.

Animal

A pele de animais, assim como a plumagem das aves, já servia de inspiração para a decoração de tecidos há mais de 5 mil anos, segundo documentação histórica. Parte de uma pintura mural exposta no Museu do Louvre, em Paris, confirma essa constatação.

Princesa Néfertiabet, IV dinastia (2620 a.C. a 2500 a.C.). Paris, Museu do Louvre.

Na foto, detalhe de um grande lenço de pura lã com a grife de Yves Saint Laurent. Foto: Dinah Bueno Pezzolo.

Do mundo animal saíram as estampas felinas, que há anos aparecem em peças de vestuário e tecidos para decoração e cujo uso foi impulsionado pelo movimento ecológico e de preservação das espécies. Embora tenham altos e baixos, esses motivos continuam inspirando os criadores ao longo da história da estamparia têxtil, marcada por incessantes retornos ao que se usava há muitos séculos. Os desenhos animais aparecem em todo tipo de tecido, muitas vezes de forma estilizada.

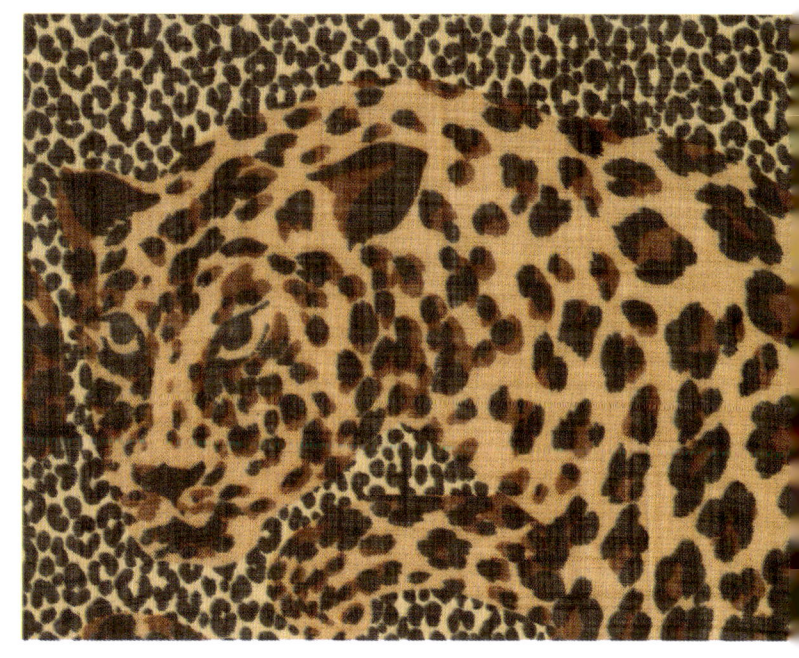

Abstrato

Da arte moderna do fim do século XIX e início do século XX surgiram os motivos abstratos, que não têm forma definida: podem sugerir manchas, pinceladas, borrões, respingos, rabiscos, etc. Esses motivos também são mais ou menos valorizados de acordo com os criadores de tendências, que recorrem ao passado em busca de inspiração. Mesmo com toda a evolução da moda, as coleções continuam a ser alimentadas por repetições e releituras. Os estilistas, com suas escolhas e ideias, determinam a ligação entre tradição e criação.

Figurativo

Quando no estampado há a reprodução de figuras, incluindo a humana, o motivo é classificado como figurativo.

Um dos mais famosos figurativos permanece como um clássico para decoração desde seu aparecimento, no século XVIII. Falamos da toile de Jouy.

Seda pura com cores agrupadas sem formas definidas. Foto: Dinah Bueno Pezzolo.

À esquerda, a figura de um peixe aparece entre formas abstratas. Foto: Dinah Bueno Pezzolo.

À direita, combinação de formas figurativas, geométricas e abstratas. Foto: Dinah Bueno Pezzolo.

Toile de Jouy

No século XVIII, tecidos estampados com personagens inspirados na literatura e na arte da época satisfaziam o gosto de aristocratas na Europa. Foi quando a Manufatura de Jouy começou a produzir seus algodões com esse motivo, inicialmente em tons terrosos. A fábrica, instalada na cidade francesa de Jouy-en-Josas, ficou famosa pela qualidade do tecido, que passou para a história como toile de Jouy (literalmente, "tela de Jouy"), ganhando novas cores.

A origem remonta ao século XVI, época em que navegadores portugueses introduziram na Europa telas pintadas provenientes da Índia. A novidade causou grande impacto entre os europeus, habituados a tecidos de seda, veludos e lãs, raramente estampados. No fim do século XVII, os tecidos indianos, mais leves que os veludos, laváveis e com motivos alegres, tornaram-se sucesso, inclusive para o vestuário, em toda a Europa.

O sucesso foi tamanho que telas pintadas com flores e animais em cores vivas, provenientes da Índia e trazidas por grandes companhias de navegação, acabaram prejudicando a economia têxtil francesa, o que levou Luís XIV a proibir a importação desses tecidos (ver o capítulo "Algodão").

Em 1759, ano em que a proibição foi suspensa na França, faltava mão de obra qualificada para a decoração de tecidos. Esse fato abriu as portas para numerosos estrangeiros especialistas no setor. Entre eles estava o alemão Christophe-Philippe Oberkampf, escultor e descendente de uma família que se dedicava à tintura de tecidos – os tintureiros de Wurtemberg.

Em 1760, na companhia de célebres químicos franceses contemporâneos, Oberkampf organizou uma das mais célebres estamparias da Europa, cujas cores fixas fizeram fama e fortuna dos seus introdutores: a Manufatura de Jouy.

A busca pelo aperfeiçoamento não parava para o alemão. Em 1797, ele inventou uma máquina para estampar que trabalhava com um cilindro de

Toile de Jouy de 1785. Jean-Baptiste Huet criou o motivo campestre que foi estampado em chapa de cobre. Antique Textile Company.

cobre gravado. Com ela, 5.000 m de tecidos eram estampados por dia, de forma contínua. Oberkampf enviava seus operários para fora da França, para se especializarem. Da Suíça foi trazida, em 1800, uma máquina para estampar com placa de cobre, que permitia a gravação de desenhos mais miúdos e detalhados que a madeira, usada na Índia. O progresso era acelerado: em 1806, a manufatura já contava com 1,3 mil operários.

A moda do retorno à natureza, enaltecida por Jean-Jacques Rousseau, inspirou a criação de cenas pastorais e campestres nos tecidos. Jean-Baptiste Huet criou desenhos para as placas de cobre que originaram os camafeus, estampas em diversos tons da mesma cor características das toiles de Jouy e que fizeram a glória de manufatura de Oberkampf. Feitas de algodão, as toiles de Jouy eram destinadas exclusivamente à decoração. Diferenças de tons da mesma cor e representações de luz e sombra criavam a perspectiva exigida pelos motivos, que, seguindo o gosto da clientela, passaram a retratar principalmente cenas familiares, históricas e festivas.

A partir de 1810 e das guerras de Napoleão, porém, a Manufatura de Jouy começou a perder clientes e fornecedores, o que motivou seu fechamento em 1843.

PADRÕES CLÁSSICOS

Entende-se por clássico o padrão que possui uma raiz histórica; aquele que, após séculos de existência, ainda se mantém vivo, fazendo parte do mundo da moda. Incluímos nessa categoria listras, cashmere, xadrez (incluindo madras, príncipe-de-gales, pied-de-poule, vichy e tartans), tweeds, olho-de-perdiz, risca-de-giz, espinha-de-peixe, poás.

Listras

As listras obtidas pela trama de fios no tear constituíram uma das maneiras encontradas pelo homem para variar seu trabalho. No início da nossa era, já se dominavam técnicas de tingimento de fios, o que foi sabiamente aproveitado na formação de listras no tear. Este fato foi recentemente provado quando, no fim do século XX, foram encontrados importantes fragmentos têxteis de lã em vários locais arqueológicos do Mediterrâneo oriental e do Oriente Próximo. Entre os achados, havia tecidos com listras coloridas datando do século I d.C.

O boné de lã pied-de-poule faz parte do guarda-roupa tradicional inglês. Foto: Dinah Bueno Pezzolo.

Listras horizontais invadiram a passarela parisiense de Louis Vuitton, em outubro de 2000. Foto: Dinah Bueno Pezzolo.

O percurso no Ocidente

Esse padrão clássico, com seu universo de variações, hoje é visto de modo democrático, vestindo todas as classes sociais, mas durante muitos séculos permaneceu como marca de exclusão ou de infâmia. No Ocidente, até o século XV, as listras serviam para assinalar os banidos, os loucos, os doentes contagiosos. Também vestiam os que, por uma razão ou outra, se encontravam à margem da sociedade cristã: condenados, carrascos, prostitutas e até músicos e malabaristas.

Por que tanta discriminação com uma padronagem? Seria pelo fato de chamar mais a atenção que um tecido liso? Talvez, mas os listrados podem tanto mostrar cores contrastantes como tonalidades esmaecidas. Não é fácil descobrir a razão. Foi durante o Renascimento, nos séculos XV e XVI, que o caminho das listras começou a mudar, levando-as ao ambiente doméstico, no qual passaram a ser usadas em pijamas e roupas

A influência do Oriente nas sedas foi marcante durante o século XVIII, quando os homens se vestiam "à oriental". *Simon Luttrell de Luttrelstown*, tela de Liotard (*c.* 1755). Museu Berner Kunstmuseum, Suíça.

Na moda, os tecidos listrados aparecem com maior frequência nas coleções masculinas. Foto: Dinah Bueno Pezzolo.

de banho. No entanto, como eram vistas como padronagem secundária, apareciam também em panos de colchão e em roupas de escravos e domésticas.

No século XVIII uma mudança já se anunciava; no início do XIX, época romântica, os tecidos listrados começaram a ser relacionados com novas ideias: juventude, descontração, liberdade, humor.

No início do século XX, o americano Gerald Murphy, aclamado como o homem mais elegante em Yale, onde fez seus estudos, em 1912, ousou, mas lançou moda, aparecendo nos aristocráticos salões da Riviera francesa usando a tradicional camiseta listrada dos marinheiros. Nessa década, os figurinos de moda feminina mostravam o listrado sempre voltado a atitudes esportivas, indicando férias, descontração.

Nos anos 1920, esse padrão fazia a alegria dos banhistas: homens, mulheres e crianças alegravam as praias com seus trajes chamativos com largas listras, na maioria das vezes no sentido horizontal. Com o tempo, os tecidos listrados começaram a conquistar a ala da elegância. Nos anos 1930, Pablo Picasso integrava as rodas de intelectuais nas temporadas de verão na França e na Espanha exibindo listras. Na mesma década, Chanel abriu definitivamente as portas da elegância às listras: o que Chanel falava, lançava e usava era ordem entre o público feminino.

Hoje as listras tanto podem vestir palhaços e prisioneiros como aparecer nos trajes esportivos de homens, mulheres e crianças. Podem, ainda, se impor em noites de gala. E não é só: na área da decoração, são usadas na roupa diária de uma casa, alegram toldos, redes e almofadões em ambientes mais despojados e enobrecem ambientes requintados, em revestimento e cortinas.

Seda pura estampada no ano 2000 mostra o mais antigo dos motivos têxteis indianos. Foto: Dinah Bueno Pezzolo.

Cashmere

O desenho conhecido como cashmere nasceu nos altos vales da Caxemira, região do Himalaia, norte da Índia. Lá, desde o século XVII, artesãos tecem em teares montados com 2 mil ou 3 mil fios da finíssima lã conhecida como cashmere (ver o capítulo "Lã"). O grafismo do trabalho desses artesãos fez surgir um estilo de desenho bem definido: a palheta cashmere – forma estilizada de folha de palmeira. Inicialmente mostrada nos finos tecidos de lã da região, logo passou a ser tema de estampados, brocados e bordados.

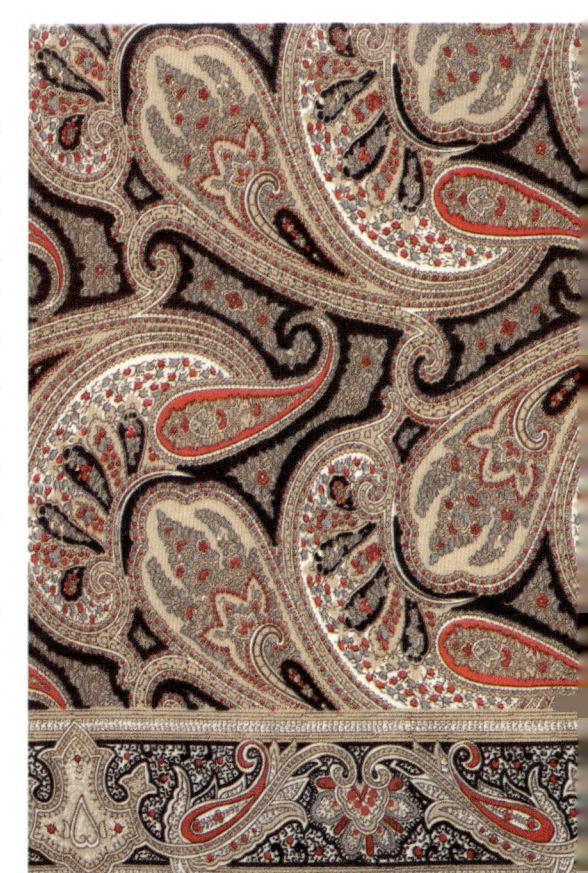

Uma das possíveis versões para o início desse padrão se baseia no fato de que os habitantes da Caxemira usavam a lateral da mão fechada para carimbar as caixas de especiarias. O desenho formado pelo dedo mínimo dobrado sobre a palma da mão teria originado a padronagem.

No início do século XIX, o padrão cashmere era essencial nos lenços de algodão estampados na Alsácia e na Inglaterra. Não tardou para que invadisse a moda: palhetas ondulantes estampadas em cores quentes valorizavam as estampas de vários tipos de tecido. No fim do século, a decoração de ambientes abriu suas portas para a entrada do cashmere.

É interessante observar como uma forma resultante de uma técnica de tecelagem pode ter seu uso tão diversificado. Tornou-se um clássico entre os desenhos.

Xadrez

O xadrez é outra padronagem que nasceu em primitivos teares, resultante da trama simples de fios de duas ou mais cores. O padrão xadrez inclui uma infinidade de variações, com destaque para o universo do madras, do príncipe-de-gales, do pied-de-poule, do vichy e dos escoceses, com seus tartans tradicionais que incluem o registrado pela Burberry.

O madras está sempre presente nas camisas esportivas masculinas. Foto: Dinah Bueno Pezzolo.

Madras

Tecido originário da cidade de Madras, na Índia. Muito leve, em puro algodão, o madras mostra a padronagem xadrez numa grande variedade de cores e desenhos. Atualmente ele é fabricado na Índia e também na França, na Alsácia–Lorena, com fios de algodão, algodão e linho ou só linho.

Príncipe-de-gales

Este padrão tornou-se moda graças à elegância de Eduardo VII quando era príncipe de Gales. Obtido, desde sua origem, pela trama dos fios de lã nos teares, essa variação de escocês permaneceu durante muito tempo como um desenho exclusivo da moda masculina. Hoje, tanto veste homens como mulheres, além de poder surgir como estampa em outros tipos de tecido, inclusive a seda.

Pied-de-poule

O chamado pied-de-poule (literalmente, "pé-de-galinha"), é um tipo de xadrez miúdo, que resulta do entrelaçamento dos fios da trama com os do urdume. Foi assim chamado por sua semelhança com as pegadas de uma galinha. Se o desenho for maior, o tecido é chamado de pied-de-coq ("pé-de-galo").

A padronagem, muito usada pela aristocracia britânica dos séculos XIX e XX, foi eternizada no mundo da moda por Chanel, em seus ternos femininos de tweed, nos anos 1920. Hoje também é estampada nos mais variados tecidos.

Vichy

O padrão, popularmente conhecido como xadrez "piquenique", mostra um quadriculado pequeno, mas não miúdo, formado por branco e uma segunda cor, sempre em tom pastel: rosa, azul, lilás, amarelo, etc. Seu nome vem da cidade francesa de Vichy, famosa por ser um centro de produção de tecidos axadrezados, onde surgiu.

O príncipe-de-gales é um tecido de pura lã. Foto: Dinah Bueno Pezzolo.

Moschino mostrou em março de 2001, em Milão, dois tamanhos do clássico motivo, estampados em tecidos de seda. Foto: Dinah Bueno Pezzolo.

Conhecido desde o século XIX, tornou-se famoso no fim da década de 1950, quando Brigitte Bardot usou em seu casamento com Jacques Charrier um modelo em xadrez vichy rosa e branco, enfeitado com bordado inglês. O vestido foi criado por Jacques Estérel especialmente para a ocasião.

Tartan

O nome tartan é dado ao tecido de lã ou algodão, com padrão escocês. Antes de designar um estilo de xadrez, tartan era o nome da famosa saia usada pelos escoceses.

Há quase trezentos anos, para cada família de estirpe nobre do norte das Ilhas Britânicas era criado um padrão de listras verticais e horizontais formando quadros. A maneira como elas se cruzavam e as cores empregadas correspondiam a cada clã. As famílias nobres da Grã-Bretanha ainda mantêm seus tartans, também conhecidos como xadrezes escoceses. Plebeus de todo o mundo os usam sem a maior cerimônia. Sua história é tão rica que vale ser relembrada.

No início do século XVIII, os habitantes das montanhas da Escócia desenvolveram um sofisticado código relativo ao vestuário, à cor e aos padrões dos tecidos, com o objetivo de identificar e fortalecer a união de seus clãs. Assim, os *highlanders* eram um povo nativo que vivia em clãs e usava o célebre *kilt* escocês (saia preguada e transpassada na frente, confeccionada com tartan), até que, em 1746, a Batalha de Colluden ocasionaria a proibição de seu uso.

Nessa batalha, ocorrida na Grã-Bretanha, o exército escocês do príncipe Edward Stewart foi dizimado pelas tropas inglesas do duque de Cumberland. Em apenas 40 minutos, 40 mil *highlanders* esfomeados foram chacinados por 9 mil ingleses. Centenas foram capturados. Além disso, os ingleses decretaram a proibição do uso do *kilt* ou mesmo do padrão em xadrez típico da cultura *highlander*. Segundo historiadores, essa atitude inglesa foi uma represália contra a invasão dos *highlanders* na Inglaterra. A proibição durou 36 anos.

Em 1822, para a visita do rei George IV a Edimburgo, sir Walter Scott, escritor e poeta popular escocês, encarregado da organização da visita, preparou o desfile de aproximadamente dez representantes dos clãs dos *highlanders*, vestidos a rigor, usando tartans. O próprio rei George IV usou *kilt* durante a visita. Esse ato foi o suficiente para que seu uso se intensificasse entre a população.

A completa decisão de uso, todavia, deu-se em 1858, quando a rainha Vitória e o príncipe Albert compraram o castelo de Balmoral como residência de verão na Escócia e o mobiliaram usando seu próprio tartan, o "balmoral", criado especialmente para essa ocasião. Essa tradição ainda hoje é seguida, especialmente pelo príncipe Charles, que obviamente usa o tartan da Família Real Britânica, o Tartan Real Stewart.

Nomes como MacDonald, Campbell, Mackintosh, MacLean, Mackenzie, MacGregor, Macbeth, Cameron, Ross, entre outros, indicam a descendência a determinado clã (família). Cada clã possui seu próprio tartan, registrado e oficial, habitualmente em duas ou três versões: o tartan para o *kilt* de uso durante o dia, o tartan para uso no campo e, algumas vezes, o tartan social, para noite.

A base dos tartans resulta da tecelagem de fios coloridos da urdidura e da trama que, ao se cruzarem, formam desenhos em ângulos retos. Os blocos resultantes no desenho se repetem nos sentidos vertical e horizontal, fazendo surgir linhas e quadros conhecidos como *sett*.

Algumas empresas registram seus próprios desenhos de tartans para identificação de produtos como uísques, biscoitos, fumo para cachimbo, entre outros.

Os tradicionais tartans da Escócia são conhecidos mundialmente. Foto: Dinah Bueno Pezzolo.

O tartan registrado marca presença também em acessórios.
Foto: Dinah Bueno Pezzolo.

Os motivos formados pelos diferentes coloridos correspondiam originalmente ao distrito no qual o tecelão trabalhava, com seu próprio desenho. O Museu Real da Escócia, em Edimburgo, mantém uma exposição com mais de 1.600 tartans diferentes.

Ainda hoje existe um tartan para cada ocasião. Seu uso é diário. Os de fundo verde são os preferidos para a caça, e os de fundo branco, para uso noturno. A maneira de usar o tartan segue algumas regras. Ele pode ser usado sobre os ombros, atravessado no corpo, de acordo com a posição da pessoa no clã, mas a forma mais comum de usar o tartan é o *kilt*, peça principal do vestuário dos *highlanders*. A confecção de um *kilt* clássico pede até 7 m de tecido. A tradição manda que os homens não usem nada sob seus *kilts*.

O tartan da Burberry. Com mais de oitenta anos de existência como marca registrada, o famoso xadrez Burberry apareceu na moda como forro das capas de chuva da grife em 1924. Thomas Burberry desenhou o famoso trench coat em 1901, mas foi a beleza de seu forro, formado pelo xadrez bege, preto, vermelho e branco, que se tornou internacionalmente sinônimo da Burberry.

Nos anos 1950 e 1960, o trench coat da Burberry foi usado por ícones das telas de cinema em alguns dos mais memoráveis filmes da época, como Humphrey Bogart e Ingrid Bergman em *Casablanca*; Audrey Hepburn em *Bonequinha de luxo* e Peter Sellers nos filmes da Pantera Cor-de-Rosa.

Tweed

Tecido feito com o fio de lã tweed, de textura áspera e efeito boutonné colorido (espécie de bolinhas produzidas pelo processo de fiação ou retorção). O nome tweed surgiu do rio homônimo que separa a Inglaterra da Escócia. Os tweeds mais conhecidos são Bannockburn, English, Irish, Linton, Manx, Scotch, Donegal; no entanto, o mais especial deles é o chamado tweed Harris, tecido com a lã virgem das Highlands, na Escócia. Essa lã é fiada, tingida e tecida à mão por artesãos da ilha Harris, no arquipélago escocês das Hébrides.

Olho de perdiz

Trata-se de um tipo de tweed, porém mais macio e mais fino, pois é tecido com lã e seda. Sua trama forma um pequeno desenho geométrico semelhante ao olho de uma perdiz. Geralmente esse tecido mostra tons de cinza, do mais claro até o grafite e o preto.

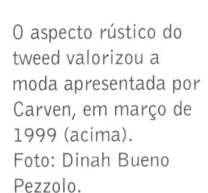

O aspecto rústico do tweed valorizou a moda apresentada por Carven, em março de 1999 (acima).
Foto: Dinah Bueno Pezzolo.

O desenho resultante da trama dos fios deu nome ao tecido: olho de perdiz (ao lado). Foto: Dinah Bueno Pezzolo.

A padronagem risca de giz aparece com maior frequência em tecidos de lã fina, em tons de cinza. Foto: Dinah Bueno Pezzolo.

Tecido de lã com padronagem espinha-de-peixe obtida pela trama dos fios. Foto: Dinah Bueno Pezzolo.

Risca de giz

Desenho clássico que mostra listras brancas bem fininhas, no sentido vertical, com 2 cm de distância uma da outra, sobre fundo escuro: tons de cinza, marinho ou preto. O padrão risca de giz, clássico, aristocrático, foi amplamente divulgado pelo cinema, vestindo gangsters nova-iorquinos das décadas de 1920 e 1930. A elegância dos personagens acabou fazendo moda e mudando o rumo das listras, que até então lembravam roupas de presidiários. Atualmente, variações em torno do tema mostram riscas mais grossas e mais espaçadas, além de riscas duplas. E o melhor: tanto vestem homens como mulheres.

Espinha-de-peixe

O padrão espinha-de-peixe é obtido na tecelagem por meio de um tipo de armação derivada da sarja, ou, como dizem, sarja quebrada. Essa armação resulta num efeito de várias letras V, formando um zigue-zague semelhante às espinhas de peixe. Esse efeito pode ser visto em tecidos de lã, algodão, seda ou linho. O mais comum é o de lã, utilizado em calças, coletes, jaquetas, blazers e até bonés, para homens e mulheres.

O mais antigo tecido espinha-de-peixe do qual se tem conhecimento é o Santo Sudário de Turim: peça medindo 4,36 m × 1,10 m, feita em tear manual, padrão derivado da sarja 3×1, típico do Mediterrâneo. Em 1973, com permissão do Vaticano, foi extraída uma minúscula amostra do tecido do Sudário para avaliação. Os estudos microscópicos confirmaram que o padrão espinha-de-peixe foi obtido com fios de linho e alguns traços de algodão.

Poás

Os tecidos com poás, ou bolinhas, podem mostrar o desenho base em vários tamanhos. Quando discretos, as bolinhas são miúdas; quando vistosos, elas aparecem bem maiores, até mesmo chamativas, como as que frequentemente são vistas em roupas de dançarinas espanholas.

Crepe de seda com estampa de poás miúdos. Foto: Dinah Bueno Pezzolo.

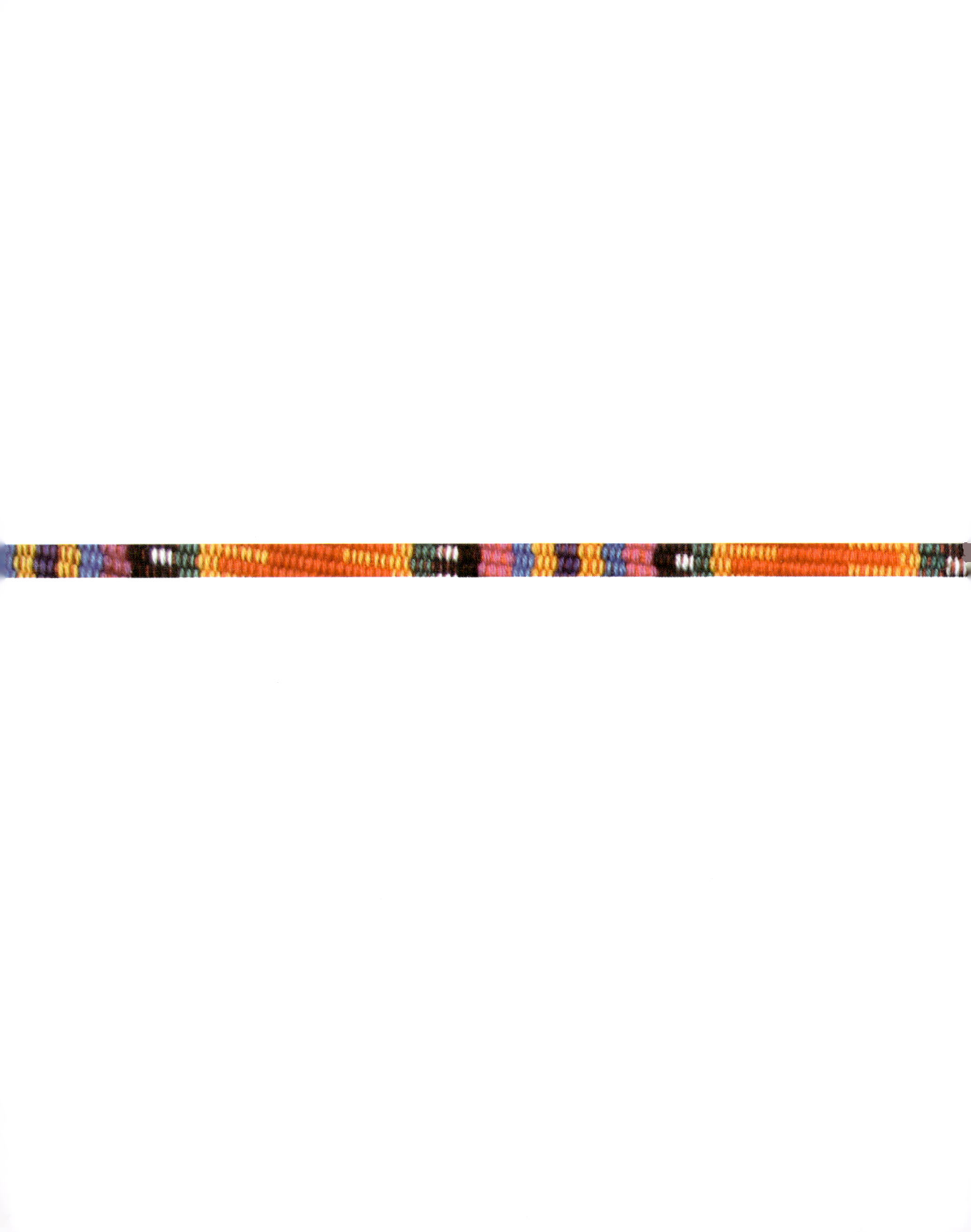

Outros tecidos: feltro, malha, renda, veludo e denim (jeans)

Feltro

Também chamado de não tecido, o feltro resulta de uma mistura prensada de fibras animais. Pode ser classificado como um dos mais antigos materiais utilizados pelo homem como proteção. O feltro difere de qualquer outro material pelo fato de suas fibras não serem fiadas, nem tecidas, nem trançadas, nem tricotadas. Fiapos de lã ou de pelos misturados, empastados e comprimidos foram úteis aos homens primitivos e hoje, elaborados com todo o cuidado, têm utilização variada, que vai da moda à decoração de ambientes, do objeto do cotidiano a obras de artesanato, com destaque especial nas mãos de exímias chapeleiras!

Seria o feltro tão antigo quanto o tear? Penso que seja mais velho, pois seguramente podemos dizer que o uso do feltro antecedeu ao tecido. Há milhares de anos, a observação da feltragem natural dos pelos nos lombos de ancestrais dos carneiros fez com que o homem descobrisse o que viria

Chapéus no estilo cowboy pedem feltros mais grossos.
Foto: Dinah Bueno Pezzolo.

Após a invenção dos corantes sintéticos, a tintura industrial passou a utilizar número reduzido de corantes naturais. Foto: Dinah Bueno Pezzolo.

Em chapéus femininos, sempre mais leves, o feltro geralmente é mais fino e macio.
Foto: Dinah Bueno Pezzolo.

substituir a pele de animal na proteção humana (vestimenta, coberta, tapete, etc.).

Escavações arqueológicas e textos antigos confirmam o uso desse que seria o precursor dos tecidos. A técnica da feltragem foi difundida a partir dos povos nômades da Ásia central que inicialmente domesticaram o carneiro. Seu uso se espalhou nos países eslavos, em seguida, nos germânicos, chegando aos romanos.

A lã de carneiro, por causa de sua grande propensão natural de se aglomerar, foi a que o homem inicialmente usou para fazer o feltro. Embora com menor tendência de se juntar e de se empastar, pelos de camelo, cabra, veado e alpaca também foram mais tarde utilizados com lã de carneiro.

Com o passar do tempo, o não tecido foi aprimorado. Hoje, os de melhor qualidade, usados em chapelarias de alta classe, são feitos com pelos de coelho, que necessitam de tratamento químico para poderem se transformar em feltro.

Malha

O tecido de malha advém do entrelaçamento de laçadas de um ou mais fios. Embora se desconheça a data da descoberta do método manual de fazer malha ou tricotar, recentes descobertas de tecidos de malha no Egito provam que esse método já era conhecido no século V a.C. Sabe-se, entretanto, que o primeiro tear de malha surgiu na Inglaterra em 1589.

Esses tecidos podem ser produzidos de modo manual ou mecânico e são o resultado da formação de malhas provenientes de um ou mais fios, que se interpenetram e se apoiam lateral e verticalmente por meio de agulhas (imaginemos um trabalho de crochê, que é feito com um único fio. Cada ponto precisa estar apoiado nas laterais e na carreira anterior – sentido vertical). A carreira de malhas, também chamada de curso, é a sucessão de malhas consecutivas no sentido da largura do tecido. Já a coluna vertical de malhas, também chamada de fileira, é a sucessão de malhas consecutivas no sentido do comprimento do tecido.

A estrutura e a geometria dos tecidos de malha diferenciam-se substancialmente das dos tecidos planos, nos quais a trama e o urdume entrelaçam-se formando uma armação rígida que resulta em produto final resistente, como brins, morins, etc. (Ver o capítulo "Tecelagem e classificação".) A malha, ao contrário do tecido plano, não nasce de uma armação trama–urdume; pode ser feita com um só fio, que corre em forma de espiral horizontalmente (malharia de trama) ou de vários fios longitudinais, um por agulha (malharia de urdume). Em ambos os casos, o fio assume a forma de laçada, sendo que cada laçada passa por dentro da laçada anterior sem que exista ponto de ligamento fixo entre elas. Essas laçadas assumem aspecto de fios em forma curva que se sustentam entre si e são livres para

Amarrações com tecidos de malha. Issey Miyake, março de 1997. Foto: Dinah Bueno Pezzolo.

Tecido de malha liso e canelado foram combinados neste modelo de Laura Biagiotti. Foto: Dinah Bueno Pezzolo.

Em 1881, Pierre-Auguste Renoir deixava documentado em sua tela *O almoço dos remadores* o uso de camisetas de malha de algodão. Galeria Philips Memorial, Washington D.C.

se mover quando submetidas a alguma tensão, determinando a conhecida flexibilidade da malha, capaz de fazê-la abraçar as mais complexas formas do corpo humano. O tecido de malha é ainda elástico porque as laçadas podem escorregar umas sobre as outras, quando sob tensão, e retornar à posição inicial ao fim da solicitação. Outra propriedade da malha é a porosidade, o que lhe confere excelente conforto.

Malharia por trama. Formada por um único fio que corre continuamente ao longo da largura do tecido. Ela pode resultar em tecido aberto, com bordas laterais, também chamado de malha retilínea, ou circular, como um tubo. Os circulares podem ter diâmetro pequeno, para meias; diâmetro médio, usados para camisetas sem costuras laterais, cós de cuecas, etc.; diâmetro grande, para tecidos de malha comercializados na forma tubular, como saem das máquinas, ou abertos, quando uma das laterais é aberta.

Malharia por urdume. Os fios são entrelaçados no sentido do comprimento do tecido. A largura é determinada pelo número de agulhas existentes em toda a largura da máquina. Uma agulha para cada fio é disposta lado a lado como fios de urdume na tecelagem comum.

Além da malha de trama e de urdume, existe a mista – quando uma ou outra recebe a inserção periódica de um fio de trama com a finalidade de dar mais firmeza ao produto.

A malha de lã dupla (79% de lã e 21% de poliamida) recebeu acabamento semelhante ao feltro neste mantô de Gloria Coelho. A malha de lã permite acabamento diferenciado.
Foto: Dinah Bueno Pezzolo.

Renda

De modo geral, dá-se o nome de renda ao tecido cujos fios da trama e do urdume se entrelaçam ao mesmo tempo e em todas as direções, formando desenhos. Os tipos principais são dois: renda de agulha, vista como evolução do bordado, e renda de bilro, evolução da passamanaria. Na moda, o uso da renda enfrenta anos bons e anos maus que se sucedem sem razões aparentes.

Embora algumas regiões da França, da Bélgica e da Itália queiram para si a honra de terem sido o berço da criação da renda, existem duas versões sobre seu aparecimento. Claude Fauque refere-se a uma história que faz

As rendas negras tiveram grande importância em meados do século XVIII. *Conversa de máscaras*, tela de P. Longhi (1760), Museu Correr, Veneza.

algum sentido: uma mulher de pescador, enquanto esperava por seu marido perdido no mar, começou a passar fios entre as malhas de uma rede. Desenhos foram surgindo, e teria nascido a primeira renda.[57]

O certo é que a renda já existia no Oriente e chegou ao Ocidente por intermédio das Cruzadas, ocorridas entre os anos de 1096 e 1291. As técnicas da renda de agulha foram desenvolvidas na Itália, nos arredores de Veneza, para a renda de agulha, e na Bélgica, nos arredores de Anvers, para a renda de bilro.

Os primeiros livros com modelos de rendas também datam do século XVI. Foram impressos em Veneza e em Anvers, possibilitando a difusão da nova moda e propiciando a reprodução dos modelos. As rendas, assim como as sedas, eram artigos de luxo. No fim do século XVI, apareciam em golas e punhos e, principalmente, em *fraises* (espécie de gola com pregas tipo sanfona), usadas por homens e mulheres. Nesse mesmo período surgiram as mantilhas espanholas, que cobriam a cabeça.

No século XVII, rendas mais grossas, mostrando relevo característico do ponto de Veneza, aparecem em golas masculinas. No século seguinte, rendas femininas emolduravam rostos e mãos delicadas como as de madame Pompadour, mas também apareciam em babados nos punhos e nos jabots para homens (babados de renda presos à gola, que cobriam a frente da camisa). As mantilhas negras, que antes cobriam só a cabeça, passaram a ser usadas sobre os ombros, como delicadas echarpes. Quando mais largas, deixavam de ser detalhe de acabamento para serem usadas na montagem de roupas femininas e infantis.

No século XVII, rendas mais largas faziam parte de modelos femininos e infantis. Detalhe da tela *Jacques Stuart e sua irmã*, de Largilierre (1695), Galeria Nacional de Retratos, Londres.

---

[57] Claude Faque, *Fil à Fil*, cit.

Tipos de renda

De modo geral, as rendas se diferenciam de acordo com os locais onde são feitas, o que acaba lhes dando o nome: renda de Bruxelas, de Veneza, de Calais, da Inglaterra, Cluny de Brioude, etc. As rendas podem também ser distinguidas pelo tipo de trabalho: sobre tule, sobre rede, com flores grandes ou pequenas, com motivos em relevo, etc.

As rendas, quando trabalhadas manualmente, são feitas com agulhas (como exemplos, temos ponto de Veneza, ponto de França, ponto de Alençon, ponto de Bruxelas) ou com bilros (valencianas, bruxelas, chantilly, flandres), utilizando geralmente linho, seda ou algodão.

Nas industrializadas, são utilizados os fios variados, desde a mais fina seda até fios mais grossos, de algodão, além de fibras sintéticas como o elastano, que permite a elaboração da renda *stretch*, usada tanto em lingerie como na moda (para o dia e também para a noite). Há, inclusive, rendas que usam fios de celofane, de prata e até mesmo de ouro.

O point d'esprit é um tipo bem especial de renda que mostra pequenos pontos dispostos regularmente sobre base de tule. Foto: Dinah Bueno Pezzolo.

Calais

No século XIX, industriais ingleses preocupados em escapar das taxas que atingiam as importações no continente instalaram em Saint-Pierre-les-Calais (cidade localizada na região de Norte-Pas-de-Calais, extremo norte da França) máquinas Leavers, verdadeiras maravilhas para a tecelagem

Frágil e delicada, a renda chantilly mostra fundo de tule e não tem relevo. Os motivos que antes eram obtidos pelo método jacquard, de cartão, hoje surgem graças ao jacquard eletrônico. Coleção de Valentino, Paris, outubro de 1999. Foto: Dinah Bueno Pezzolo.

de rendas.[58] (Em 1809, John Healthcoat havia inventado, na Inglaterra, a primeira máquina que produzia o tule tal e qual o rendado básico das rendas, até então feito à mão. Mas a fabricação mecânica da renda deve-se a uma família de engenheiros, os Leavers – pai, filho e sobrinho. Eles aperfeiçoaram o equipamento, o qual passou a produzir a renda, que inicialmente levou o nome da família e, depois, passou a ser chamada de renda de Calais.)

As máquinas Leavers foram levadas desmontadas para Calais em 1816. Todo o transporte do equipamento, saído de Nottingham, era feito durante a noite, para não chamar a atenção dos guardas alfandegários. Em terra, os marinheiros ingleses remontavam o maquinário. Foi assim que Calais, até então sem qualquer tradição têxtil, tornou-se o centro produtor da rainha das rendas.[59]

O passo seguinte foi adaptar o sistema jacquard ao do tule leavers. As máquinas passaram a trabalhar com cartões perfurados, o que permitiu a reprodução automática dos mais complicados motivos.

A indústria da renda atravessou fronteiras e continentes, instalando-se nos Estados Unidos, na Alemanha, na Suíça e na Áustria. Atualmente, China e Tailândia exercem forte concorrência, produzindo peças que antes eram exclusividades francesas. Nas máquinas, o tradicional jacquard de cartão encontra-se em via de extinção, substituído pelo jacquard eletrônico.

Mas ainda hoje, quando se pensa em renda, logo nos vêm à mente as duas cidades do Norte-Pas-de-Calais: Caudry e Calais. Seus grandes fabricantes exportam 80% de sua produção para mais de cem países. Calais é vista como a capital mundial do tule e da renda bordada mecanicamente sobre o tule. Graças às infinitas possibilidades de combinação de fios e à variedade de motivos e fundos, a técnica de Leavers permite obter texturas diversas,

---

[58] Pierre Rival & François Baudot, *Métiers choisis* (Paris: Flammarion, 1995).
[59] Claude Faque, *Fil à Fil*, cit.

A chamada "renda de agulha", obtida por laçadas nos fios, hoje também é feita em teares mecânicos. O trabalho pode obedecer a um molde, como nessa delicada golinha, que aplicada a um traje lhe confere estilo clássico. Foto: Dinah Bueno Pezzolo.

Renda de textura fina, franzida, enriqueceu a criação de Hervé Léger, de março de 1997. Foto: Dinah Bueno Pezzolo.

desde as grossas guipures até as mais finas chantilly, célebres em todo o mundo.

A renda fabricada em Caudry se tornou mundialmente conhecida em 1910, por conta da Exposição Universal de Bruxelas que divulgou a alta qualidade do produto. Entretanto, até 1945 os fabricantes enfrentaram altos e baixos por conta das guerras mundiais.

A falta de matéria-prima gerou novas opções: fios de raiom, nylon, lurex passaram a ser usados na fabricação de rendas e logo se tornaram um sucesso, sendo usados principalmente na confecção de peças para a moda francesa e pelos consumidores americanos. Em meados dos anos 1950, a renda enfrentou sucessivos anos bons e maus. Ela tornou-se submissa aos caprichos dos criadores e a moda abandonou-a, contribuindo para a crise grave que foi de 1967 até 1976. Parece pouco, mas, segundo a Federação Francesa de Rendas e Bordados, até mesmo a supressão das mantilhas religiosas constituiu um golpe nos profissionais ligados à fabricação de rendas.[60]

Felizmente, um conjunto de fatores impulsionou a modernização da renda e seu reaparecimento na moda feminina, incluindo a lingerie. O esforço promocional com costureiros, estilistas e industriais revigorou as indústrias, que se aperfeiçoaram graças a pesquisas no campo do estilo e da criação.

Segundo a Federação Francesa das Rendas e Bordados, as indústrias de renda de Caudry produzem, sob a denominação de "renda de Calais",

---

[60] *Ibidem*.

material destinado a grifes e criadores como Chanel, Cerruti, Dior, Gaultier, Guy Laroche, Hanae Mori, Hervé Léger, Lacroix, Lagerfeld, Valentino e Yves Saint Laurent.

O grande retorno da moda de noite e o emprego da renda de Calais em vestimenta para o dia abriram bem os horizontes. A renda passou a ser usada em roupas esportivas, associada ao couro, à lã, à flanela, ao moletom, enfeitando camisetas, calças, camisas, jaquetas e tailleurs. Algumas vezes a renda foi enriquecida com paillettes, pérolas e flocagens para se tornar uma matéria brilhante e sofisticada.

Sejam as rendas de agulha, de bilro, tecidas manualmente ou em teares mecânicos, com as mais variadas larguras, todas, sem exceção, agradecem aos criadores de moda e às grandes marcas de lingerie a contribuição para sua evolução, visto que a renda possui tendências a se situar como histórica na moda.

A renda guipure, cuja característica é o relevo, ganhou o detalhe de pingentes feitos com cordões de miçangas. Criação de Valentino para a primavera–verão 2000. Foto: Dinah Bueno Pezzolo.

Veludo

O nome veludo tem origem na palavra latina *vellus*, que significa "pelo" ou "pelo em tufos". Trata-se de um tecido que apresenta no lado direito aspecto peludo, macio e brilhante, com pelos curtos, densos, de pé, que resultam da trama cortada. O corte dos pelos é feito de uma só vez, assim que o tecido é retirado do tear. Frequentemente a superfície do tecido é flambada para se eliminarem fiapos que a ultrapassam. O veludo pode mostrar, pelo avesso, dois tipos de armação: tafetá ou sarja (ver o capítulo "Tecelagem e classificação").

O veludo foi criado na antiga Índia, de onde foi importado durante muito tempo por países da Europa. Nos séculos XIV e XV, a Itália passou a produzi-lo, nas cidades de Veneza, Florença, Gênova e Milão. Até o século

XIX, o veludo foi total ou parcialmente produzido com seda e usado para vestidos, casacos e também na decoração. No século XX, passou a ser fabricado com acetato, raiom e algodão, tornando-se artigo popular.

O tipo **cotelê** é estriado, de algodão ou raiom. Até o século XIX, era associado a cavalariços e lavradores, tendo sido utilizado na confecção de calções, casacos e trajes de caça. No século XX, firmou-se na moda esportiva para o dia a dia, aparecendo principalmente em calças, blazers e jaquetas masculinas, femininas e infantis. No fim do século, foi enriquecido pelo fio stretch em sua trama, o que lhe conferiu maior conforto.

Calça de veludo cotelê stretch. Dolce & Gabbana, outono-inverno 2001-2002. Foto: Dinah Bueno Pezzolo.

Veludo cristal na passarela da grife italiana Blumarine em março de 1998. Foto: Dinah Bueno Pezzolo.

O **veludo alemão**, de seda, tem aspecto bem liso, possui brilho intenso e é o mais caro dos veludos. A roupa confeccionada com esse tecido ganha visual nobre.

O chamado **veludo cristal**, ou **veludo molhado**, é um produto sintético, com base de malha, o que lhe garante maciez e boa caída. Seu brilho característico lembra o veludo alemão. De tempos em tempos, ele é esquecido na moda, para depois reaparecer com força total.

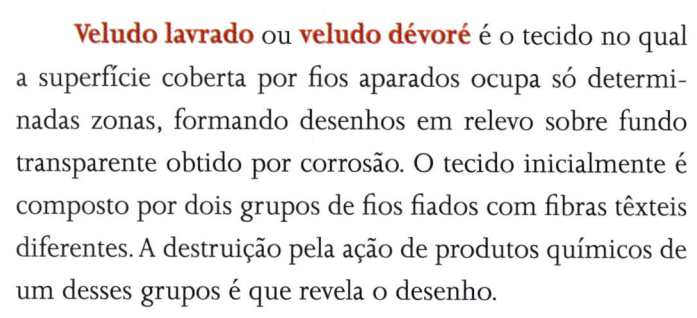

Veludo lavrado ou **veludo dévoré** é o tecido no qual a superfície coberta por fios aparados ocupa só determinadas zonas, formando desenhos em relevo sobre fundo transparente obtido por corrosão. O tecido inicialmente é composto por dois grupos de fios fiados com fibras têxteis diferentes. A destruição pela ação de produtos químicos de um desses grupos é que revela o desenho.

No inverno de 2005, o veludo ressurgiu como grande moda tanto nas coleções dos melhores estilistas como em vitrines de acessórios.

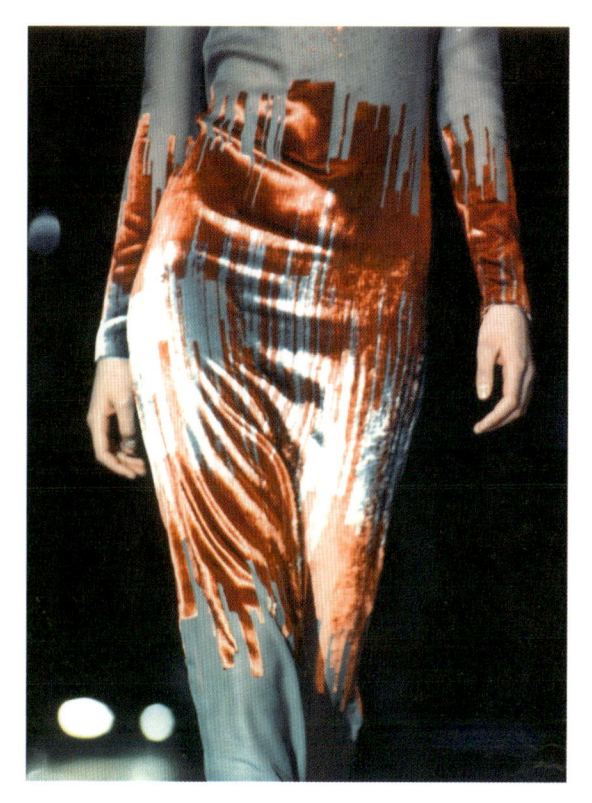

Similares

Chamado muitas vezes de **veludo kasai**, o tecido bordado com ráfia é um trabalho típico feito pelas mulheres do grupo kuba, da República Democrática do Congo (ex-Zaire). Primeiramente, a base do têxtil é tecida; depois, finíssimas fibras de ráfia são costuradas nos fios do urdume. Finalmente, com uma espécie de faca bem afiada, as laçadas feitas com "fios" de ráfia são aparadas bem rente (ver o capítulo "Um espetáculo à parte: os tecidos da África negra").

Em almofadas e tapetes de luxo, muitas vezes é usada a mesma técnica, que inclui fios anelados sobre os fios do urdume do tecido de base. Quanto maior for o número de nós por centímetro, maior será a qualidade da peça.

A técnica do tecido dévoré mostrada sob novo conceito. Givenchy, março de 1999. Foto: Dinah Bueno Pezzolo.

Tecido dévoré com detalhe de bordado. Moda assinada por Lolita Lempicka, outubro de 1998. Foto: Dinah Bueno Pezzolo.

Denim (jeans)

A fórmula mágica, a combinação perfeita, o poder de antever um sucesso – a mistura de todos esses atributos fez com que nascesse pelas mãos de Levi Strauss o que hoje é visto como o uniforme do mundo: a calça jeans.

A palavra jeans é originada de Gênes, nome francês para Gênova, cidade italiana onde os marinheiros usavam resistentes calças de trabalho confeccionadas com o tecido denim. O termo ficou tão popular que hoje é comum as pessoas chegarem a uma loja de tecidos e pedirem, por exemplo, "2 metros de jeans" em vez de "2 metros de denim".

O denim é um tecido de algodão com trama de sarja. A denominação vem do fato de ter sido feito originalmente em Nimes, na França. De "serge de Nimes" o nome foi simplificado para denim.

A história da calça jeans, marco da moda, teve início em 1847, quando o jovem Levi Strauss deixou a Baviera, atual Alemanha, para tentar fortuna nos Estados Unidos. Começou montando uma alfaiataria em Nova York, mas a ambição e o espírito de aventura o levaram rumo ao oeste, durante a "Corrida do Ouro". Inicialmente vendia uma espécie de lona para os mineradores cobrirem suas barracas. Observador, viu a necessidade de calças mais resistentes para o trabalho nas minas. Assim, utilizou a lona que comercializava na confecção da primeira calça de trabalho, que logo se multiplicou. Em 1860, as calças *indigo blue* começaram a substituir as de lona e, em 1877, também para maior resistência, ganharam rebites nos bolsos (o clássico jeans Levi's 501).

O denim, inicialmente usado na fabricação de resistentes calças de trabalho, hoje veste o mundo e ganha aplausos em coleções internacionais. Foto: Dinah Bueno Pezzolo.

No início do século XX, a calça forte, lavável e durável confeccionada com denim, como as dos marinheiros de Gênova, era usada para o trabalho pesado. Na década de 1940 e, principalmente, após a Segunda Guerra Mundial, o denim começou a ser utilizado na moda para uso diário, que incluía calças para diversas atividades, inclusive o lazer, saias e jaquetas. Nos anos 1950, o cinema e o rock exerceram influência decisiva para que os jovens adotassem o jeans, indicando um estilo de vida. A partir dos anos 1980, o jeans passou a fazer parte das coleções de prêt-à-porter de estilistas europeus e americanos. O tecido "denim indigo blue" permaneceu. Índigo, em alusão à planta indiana (*Indigofera tinctoria*) que contém um corante azul utilizado inicialmente para tingimento do denim (ver o capítulo "Beneficiamento têxtil, tintura e estampagem").

Com a entrada definitiva do jeans na moda, o tecido tradicional ganhou variações. Nas cores, predominam os tons de azul, do escuro até o délavé bem clarinho, não esquecendo o preto, em menor escala. Na tecelagem, o algodão puro muitas vezes é combinado a outros fios, principalmente a Lycra®.

Peso e cor do denim

O peso do tecido denim é verificado nas indústrias têxteis por meio de medidas internacionais: onças por jarda quadrada. A onça, representada pelas letras "OZ", é uma medida inglesa que se refere a cerca de 28 g. A jarda, representada pela letra "Y", fica próxima de 91 cm. As etiquetas geralmente indicam a quantidade de onças: quanto maior ela for, mais pesado será o tecido. Climas frios pedem tecidos mais pesados; climas quentes exigem os mais leves.

O denim também é classificado pela cor. Sua intensidade é medida em "DIP", abreviação da palavra inglesa *deep*, que significa literalmente "mergulho". Quanto maior o tempo de mergulho do produto nas caixas de corante índigo, mais intensa será a cor azul do jeans.

Tratamentos diferenciais

Para agradar aos mais diferentes consumidores, de todas as idades, e serem usados em todo tipo de ocasião, os jeans são oferecidos com diversos aspectos. Tratamentos sobre o denim se responsabilizam por esse diferencial. Assim, ao lado de peças com tingimento uniforme, em várias intensidades de cor, aparecem os propositalmente descorados, envelhecidos, gastos, rasgados, esfiapados e com aspecto de camuflados, empoeirados e de sujos. Para tanto, são usados vários tipos de tratamento à base de lavagens. Alguns, referentes à cor, podem ser realizados após a tecelagem; outros, principalmente quando o objetivo é o desgaste do tecido, são aplicados nas peças já confeccionadas. Alguns dos principais tratamentos são o délavé, o destroyer, a estonagem e o desgaste localizado.

Délavé. O jeans com essa qualificação foi submetido à lavagem feita com alvejante químico, com o propósito de amaciá-lo e desbotá-lo. O tratamento pode ser feito na peça já pronta ou no tecido antes da confecção.

Destroyer. Lavagem feita com enzimas químicas que corroem levemente a fibra, provocando o desgaste da peça. Algumas vezes, o produto químico é associado à ação de pedras de argila que, durante a lavagem, "envelhecem" a peça pronta, evidenciando o contraste do azul (fios do urdume) com o branco (fios da trama).

Estonagem. Lavagem feita em tambores industriais contendo pedras de argila, chamadas sinasitas. Durante a lavagem, as pedras atritam a peça já confeccionada, acrescentando-lhe aparência de gasta, usada, principalmente junto às costuras. O jeans estonado torna-se inclusive mais macio e mais claro.

Desgaste localizado. Tipo de acabamento feito peça a peça, para obter diversos efeitos em partes predeterminadas. No *used*, partes da peça são clareadas com o uso de pistola. Para o *lixado*, uma lixa é utilizada para desgastar os locais por abrasão. No *detonado*, a peça recebe picotes feitos com esmeril, antes de ser lavada.

Um espetáculo à parte: os tecidos da África negra

Os tecidos da África negra, com sua variedade de materiais e suas cores vibrantes, além de serem usados em vestimentas, desempenham papel importante na vida das diferentes sociedades. Os trajes são vistos como símbolos da prosperidade do grupo. A qualidade, o tamanho e a ornamentação das roupas revelam a classe social das pessoas. Em rituais nos quais os personagens se cobrem da cabeça aos pés, os tecidos têm grande importância e constituem atributos indispensáveis.

O tecido foi utilizado como valor de referência ao longo de vários séculos. Quadrados de ráfia, por exemplo, faziam as vezes de moeda de troca no reinado do Congo desde o século XIV, e aos poucos esse costume chegou ao centro do continente. No Sahel, faixas de algodão tecido ou gabak possuíam valor expressivo em pagamentos elevados, como taxas e compensações matrimoniais. Ainda hoje, por ocasião de casamentos, os tecidos tradicionais representam valor real: tecidos, tangas e vestimentas são entregues como compensação à família da esposa.[61]

Influência estrangeira

Depois que os árabes conquistaram o norte da África, em 670, começaram a surgir nesse continente tecidos e vestimentas das mais variadas origens, como Oriente Médio, Ásia e Europa. Por volta do século X, o uso de túnicas e turbantes e o gosto por tecidos de seda também atingiram os africanos, sendo adotados inicialmente pelos soberanos e suas cortes.

Na época das grandes descobertas, a procura pelo ouro motivou a ida dos portugueses à África negra, onde acabaram permanecendo do século XV ao século XVII. Embora a quantidade de ouro obtido fosse insuficiente, eles descobriram as costas atlânticas da África, onde se estabeleceram, dominando o comércio.

Segundo os estudiosos, a efetiva ação comercial dos portugueses na África negra ocorreu a partir de 1460, com o povoamento e a exploração das ilhas de Cabo Verde, em virtude da mão de obra servil negra adquirida no continente. Nessas ilhas, os portugueses estabeleceram suas plantações de algodão, e tanto eles como franceses e ingleses, além de comercializarem o produto, procuraram imitar a qualidade dos tecidos em suas próprias manufaturas, como foi o caso de Rouen, na França.

No século XVI, a produção têxtil do Extremo Oriente era exportada para a África pelos holandeses. Primeiro os tecidos passavam pela Europa, onde eram algumas vezes trabalhados.

Os livros de bordo dos navios negreiros do século XVIII constituem rica fonte de pesquisa que revela as listas dos diferentes tecidos

---

[61] Autour du fil, *Encyclopédie des arts textiles*, vol. 1 (Paris: Fogtdal, 1988).

transportados. Os nomes traduziam a origem das peças: madras (lenços tingidos de vermelho na época, originário das Índias), guinés (tecidos de Pondichéry, Índia, muito finas), bafetas (tecidos comuns em Bengala), indianos (tecidos de algodão pintados). Essa comunicação marítima mostrou à Europa o potencial do mercado africano. Centros têxteis europeus procuraram se adaptar à demanda, procurando imitar os tecidos orientais. A cidade francesa de Marselha, por exemplo, se especializou nos "indianos" (ver o capítulo "Algodão"). Da Indonésia, os europeus trouxeram a técnica do batik. Amsterdã, na Holanda, tornou-se importante centro de produção e difusão dos têxteis estampados por esse método, e os holandeses acabaram por se tornar os responsáveis por sua introdução na África.

Materiais

Nos países da África negra, as duas principais fibras animais, a lã e a seda, são pouco comuns, mas as vegetais são largamente exploradas. A mais antiga delas é a obtida de cascas de inúmeras espécies de árvores. Uma camada do tronco de certas árvores, depois de umedecida, é martelada com um malho especial para que se torne fina e macia, chegando a se tornar grandes peças retangulares.

Os nativos sabem extrair da natureza os produtos indispensáveis à sua vida no continente negro, incluindo a manufatura de tecidos. O baobá, também chamado "árvore dos mil usos", é um bom exemplo dessa fonte. Dele nada se perde: raízes, tronco, cascas, folhas, frutos, sementes e até o pólen das flores, que resulta num poderoso visco. A parte interna da casca do tronco do baobá contém uma matéria fibrosa com a qual se fabricam cordas, cestos, redes e tecidos.

Diferentes espécies de algodão; fibras provenientes de folhas, como as da palmeira ráfia; de plantas menores, como as de ananás e de outros vegetais que se assemelham ao linho, como certas espécies de hibiscos, fazem parte da arte de tecer africana.

Tecelagem

São dois os principais tipos de tear usados na tecelagem artesanal africana: o **tear vertical** é fixo, de fácil montagem, erguido contra uma parede ou ainda preso no telhado das casas. Ele é manejado por homens e se destina ao trabalho com ráfia, permitindo obter tecidos com cerca de 50 cm de largura. Esse tipo de tear é comum na África central.

O segundo tipo é o **tear horizontal**, portátil, movido com pedal na maioria das vezes e também reservado aos homens. Nele são tecidas faixas estreitas de algodão, cujas larguras variam entre 2 cm e 20 cm de largura, no máximo. Essas faixas são posteriormente unidas pelas laterais, manualmente, para a criação de tecidos, mantas, etc. A tecelagem de faixas tem sido

Os tecidos de ráfia kuba são característicos das etnias shoowa, bushoong e outras, da República Democrática do Congo (ex-Zaire). Os tecelões kuba trabalham a fibra da folha da palmeira ráfia; eles a tecem num tear vertical que permite a fabricação de peças largas, mas de pequeno comprimento. Os tecidos longos são obtidos mediante a costura de diversas peças. Exposição temporária organizada pela Casa das Áfricas. São Paulo, janeiro de 2005. Foto: Dinah Bueno Pezzolo.

por mais de 2 mil anos a indústria doméstica das famílias nômades ou que habitam pequenas vilas e se beneficiam de um tear fácil de montar e desmontar. A técnica oferece infinitas possibilidades de variações de escala e composição. Esses teares, comuns na África ocidental, são usados para tecer algodão.

Tecidos kenté

Os tecidos coloridos dos ashanti e dos ewé, conhecidos como tecidos kenté, fazem parte de uma tradição secular de tecelagem de faixas criadas pelas solicitações da realeza e dos cerimoniais. Acredita-se que o termo kenté derive da palavra de origem fanti kenten, que significa "cesta". São estreitas faixas de algodão e seda tecidas em pequenos teares portáteis, sempre ao ar livre, exclusivamen-

Grande parte dos tecidos africanos resulta da união, manual, de longas faixas tecidas em teares portáteis. Exposição temporária organizada pela Casa das Áfricas. São Paulo, janeiro de 2005. Foto: Dinah Bueno Pezzolo.

Tecidos kenté – etnias ashanti e ewé, Gana e Togo. Exposição temporária organizada pela Casa das Áfricas. São Paulo, janeiro de 2005. Foto: Dinah Bueno Pezzolo.

te pelos homens. Posteriormente elas são cortadas e costuradas nas laterais para produzir panos para vestimenta de homens e mulheres.

Desenho tramado

Obtido pelo simples jogo dos fios do urdume. Trata-se de uma técnica antiga de tecelagem, que permite a criação de desenhos geométricos ou figurativos. Fios de algodão e de seda nas mais variadas cores são tramados, resultando em desenhos que, mesmo simples, possibilitam identificar a origem do fabricante e até mesmo de quem o está usando. A execução dessa técnica no tear é uma atividade exclusiva dos homens, que os soberanos souberam explorar em países como Gana, por exemplo.

Bordado sobre algodão

A Nigéria é o país africano onde mais se utiliza o bordado sobre algodão, provavelmente por influência do Islã e suas tradições orientais. Consiste em um trabalho feito geralmente por homens, em máquinas de costura, usando fios de algodão, de seda local ou importada, tingidos ou na cor natural. Esses vistosos bordados contornam o decote das amplas vestimentas dos homens. Há alguns anos, em algumas regiões, os bordados aparecem também na barra das calças e nas blusas femininas.

Bordado com ráfia

Enquanto os homens executam o bordado com máquina sobre tecido de algodão, o bordado com ráfia é reservado às mulheres, principalmente entre os bakuba, na República Democrática do Congo. Elas inserem uma curta fibra de ráfia na agulha

"Veludos" de ráfia. República Democrática do Congo. Etnia Shoowa, grupo kuba. Exposição temporária organizada pela Casa das Áfricas. São Paulo, janeiro de 2005. Foto: Dinah Bueno Pezzolo.

e, com grande habilidade e senso artístico, transpassam os fios da trama, muitas vezes seguindo motivos geométricos. Em seguida, as laçadas de ráfia são cortadas a alguns milímetros da base. Esses tecidos são conhecidos como veludos africanos.

Tintura

Tradicionalmente, nas operações de tintura são utilizados colorantes extraídos de plantas e de minerais locais. Trata-se de um trabalho executado por mulheres, que seguem receitas que variam de região para região.

Índigo

A tintura a índigo é muito utilizada no continente africano, especialmente em seu lado ocidental. A África possui grande número de plantas indigóferas – cerca de 650 espécies. A partir do século XI, a tintura com índigo desenvolveu-se na África ocidental ao lado de técnicas mais antigas de tingimento e da cultura do algodão. De modo artesanal, ela é feita em cubas cavadas no chão em que as folhas do vegetal são fermentadas. Atualmente, esses banhos também ocorrem à base de corantes químicos.

São várias as técnicas usadas para criar desenhos nos tecidos tingidos pelo índigo. Determinadas partes das peças são preservadas de forma a não absorverem o corante. Para isso, o tecido é trabalhado nas mais diversas formas antes da tintura. De acordo com o resultado pretendido, ele é torcido, recebe nós, costuras e amarrações. Algumas vezes, é franzido com a mão e, depois, amarrado fortemente. Em outras, grãos são inseridos no tecido antes dessa amarração. A técnica usando pontos de alinhavo é bastante comum; alinhavos simples, duplos ou triplos, mais ou menos apertados, regulares, franzindo o tecido. Algumas vezes, as mulheres bordam motivos geométricos simples no tecido: quadrados, cruz, triângulo, etc.; em outras, o tecido é pinçado de espaço a espaço e fios são enrolados e bem apertados em volta desses *pinçamentos*. Os fios do bordado ou dos *pinçamentos* são tirados durante a tintura, o que resulta num tom azul-claro, ou depois, quando os motivos permanecem brancos.

Estampa com lama

Enquanto integrantes de várias tribos se valem da lama para enfeitar seus corpos por meio de desenhos feitos com as mãos, outras a utilizam com a finalidade de estampar tecidos de algodão, seguindo uma antiga técnica. Tanto a fiação do algodão como a arte de estampar com lama são trabalhos exclusivos das mulheres. Aos homens fica reservada a tecelagem dos tecidos. Essa arte é característica do importante grupo Bambara, da África ocidental. A lama usada para estampar é retirada de um lodo que se forma no fundo de poças, no fim da estação seca. Ela é fermentada em jarros e conservada durante todo o ano para esse uso específico.

Tecido bogolan. Etnia Bambara, Mali. Foto: Dinah Bueno Pezzolo.

O processo tem início com um banho de mordente à base de folhas e cascas de árvores no tecido. Depois de seco, desenham-se motivos geométricos com a lama, utilizando bambu, pedaço de pau ou até lâmina de metal. Quando a lama seca totalmente sobre o tecido, ele é lavado e estendido ao sol: os motivos geométricos reaparecem em tom de marrom-escuro. A operação pode ser repetida várias vezes a fim de se obterem desenhos ainda mais escuros sobre um fundo mais claro. Esses tecidos são geralmente chamados de bogolan.

Segundo dados fornecidos pela exposição temporária organizada pela Casa das Áfricas, em São Paulo, em janeiro de 2005, originalmente os bogolan eram utilizados por pessoas em situação muito particular, em que havia perda de sangue. Para os homens, ela estava ligada à atividade da caça. Para as mulheres, o tecido estava relacionado a ritos de passagem à idade adulta, casamentos e nascimentos dos filhos. Após a independência do Mali, os tecidos bogolan foram popularizados como expressão da identidade nacional. Atualmente, são produzidos por meio de processos menos elaborados, que incluem a utilização de "carimbos" para a repetição dos desenhos.

Batik

A técnica do batik, que nasceu na Índia, se expandiu para a Indonésia, a Tailândia, o Sri Lanka e só depois caminhou para o oeste, chegando à África pelas mãos dos holandeses. Esse método artesanal consiste em isolar determinados espaços na superfície do tecido, deixando o restante livre para ser impregnado pela tintura. Essa preservação de espaços é feita com cera fundida e cola de arroz ou de mandioca aplicadas com talo, pena, ou espécie de carimbos feitos com madeira recortada de acordo com os motivos desejados. Em Moçambique, a estampa batik é muito usada em tecidos para vestuário. No Quênia, em locais frequentados por turistas, é comum encontrar pedaços de tecido de algodão com cenas cotidianas de seu povo reproduzidas pela técnica do batik. Utiliza-se esse artesanato na montagem de quadros, almofadas e panôs.

Nesta estampa batik original do Quênia, as cores primárias se destacam sobre o verde luminoso. Foto: Dinah Bueno Pezzolo.

TÊXTEIS AFRICANOS INDUSTRIALIZADOS

Hoje, na África, além dos tecidos tradicionais, que continuam sendo feitos artesanalmente, existem os têxteis industrializados estampados de um só lado, desenvolvidos por europeus. São empresas estrangeiras que têm um braço na África, como a Wax Print, por exemplo, que atua na Holanda, na Costa do Marfim e na Nigéria. O tecido é fabricado na África, e as empresas se ocupam da criação das estampas, que nesses casos fogem das tradicionais da região. Fora da África, os motivos tradicionais são muito apreciados, mas os africanos dos países mais desenvolvidos do continente preferem desenhos diferentes.

As indústrias têxteis representam uma atividade importante em cada país africano e se instalam em zonas de grande urbanização. São os tecidos Wax, Java, Fancy e outros, que se diferenciam pelo número de cores da estampa e pelos tratamentos necessários à sua produção.

Os motivos se dividem: de um lado, os desenhos característicos que se repetem nas tatuagens, nos cestos, nas paredes das habitações; de outro, bem mais coloridos, os desenhos que assinalam a atualidade, como o que faz referência à aids, ou o que mostra a imagem de itens tecnológicos, como telefones celulares.

Entre os tecidos Wax, de origem holandesa, existem os que seguem a técnica do batik, mas de forma mecânica (ver o capítulo "Beneficiamento têxtil, tintura e estampagem"). A cera usada para isolar partes do desenho é aplicada por meio de cilindros

O telefone celular aparece na estampa de um tecido africano, industrializado pela Wax Print. Foto: Dinah Bueno Pezzolo.

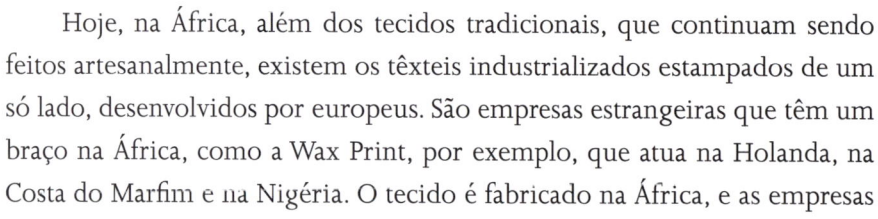

de cobre gravados com os motivos básicos. O tecido é tingido com índigo, e estampam-se as cores secundárias diretamente por meio de pranchas. Preservando a origem do batik, os motivos podem ter inspiração da Indonésia ou mostrar símbolos regionais africanos.

Novos tecidos

Durante muito tempo, o uso de têxteis permaneceu restrito ao vestuário e à decoração. Com o advento das fibras sintéticas, novos horizontes foram se abrindo, e hoje os novos tecidos estão presentes na vida diária das pessoas, por suas vantagens, e também – principalmente – em outros setores de atividade que exijam qualidades específicas em matéria de resistências mecânica e térmica ou de durabilidade. Agricultura, arquitetura, medicina, aeronáutica, área espacial, proteção de pessoas e ambientes, esporte, lazer... São inúmeros os segmentos que usufruem dos novos tecidos, também chamados de "têxteis técnicos".

O desenvolvimento dos "técnicos" veio da necessidade de suprir o mercado com produtos que satisfizessem exigências além das convencionais. Foi assim que a Rhodia apresentou, em 1992, a microfibra, considerado o primeiro fio inteligente lançado no mercado (ver o capítulo "Fibras e fios").

Os novos tecidos não encolhem nem amarrotam e oferecem outras vantagens: cores inalteráveis, conforto, facilidade de lavagem, secagem rápida, capacidade de aquecer no frio, de refrescar no calor e de acelerar a troca térmica; capacidade de retirar o suor da parte interna da roupa e transportá-lo para a parte externa numa velocidade acima do habitual, o que mantém o corpo confortavelmente seco. Tudo isso, além de propriedades específicas: antimicrobiana, antiestática, etc.

Esses tecidos inteligentes podem também oferecer qualidades especiais: avaliar o grau de estresse, medir a pulsação e a pressão arterial. Na área militar, todas essas inovações são de grande valor e ainda podem ser acrescidas de outras mais específicas, como o uniforme que muda de cor e detecta a presença de gases letais, tudo graças à chamada nanotecnologia (ciência que trabalha com partículas com um centésimo da grossura de um fio de cabelo). Na área esportiva, a procura por melhor desempenho dos atletas motivou o surgimento de tecidos inusitados; no dia a dia, essa alta tecnologia está mudando a moda que desfila nas ruas, como uma segunda pele, gostosa de vestir, protetora e eficaz. Mas muito mais está por vir, pois as pesquisas não param.

Antibactérias

Os produtos antibactérias podem ser de dois tipos: **bactericidas** ou **bacteriostáticos**. Bactericidas são os que eliminam ou reduzem a colônia de bactérias. Bacteriostáticos são os que inibem o crescimento das bactérias causadoras de odores no artigo têxtil.

A propriedade bacteriostática foi conseguida inicialmente por meio de "banho" no acabamento do tecido, mas esse tipo de processo apresentava a desvantagem de a função desaparecer conforme a peça ia sendo lavada. Em 1999, pela primeira vez no Ocidente, a Rhodia Poliamida lançou o Amni Biotech, seu primeiro fio bacteriostático, após constatar que a inseminação da função na fibra permitia que a ação se mantivesse durante toda a vida útil da peça.

Uma modificação tecnológica no DNA do fio possibilitou a obtenção de um produto final com as mesmas características já conhecidas da poliamida, acrescido de função bacteriostática não migratória. Isto é, sua ação se dá apenas no artigo têxtil, sem alterar o equilíbrio natural da flora bacteriana do usuário. Assim nasceu o Amni Biotech, o primeiro fio altamente tecnológico a ter essa função em seu desenvolvimento. Tecidos com essas características vêm sendo utilizados no vestuário de linha esportiva, no underwear, em meias, com perspectiva de uso no vestuário médico-hospitalar.

Fim das manchas

Tecidos protegidos contra manchas, que repelem água e óleo, são direcionados principalmente a alguns segmentos do mercado. Funcionários de *fast food* e restaurantes, por exemplo, que trabalham no atendimento servindo mesas ou balcões, podem manter aparência impecável, contribuindo com a boa imagem do estabelecimento. O protetor de tecidos Teflon é um produto da DuPont, e sua aplicação não altera a cor do tecido, seu toque, sua aparência e sua permeabilidade, além de não ter cheiro. O produto pode ser aplicado a todos os tipos de tecido, do tricô ao jeans.

Proteção solar

A grande perda da camada de ozônio que vem sendo registrada ultimamente fez com que laboratórios de pesquisas têxteis se dedicassem à possibilidade da proteção feita pelos tecidos, cujo uso poderia evitar o câncer de pele, por exemplo.

Essa barreira pode ser feita por diversas formas: tipos de fibras, cores e construção dos tecidos. Algumas fibras e cores absorvem mais luz e calor que outras, e tecidos fechados também oferecem maior proteção. Por exemplo, tecidos de lã e sintéticos, usados sob o sol, são mais quentes que os de linho ou algodão. Em relação às cores, quanto mais escuras, maior a absorção da luz e do calor; quanto mais claras, mais refletem a luz e o calor. Por isso é que no sol roupas brancas são frescas e agradáveis, e as pretas, quentes. Tecido de fibra que não absorve o calor, como o linho, protege mais se tiver trama fechada e menos se esta for aberta, permitindo a passagem de luz e do calor. Paralelamente a esses itens básicos de proteção e conforto, o avanço tecnológico na área têxtil possibilitou a inclusão de agentes protetores aos raios UVA e UVB no DNA de fios. Por essa razão, hoje encontramos no mercado tecidos de fibra química tão agradáveis de usar sob o sol quanto um de puro algodão.

TECIDOS VIVOS

Estaríamos sonhando? Seria ficção científica? Seria algo vindo de outras galáxias? Nada disso; a verdade é que a interatividade total na área têxtil está se aproximando a ponto de nos levar a crer que num futuro próximo nossas roupas até serão capazes de enviar mensagens.

Tecido que detecta pressão e movimento e transmite sinais elétricos sem fios já existe e é conhecido por ElekTex. Tudo teve início em uma das sedes da Eleksen, localizada nos famosos estúdios de cinema Pinewood, perto de Londres. A outra unidade da empresa fica em Waltham, Massachusetts, nos Estados Unidos. A origem do tecido não foi acidental: ele foi desenvolvido por pesquisadores na área de filmes de animação. A intenção era fazer com que os atores usassem roupas que detectassem até o menor dos movimentos, possibilitando convertê-los imediatamente em animações na tela. O resultado foi um tecido leve, com diversas camadas de apenas 1 mm de espessura, conectado a um software. O ElekTex é lavável e resistente, porém macio e flexível. Ganhou prêmios pela inovação e pela contribuição à segurança. Muda de forma, muda de cor, transmite sinais. Mais do que "inteligente", é praticamente um "tecido vivo".

Don Connigale ressalta outras perspectivas abertas pelo ElekTex: "pode ser transformado em um teclado portátil de computador. É possível amarrotá-lo no bolso, molhá-lo e até furá-lo com uma chave de fenda. Ainda assim, basta estendê-lo para estar novamente pronto para o uso".[62] Em leitos hospitalares, pode servir como auxiliar da enfermagem, alertando se o paciente abandonou a cama ou sofreu, por exemplo, incontinência urinária.

Não demorou para que essas inovações despertassem a atenção no campo da moda. Tanto assim que Ermenegildo Zegna, grife italiana de moda masculina mundialmente conhecida, selecionou a Eleksen como parceira no desenvolvimento de produtos futuros voltados ao mercado de tecnologias usáveis. Em 30 de novembro de 2006, a Eleksen anunciou ter sido escolhida por Zegna para fornecer seus controles ElekTex iPod para as jaquetas Zegna Sport. Anna Zegna, diretora de criação da Zegna, acrescentou que a tecnologia da "Zegna iJACKET's" permite que o usuário desfrute de luxo em termos de jaqueta esportiva e, ao mesmo tempo, possa ouvir um excelente som.

Outras empresas já aderiram à novidade. A Bagir produziu costumes masculinos providos de controle maleável, com cinco toques, localizado na parte interna da frente do paletó. A roupa com esse tipo de inovação pode ser amassada e lavada na máquina sem sofrer qualquer dano. Os costumes Bagir são vendidos em distribuidores da marca nos Estados Unidos e no Reino Unido, incluindo Brooks Brothers, Lands End e Marks & Spencer. A Belkin SportCommand também se valeu da inovação em seus trajes direcionados ao esporte. E, dessa maneira, o número de pessoas que podem usufruir dessa evolução tecnológica vai aumentado.

BIO E NANOTECNOLOGIA

Cada vez mais, os cientistas têm buscado na natureza genes que conferem características especiais a tecidos. Um exemplo é o Biosteel (aço bio-

---

[62] Don Connigale, "Moda: roupas – elas vivem", 6-1-2004. Disponível em http://www.culturelab-uk.com.br. Acesso em 16-10-2013.

lógico), produto desenvolvido pela empresa canadense Nexia Biotechnologies. O Biosteel tem origem em teias de aranha das espécies *Nephila clavipes* e *Araneus diadematus* e vem sendo testado em uniformes para o exército dos Estados Unidos e também na blindagem de aeronaves e veículos de combate. O material obtido das teias apresenta resistência cinco vezes maior que a liga mineral e é trinta vezes mais flexível. Para chegar a esse resultado, os pesquisadores isolaram nas células das aranhas os genes responsáveis pela produção da proteína que dá origem à seda. Depois, inseriram esses genes em células de cabra, que passaram a produzir no leite grande quantidade de matéria-prima.

O desenvolvimento do uniforme para o Exército dos Estados Unidos se apoia na nanotecnologia. A meta é conseguir material mais leve e mais forte, garantindo proteção com redução de peso. As pesquisas trabalham não só para tornar o uniforme resistente às balas, mas também para fazê-lo ser capaz de regular a temperatura do corpo. Suas fibras, responsáveis pela ventilação do corpo, se fecharão quando em contato com armas químicas. Além disso, o uniforme possuirá sensores que medirão os sinais vitais dos soldados e mudarão de cor conforme o ambiente.[63]

O fato é que as teias de aranha são formadas por fios de seda equiparáveis aos que formam o casulo do bicho-da-seda, mas com potencial bem superior. Suas aplicações são indicadas para suturas médicas, implantes, curativos, peças de naves espaciais, além de vários itens de segurança em roupas militares.

Enquanto as lagartas do bicho-da-seda são facilmente cultivadas, as aranhas, por serem essencialmente territoriais, dificultam esse trabalho. Amostras da seda aracnídea para pesquisas são facilmente obtidas na própria aracnicultura, mas a produção em larga escala requer a terceirização da produção de seda através de outras espécies.

---

[63] Leonardo Coutinho, "Esta roupa é de milho", em *Veja*, Notícias, São Paulo, 4-8-2004, p. 143.

Num dos estudos mais recentes, publicado no início de 2012 na revista PNAS,[64] pesquisadores americanos e chineses relatam a produção de bichos-da-seda transgênicos, com genes de aranha, capazes de produzir sedas com propriedades semelhantes às dos aracnídeos.[65]

Tudo leva a crer que o bicho-da-seda seja a "biofábrica" ideal, pelo fato de já produzir a seda na forma de fio.

Ainda dentro da nanotecnologia, outra empresa, a americana Nano-Tex, vinha desenvolvendo um tecido tecnológico para os civis. O material é impermeável, não molha nem mancha e tem a capacidade de não interferir na transpiração do corpo.

Inteligência na moda

Desde o início da década de 1990, inovações na área têxtil vêm transformando os sonhos dos estilistas em glamour nas passarelas, para depois se concretizarem em moda aceita pelo grande público. Essas inovações constituem um marco como foram o zíper (criado em 1893), o náilon (em 1935), o poliéster (em 1941) e o velcro (em 1948).

Graças à alta tecnologia, tecidos de fibras naturais – que, apesar de valorizadas para criações mais artesanais, encolhem, perdem o vinco e amassam – foram ganhando a companhia das tramas inteligentes. Gostosas de vestir, as roupas feitas com tecidos tecnológicos revolucionaram a moda na virada do século.

Em 1992, o estilista Azzedine Alaïa aderiu a uma fibra de carbono desenvolvida pela Nasa, a agência espacial dos Estados Unidos. Seus modelos desfilados em Paris foram acrescidos de leveza, resistência ao calor e efei-

---

[64] Florence Teulé et al., "Silkworms Transformed with Chimeric Silkworm/Spider Silk Genes Spin Composite Silk Fibers With Improved Mechanical Properties", *Proceedings of the National Academy of Sciences*, 109 (3), 17 jan. 2012, pp. 923-928.

[65] Herton Escobar, "Tecnologia natural da seda de aranha desafia a ciência". *O Estado de S. Paulo*, p. A24, 15 de janeiro de 2012. Disponível em http://www.estadao.com.br/noticias/impresso,tecnologia--natural-da-seda--de-aranha-desafia-a-ciencia-,822785,0.htm. Acesso em 16-10-2013.

to antiestressante graças à capacidade de descarregar eletricidade estática. A moda masculina clássica também foi beneficiada pelas novidades. Na Itália, Ermenegildo Zegna criou um terno feito de lã merino (finíssima) que dispensa a utilização do ferro de passar; depois de usado, basta pendurá-lo para que volte à forma.

Antes da virada do século o tecido "com memória" já era usado por Carlos Miéle em suas criações aqui no Brasil. Contendo fios de aço inoxidável em sua trama, ele é capaz de reconhecer a última forma dada à roupa e retornar ao seu estado original, podendo memorizar a forma do corpo, por exemplo.

O tecido térmico, fabricado com base nas pesquisas espaciais da Nasa para o uso de astronautas, é outra inovação que Miéle incluiu em suas criações. Sua propriedade se deve à presença de microcápsulas de parafina. Quando a temperatura do corpo aumenta, a parafina se liquidifica e armazena o calor excessivo; quando a temperatura cai, ela se solidifica e libera o calor.

Inteligência na intimidade

Atualmente, a mulher tem a possibilidade de vestir uma peça que vai além de sua função básica, regenerando, hidratando e perfumando a pele. São tecidos que interagem com o corpo, liberando gradualmente os princípios ativos. O material possui em sua composição microcápsulas com nutrientes e antioxidantes, envolvidas por uma membrana que se rompe pela ação da acidez da pele, pelo aumento de temperatura, ou, ainda, pelo próprio atrito do tecido.

Toda essa tecnologia chegou à intimidade das consumidoras. Existem calcinhas com forros em algodão 100% tratado com um produto antibactéria desenvolvido para prevenir irritações, infecções e odores indesejados. Em sutiãs, podem ser adicionadas às fibras microcápsulas com Aloe Vera, substância natural que possui propriedades regeneradoras para beneficiar a pele dos seios.

Mas esses tecidos, que constituem elo entre moda e beleza, não têm aplicação restrita às roupas íntimas; há versões também para trajes esportivos e para o dia a dia. Os fabricantes garantem que os efeitos benéficos à pele resistem a cerca de trinta lavagens – número que deve rapidamente aumentar, tamanha é a velocidade com que as pesquisas evoluem.

Esporte

A tecnologia têxtil também vem sendo usada para melhorar a performance física dos esportistas. Em 2000, nas Olimpíadas de Sidney, na Austrália, a Speedo apresentou ao mundo o Fast Skin, conhecido por muitos como "pele de tubarão" ou "pele rápida". Foram quatro anos de pesquisas para desenvolver a revolucionária tecnologia, direcionada a maiôs de competição. Os resultados não deixaram dúvidas quanto à eficácia do material: 126 das 153 medalhas foram conquistadas por atletas usando o Fast Skin.

O Fast Skin é constituído por microfilamentos de poliéster (75%) e fios de elastano (25%). Extremamente elástico, tem o poder de se amoldar ao corpo como uma segunda pele. O segredo são os dentículos parecidos com aerofólios e sulcos com formato de "V", que direcionam o fluxo da água, reduzem o arrasto e a turbulência ao redor do corpo. Outra característica é seu poder de manter a temperatura do corpo. Em 2004, nas Olimpíadas de Atenas, na Grécia, a Speedo lançou o FastSkin II, para aumentar a velocidade do atleta e diminuir o arrasto passivo em mais de 4%.

Atualmente, os maiôs de performance são quase que obrigatórios na natação, por conta da comprovada eficácia em aumentar a hidrodinâmica dos nadadores.

Na 54ª edição da Feira Internacional de Tecelagem (Fenatec), realizada em março de 2006, em São Paulo, o Grupo Rosset apresentou um tecido denominado 3D, direcionado às roupas esportivas. O 3D mantém uma camada de ar entre a pele e o meio ambiente, o que, segundo o fabricante, garante frescor no verão e conserva o calor do corpo no inverno.

Também na Fenatec de 2006, a Invista lançou o Lycra Xtra Life. De acordo com a empresa, o tecido, voltado aos frequentadores de piscinas, tem durabilidade dez vezes maior que o elastano convencional e oferece proteção especial sobre o efeito do cloro.

As novidades mostradas na feira refletiram o esforço da indústria nacional para competir com os produtos chineses – em janeiro de 2006, segundo a Associação Brasileira da Indústria Têxtil (Abit), as importações em relação ao país asiático foram 65% maiores do que em janeiro do ano anterior. As empresas brasileiras, cada vez mais, investem em alta tecnologia para apresentar produtos inovadores ao consumidor e reconquistar o mercado.[66]

Inteligentes no futuro

Avanços tecnológicos estão permitindo o desenvolvimento de roupas que incorporam sensores, câmeras de vídeo e computadores capazes de permitir o acesso à internet e à telefonia, detectar a ação do meio ambiente e até monitorar a saúde e o estado de espírito do usuário. Já podemos pensar na possibilidade de, em futuro próximo, nossas roupas receberem comando de voz e até ordens cerebrais!

Reciclados

Embora o consumo de reciclados ainda sofra rejeição de boa parte dos brasileiros, o mercado continua a investir nesse ramo. Essa resistência do consumidor, porém, faz com que várias indústrias têxteis optem por omitir

---

[66] Vera Dantas, "Tecidos cada vez mais inteligentes ajudam a barrar o avanço chinês", em *O Estado de S. Paulo*, São Paulo, 5-3-2006.

a procedência da matéria-prima utilizada. Pesquisa de maio de 2004 do Instituto Akatu pelo Consumo Consciente, entidade ligada ao Instituto Ethos (que promove a responsabilidade social a empresas), apontou que 36% dos brasileiros consideram que tudo o que é feito com material reciclado tem qualidade inferior ao produzido com matéria-prima virgem. Mal sabem eles que, desde 1997, peças desenvolvidas de reciclados estão presentes nas lojas, com ótimo desempenho.[67]

Helio Rubens Losito, gerente comercial da Unnafibras, confirma essa dificuldade das empresas:

> Quando registramos a marca, ficamos na dúvida sobre como o brasileiro reagiria sabendo que o produto que ele estava comprando era feito de garrafa plástica de refrigerante reciclada. Pensamos que poderia ter uma conotação negativa e decidimos omitir o fato.[68]

A Unnafibras recicla garrafas *pet* para obter o poliéster, polímero plástico derivado do petróleo. De sua fibra surge uma infinidade de produtos têxteis, como roupa pessoal, de cama e mesa e até tecido para forração de bancos de carros. A empresa supre 20% da demanda de poliéster nacional a partir da reciclagem anual de 30 mil toneladas de garrafas *pet*.

CORTE A LASER

Inovações na área têxtil não se restringem aos materiais. O sistema de corte a laser nas indústrias de confecção é visto como tecnologia de ponta. Trata-se de um sistema que permite precisão, rapidez, aumento na produção e economia, com perda mínima de material.

O corte a laser, tecnologia totalmente nova na época, surgiu no conjunto apresentado por Rocco e Barocco, em Milão, para o inverno 2001. Foto: Dinah Bueno Pezzolo.

---

[67] Ana Paula de Oliveira, "Guarda-roupa consciente", *Folha de S.Paulo*, Equilíbrio, São Paulo, 29-7-2004, p. 6.
[68] *Ibidem*.

A palavra "laser" é formada pelas iniciais de **L**ight **A**mplification by **St**imulated **E**mission of **R**adiation (amplificação da luz por emissão estimulada da radiação).

O sistema produz um feixe de luz concentrado, cuja incidência sobre um ponto é capaz de furar e cortar praticamente qualquer tipo de material. Nas indústrias de confecção, a mesa na qual o laser é operado possui movimento que regula a altura do foco em relação à superfície a ser cortada. O sistema não pode ser operado manualmente; o comando é feito a distância, pelo computador. Na tela, os moldes são encaixados para haver o mínimo de perda de material. A partir desse desenho o laser vai cortar dezenas de camadas de tecido de uma só vez.

O sistema também é usado para recortar motivos, possibilitando a criação de verdadeiras rendas nos mais diversos materiais, inclusive o couro.

Os tecidos na moda, na decoração e na arte

Na moda

Analisando as raízes do vestuário no decorrer das épocas entre as mais diversas civilizações, chegamos à conclusão de que ela expressa a vida e a cultura dos povos. Sua evolução obedeceu às necessidades materiais e aos motivos sociais. No Período Paleolítico (Idade da Pedra Lascada, até 10000 a.C.), climas rigorosos fizeram com que o homem procurasse se proteger, cobrindo seu corpo de alguma forma. As primeiras agulhas para costura encontradas em descobertas arqueológicas datam dessa era pré-histórica. Elas eram feitas de osso de rena ou de morsa. A tanga, encontrada na maioria dos povos primitivos, tinha a função de proteger os órgãos genitais contra possíveis malefícios e não por sentimento de pudor.

Mas não foi apenas a proteção contra intempéries ou por necessidade em combates que o homem começou a cobrir seu corpo. Outros motivos foram sendo somados: o desejo de mudar a aparência, de marcar superio-

Longo fragmento de linho datando da época faraônica (3000 a.C. a 325 a.C.), com barrado mostrando a tintura feita com índigo. Museu do Louvre, Departamento de Antiguidades Egípcias, Paris.

ridade, de determinar hierarquia, posição social, de ostentar riqueza, de evidenciar a casta e até mesmo de seduzir. Nessa preocupação com a aparência, os tecidos – sua variedade, suas cores, suas estampas – tiveram papel relevante.

No antigo Egito, a vestimenta pouco se modificou com o passar dos séculos. Achados arqueológicos documentam com precisão os tipos de tecidos utilizados, que se apresentam bem conservados graças ao clima seco da região. O linho era o material mais utilizado nas vestimentas, que ainda mantêm a cor original da fibra. Algumas peças, finamente tecidas, chegam a ser transparentes; outros são enriquecidas pela trama de fios de ouro. Há ainda artigos que mostram fios na tonalidade azul, do índigo, formando listras ou barrados.

Na Grécia antiga, a evolução do vestuário se deu principalmente entre o período arcaico, com início no século VIII a.C., ao período clássico, que se estendeu até o século V d.C. A lã era a principal fibra usada; depois dela, o linho.

Inicialmente, a vestimenta consistia em uma túnica colorida formada por dois retângulos de lã, presos aos ombros por grandes ganchos ou broches. Essa túnica caía formando pregas ao longo do corpo e podia ser presa na cintura por um cinto.

Havia pequenas variações em torno da túnica. Para mulheres, podia ser longa e com mangas, de linho branco, muito fino, ou curta, de linho ou lã, cobrindo o corpo e, algumas vezes, a cabeça. No século VI, a túnica em tela fina era usada sob uma ampla peça de voile de lã, espécie de gaze que, partindo da cabeça, caía sobre os ombros e o peito, envolvia os braços e terminava em pontas.

Os homens costumavam usar túnicas curtas, com um ombro nu, e amplo mantô, geralmente de lã branca, no qual ele se envolvia. Túnica curta, de lã grossa, com fivela no ombro, era usada pelos soldados. Segundo Verena Zinserling, a mulher ficava encarregada da preparação da lã e da produção das vestes. Eventualmente, dirigia os empregados nesse sentido.[69]

A imagem da mulher junto ao tear era tão comum na Grécia que até em sua mitologia ela assim aparece, como documentam as telas de pintores famosos, a exemplo do renascentista Pintoricchio e de John William Waterhouse, nascido em 1849. Na *Odisseia*, de Homero, Penélope, a esposa de Ulisses, espera pela volta do herói grego após a guerra contra os troianos. Enquanto esperava, Penélope tecia. Mas tecia durante o dia e desmanchava durante a noite o que havia feito, para que a peça jamais ficasse pronta. Se acabasse o serviço, significaria que finalmente teria dado o marido por perdido e escolheria um novo companheiro entre os pretendentes.

Na Roma antiga, a vestimenta básica era a toga, feita inicialmente de lã branca e sem qualquer enfeite. Mais tarde, recebeu detalhes de bordado com fios de ouro. A toga romana parecia-se com a grega, porém mais farta. A seda era importada já tecida da China e usada nas roupas femininas e masculinas.

O preparo da lã feito por mulheres no século VI a.C. (vaso com figuras em negro do pintor Amasis, proveniente de Vari, em Attica, na Grécia, metade do século VI a.C.). Museu de Arte Metropolitano, Nova York.

Família imperial, detalhe de um baixo-relevo do século IX a.C. medindo 1,55 m de altura. Lungotevere in Augusta, Roma.

---

[69] Verena Zinserling, *La femme en Grèce et à Rome* (Leipzig: Leipzig, 1972).

Idade Média

Durante o período medieval (476 a 1453), as modificações tiveram início com a chegada dos novos tecidos trazidos do Oriente pelas Cruzadas. De fato, os ocidentais descobriram nos países árabes civilização bem mais avançada, notadamente no domínio da fabricação de tecidos e na confecção de roupas. Desde então, o cetim, o veludo, o brocado e o damasco passaram a ser comercializados na Europa.

O damasco, tecido semelhante ao brocado, porém mais fino e reversível, chegou ao Ocidente pelas mãos de Marco Polo no século XIII. O nome foi originado da cidade de Damasco, centro do mercado de tecidos entre o Oriente e o Ocidente. Esse tecido lustroso – com motivos semelhantes aos que, séculos depois, seriam obtidos pelo sistema jacquard, resultantes do contraste de brilho entre os fios do urdume e os da trama – tornou-se, na época, moda em decoração.

O gosto por trabalhos mais elaborados, nesse período da história, pode ser constatado em tecidos de seda, como os conservados no Museu de Cluny, em Paris, de inspiração nitidamente persa. A classe mais rica e o alto clero ortodoxo usavam roupas de seda e lã enfeitadas com fios de ouro e prata. Tecidos de seda com grandes motivos que mostram animais dentro de círculos datam da época dos Sassânidas (224 a 652), na Pérsia (hoje, Irã). No século VI, Bizâncio, Antióquia e Alexandria foram as principais cidades produtoras de seda.

A técnica de estamparia de tecidos feita com prancha foi adotada nesse período e, a partir do século XI, as roupas passaram a contar com um grande companheiro: o botão. A cambraia, conhecida também por "batista", tecido fino de linho ou algodão, foi criada no século XIII. O voile, mais leve e transparente que a cambraia, fazia a graça das mulheres por volta de 1420; ele aparecia como detalhe gracioso que pendia dos altos chapéus cônicos que marcaram a moda da época.

Já no fim do período medieval, as cidades de Luca e Veneza, na Itália, começaram a fabricar brocados de seda, com motivos de inspiração bizantina. A partir do século XIV, a influência passou a vir das sedas chinesas importadas pela Europa.

O traje como símbolo social

A natural evolução da sociedade motivou a transformação do vestuário de simples necessidade a símbolo social. Antes privilégio de uma elite, esse símbolo pouco a pouco foi atingindo todas as camadas sociais, que viam nele o caminho para a valorização pessoal, para a prosperidade. Sua importância no seio da sociedade contemporânea é incontestável. Embora visto por muitos como supérfluo, essa mostra de *status* caracteriza um fenômeno sociocultural que se traduz na mudança periódica de estilo e cuja vitalidade provém da necessidade de conquistar ou manter determinada posição social.

Passos iniciais da moda

Esse fenômeno ligado à sociedade ocidental começou a se manifestar quando o homem se conscientizou da possibilidade de transformar seu próprio mundo. No fim da Idade Média, em meados do século XV, rápidas mudanças no vestuário e a inclusão de detalhes extravagantes chamaram a atenção como algo aliado a uma nova manifestação sociocultural. A mudança indicava, para os homens, roupa curta e justa; para as mulheres, modelos longos, próximos ao corpo. A nova moda vestia a realeza, o que foi rapidamente imitado pela corte.

Aristocracia criticada

Do século XIV ao XVIII, a sofisticação e o efêmero dominaram a moda no meio da alta sociedade. O valor mundano a ela atribuído provocou críticas, principalmente da Igreja, que via nessa exibição uma consequência da vaidade humana. Seja como for, a moda permitiu a demarcação das classes sociais, mas nem por isso deixou de ser um meio de valorizar o narcisismo individual.

A partir da metade do século XV, o uso de rendas (e de perfumes) se tornou mais comum. No século seguinte, as rendas apareciam principalmente em golas circulares, que conferiam às mulheres aspecto de inacessíveis. Para os homens, as rendas surgiam nos punhos e jabôs, bem de acordo com a riqueza da corte de Luís XIV. Enquanto Gênova, Veneza e Florença se destacavam por seus brocados de seda, os Países Baixos (Holanda) se distinguiam por seus tecidos de linho adamascados.

Símbolo de riqueza e poder

Embora os plebeus fossem proibidos de se vestirem como os nobres, nos séculos XIII e XIV grandes fortunas burguesas, desenvolvidas graças à expansão do comércio, permitiram que os bem-sucedidos passassem a usar roupas semelhantes às da aristocracia. Os veludos eram fabricados com exclusividade nas cidades de Veneza, Florença, Gênova e Milão e apreciadíssimos pela nobreza. Nos séculos XVI e XVII, a possibilidade de vestir roupas semelhantes atingiu tanto a pequena como a média burguesia; assim, advogados e pequenos comerciantes passaram a usar sedas, rendas e bordados.

No início do século XVII, essa segregação referente ao vestuário cessou e surgiu uma moda paralela à da corte. Essa nova maneira de se vestir, a chamada moda do "homem honesto", tinha como critérios de elegância as proporções, a utilidade e o conforto. Somente na Convenção de 1793, na França, antecedida por uma revolução política e moral, é que o princípio democrático da liberdade de vestimenta ficou estabelecido. Nesse movimento, Robespierre reconhecia que a igualdade dos bens era algo não realizável, embora ressaltasse que a desigualdade entre afortunados e miseráveis constituía fonte de muitos males e crimes. Defendia a ideia de que a sociedade era obrigada a prover a subsistência de todos os seus membros, fornecendo-lhes trabalho ou garantindo meios de subsistir àqueles que se encontravam impossibilitados de trabalhar.[70]

Entretanto, apesar de todos os esforços, a vestimenta continuou a ser um símbolo ostentatório de riqueza, permanecendo, de certo modo, designando poderes.

Expansão do mercado têxtil

Em meados do século XVIII, a inovação iniciada na Inglaterra com a Revolução Industrial levou a todos os países da Europa e da América do Norte um conjunto de profundas transformações técnicas e econômicas que se estendeu ao longo do século XIX (ver o capítulo "Tecelagem e classificação"). A combinação das inovações com a abundância de matéria-prima, especialmente o algodão, a lã e a seda, contribuiu para a ampliação do mercado têxtil.

A Revolução Francesa, em 1789, contribuiu para mudanças no vestuário, caracterizadas, acima de tudo, pela simplicidade. Os homens de classes mais favorecidas substituíram seus trajes tradicionais, com características aristocráticas, pelo estilo camponês inglês, bem mais esportivo e descontraído. Para as mulheres, o estilo neoclássico mostrava vestidos de inspiração grega, com cintura alta e saia evasê, que permaneceram na moda durante todo o período napoleônico. Essas inovações no vestuário, somadas às ofertas do progresso no setor têxtil, propiciaram a diversificação no uso de tecidos.

Maior oferta, menor custo

A partir de 1820, a França e, depois, a Inglaterra deram início à confecção industrial: produção de roupas em série e com baixo custo. Em 1860, o

---

[70] Daniel Aarão Reis Filho, "Robespierre na Convenção: revolução política e moral". Disponível em http://www.artnet.com.br. Acesso em 16-10-2013.

progresso foi impulsionado ainda mais pela mecanização trazida pela máquina de costura. A pequena e a média burguesia passaram a contar com uma confecção diversificada e possível graças às trocas comerciais, à diminuição dos custos de produção e à implantação de grandes lojas.

No fim do século XIX, o raiom (ou seda artificial, como era conhecido) constituía a grande moda. Entre 1890 e 1920, o tecido feito com fibra artificial composta de celulose regenerada substituiu a seda natural com sucesso. A viscose, surgida em 1892, a partir de 1905 passou a ser vista como a mais importante fibra produzida pelo homem. Nesse mesmo fim de século, a lã retirada da alpaca começou a ser misturada ao algodão e foi muito usada em vestidos e costumes até meados do século XX.

Em matéria de estampa, também o fim do século XIX registrou a criação do "Liberty" pela loja londrina de mesmo nome. O motivo floral miúdo até hoje caracteriza um setor da moda inglesa.

Alta-costura

A ideia de criar modelos exclusivos para serem confeccionados com materiais luxuosos partiu do inglês Charles Frédèric Worth, que deu início, em 1857, ao que viria a ser a alta-costura. Worth, morando em Londres, trabalhava numa loja de tecidos na Regent Street. Aos 20 anos, foi para Paris e lá se empregou também numa loja de tecidos, na rua de Richelieu, onde permaneceu por doze anos. Casou-se com Maria Vernet, para quem realizou muitas de suas criações. Foi seu início como criador de moda. Com base publicitária, revistas, e tendo seus modelos apresentados por mulheres jovens (as futuras manequins), seu sucesso foi rápido, colaborando para que a moda ficasse sob o domínio dos costureiros parisienses.

A moda assim criada logo atingiu o nível de arte, copiada por costureiras e confeccionistas – obviamente, com outros tipos de material e mão de obra. De toda forma, nos "laboratórios da elegância" novas ideias eram lançadas e acatadas. A engrenagem que movimenta nossa moda atual começava a se formar.

Mudança nos hábitos

Após a Primeira Guerra Mundial, o aperfeiçoamento das máquinas e o progresso da indústria química permitiram a democratização da moda. Os esportes e a chegada da sociedade de lazer, parte das mudanças no estilo de vida do pós-guerra, exerceram influência significativa na moda. Em 1922, Jean Patou criou conjuntos esportivos próprios para serem usados ao ar livre, e três anos depois o sportswear era lançado com sucesso.

Por volta de 1920, a moda criada por Coco Chanel passou a ser vista como símbolo da roupa feminina adaptada à vida moderna. Ela propunha um guarda-roupa simplificado, com base num material até então inexplorado em costura: o jersey. As criações de Chanel também foram marcadas pelo uso do tweed em tailleurs característicos. Para a noite, ela inventou o "pretinho", com variação de tecidos: crepe de seda ou de lã, jersey, veludo, renda... Em 1929, integrando uma onda de feminilidade, Chanel propôs vestidos de musseline muito leve. Peças desenvolvidas com renda ou tule também muito contribuíram para o renome da Maison Chanel.

Nos anos 1930, Paris reinava como centro da alta-costura e diretriz da moda internacional confeccionada em grande escala. Madeleine Vionnet, que usava de maneira sábia o enviesado, valendo-se do peso do tecido, criava modelos em crepe que lembravam a Grécia antiga.

Hoje, a elasticidade dos tecidos facilita a criação de modelos drapeados. Criação de Versace, Milão, outubro de 1999. Foto: Dinah Bueno Pezzolo.

Prêt-à-porter

O náilon, surgido em 1935, entrou de maneira triunfante na moda. O fato de a roupa não amassar e, depois de lavada, não precisar ser repassada era o grande chamariz. Em 1949, o francês Robert Weill e seu filho Jean-Claude, que trabalhavam numa empresa de confecção da família, lançaram a expressão *prêt-à-porter*, cuja tradução literal é "pronta para usar", mas que tem o significado mais amplo de "roupa industrializada e acessível a todos". Seguir a moda deixou de ser privilégio da elite. A facilidade em encontrar os últimos lançamentos prontos para vestir fez com que criações anteriores passassem a ser vistas como "fora de moda"; quem as usava se sentia um tanto inferiorizado socialmente.

Helanca, acrílico, tergal, Lycra®... foram vários os tecidos que incentivaram o consumo mundial, nunca esquecendo o fenômeno chamado jeans, colorido da mesma forma como se fazia há milênios – ver o capítulo "Outros tecidos: feltro, malha, renda, veludo e denim (jeans)". Novas ideias passaram a ser lançadas a cada estação, estimulando a concorrência internacional nesse mercado: Inglaterra, Itália, Estados Unidos e, depois dos anos 1980, o Japão.

Hoje, uma estrutura de base alimenta os laboratórios de imaginação em que nasce o prêt-à-porter. Cartelas de cores reeditadas, novas matérias-primas e novidades em fios e tecelagem se oferecem aos criadores, que sonham, pesquisam, manipulam e finalmente lançam suas ideias para o mundo. A alta-costura, entretanto, continua imbatível em suntuosidade e sofisticação, embora direcionada a uma clientela cada vez mais seleciona-

Tecido sintético, metalizado, plissado. Issey Miyake, março de 1999. Foto: Dinah Bueno Pezzolo.

da. Mas a verdade é que, enquanto houver mulher, enquanto houver dinheiro, mas acima de tudo, enquanto houver talento e bom gosto, as inovações na moda continuarão a existir.

Na decoração

Documentos históricos nos revelam que o linho foi um dos primeiros tecidos utilizados pelo homem, tanto em suas vestimentas como em suas casas. Na Antiguidade, os romanos dormiam em lençóis de linho. Nas arenas, o povo se abrigava à sombra de imensas cortinas, também de linho. Pinturas resguardadas da cidade de Pompeia retratam almofadas e camas cobertas por amplas colchas, e mosaicos de Ravena mostram portas fechadas por cortinas, sempre do mesmo tecido.

Na Idade Média, a realeza se diferenciava do povo usando trajes de tecidos trazidos do Oriente pelos cruzados. Em seus castelos, as tapeçarias revestiam as paredes para aquecer os cômodos gelados. O quarto, lugar mais importante, onde as visitas eram recebidas, merecia a decoração mais requintada. A cama, num nível mais elevado, era coroada por baldaquino com largas tapeçarias. A cadeira reservada para o visitante e a banqueta para repousar os pés mostravam o mesmo rico tecido. Nos outros cômodos, cobriam-se as mesas com pesados tapetes da Pérsia ou da Turquia, que testemunhavam a riqueza de seus proprietários. O hábito de cobrir as mesas com tapetes se manteve durante os séculos XVI e XVII; sua descida para o solo marcou o início de uma vida sedentária, já no século XVIII, com a valorização de sofás, profusão de almofadas, encontros resguardados por biombos e pés sobre tapetes.

O Renascimento, no século XV, fez aumentar a importância dos tecidos na decoração. Tapeçarias decorativas passaram a ser fixadas nas paredes. A mobília, mais sofisticada, pedia tecidos luxuosos nos assentos. No quarto, amplas cortinas fechavam o leito coberto por pesadas colchas e grandes almofadas.

A lição de música, do holandês Jan Vermeer. Sua obra registra o uso de tapetes sobre as mesas no século XVII. Coleção Real, Palácio St. James, Londres.

Tecidos maravilhosos do Oriente chegaram às Índias e não tardou para que invadissem a Europa. Sedas, veludos, adamascados e brocados eram sinônimos de riqueza nas casas dos senhores. A seda misturada a outros fios aparecia em ambientes mais modestos. Nessa mesma época, outros tecidos vindos da Índia também ganhavam espaço nas residências: linho liso ou com quadrados de madras, o algodão estampado e o finíssimo percal.

No século XVII, a favorita de Luís XIV, madame de Montespan, trocava quatro vezes por ano de mobília. Esse hábito era seguido não somente pela corte como por burgueses das cidades e habitantes de outros castelos. A noção de conjunto dominava a decoração: cadeiras, estofados, leitos, paredes, biombos e cortinas, sempre simétricos e aos pares, eram guarnecidos com o mesmo tecido. As estações do ano, de certo modo, também influíam na decoração, e, assim, o veludo de lã usado no inverno era substituído pelo tafetá no verão. Para facilitar a troca, o revestimento dos assentos eram removíveis. Quanto mais a noção de conforto instalava-se, mais a importância do tecido crescia.

No século XVIII, com o apogeu do sofá, chegaram também as *bergères*, os *cabriolets* e as "marquesas", que convidavam ao relaxamento entre muitas almofadas. Como não havia sala de jantar, as mesas eram colocadas onde houvesse necessidade. Nessa época, surgiu o interesse pelos biombos, que resguardavam um pouco mais a intimidade no ambiente. Os tecidos que revestiam as paredes deram lugar aos lambris, às madeiras pintadas. O trabalho de tapeceiros era reservado às salas íntimas e aos quartos, onde as tapeçarias de parede combinavam com as cortinas. Sedas, tafetás e os famosos algodões estampados de Jouy apareciam em colchas, almofadas, cortinas e revestimentos de estofados e paredes (ver o capítulo "Motivos e padrões").

Na segunda metade do século XVIII, a crise financeira na França, em virtude das guerras napoleônicas, fez com que várias medidas econômicas fossem tomadas. A atividade comercial e industrial sofreu alterações; a guerra era prioridade e houve cortes em tudo o que era considerado extravagância. Logicamente, a decoração foi afetada. Somente ao término do Primeiro Império (1804 a 1814), com uma nova hierarquia social, o tecido retomou sua importância na decoração.

Graças ao incentivo de Napoleão Bonaparte e à sua xenofobia, as indústrias de seda na França tiveram grande impulso. Por medida econômica, ele baniu o uso de franjas e pingentes, considerados acessórios inúteis, mas, por outro lado, encomendava para seus palácios as mais lindas sedas, veludos e brocados.

Por encomenda de Napoleão, tecelagens francesas localizadas em Lyon produziam os mais belos tecidos para decorar seus aposentos. *Retrato de Josefina* (1801), de François Gerard. Museu Hermitage, São Petersburgo, Rússia.

Na metade do século XIX, o auge da produção têxtil e do papel do tapeceiro (que passou a ser chamado de decorador) coincidiu com a apoteose do gosto burguês. Durante o Segundo Império na França (1852 a 1870), os estofados preenchiam todos os espaços do ambiente: a romântica "namoradeira", o "confidente" com três lugares, o sofá para fumar, o pufe no meio da sala, tudo enriquecido por veludos pesados e grossos gorgorões.

A influência da corte cessou, o que lembrava o passado era descartado e criação não existia. Nas casas dos mais abastados, o que se via era uma mistura do Renascimento com o século XVIII, que passou a ser chamado de estilo Rothschild. Havia necessidade de novas ideias, novos rumos na arte de decorar. Finalmente, em 1895, surgiu o movimento *art nouveau*, com suas linhas graciosas, traços alongados, arabescos, flores e folhas mostradas em tons delicados, românticos.

No período entre guerras (1918 a 1939), arquitetura, decoração e moda eram comandadas pela *art déco*, com formas totalmente opostas: desenhos de linhas geométricas e cores fortes. Terminada a Segunda Guerra Mundial, em 1945, o desenvolvimento das indústrias, os sintéticos e a divulgação do cinema colaboraram para o aumento da procura por tecidos para decoração. A valorização de profissionais ligados à decoração, os aperfeiçoamentos técnicos e a busca por novas ideias fizeram com que o interesse pela decoração de interiores deixasse de ser privilégio de poucos abastados, tornando-se popular. Hoje, os tecidos "vestem" as casas, e as tendências de cores e os motivos deixaram de comandar apenas o vestuário para indicar moda na decoração.

Tecidos tradicionais e high tech

Atualmente os profissionais da área de decoração podem contar com uma variedade infinita de tecidos. Estes merecem destaque entre os tradicionais: adamascado (ou damasco), bouclê, brim, cetim, chenille, gobelin, gorgorão, jacquard, linho, lonita, matelassê, sarja, seda, shantung, tramados,

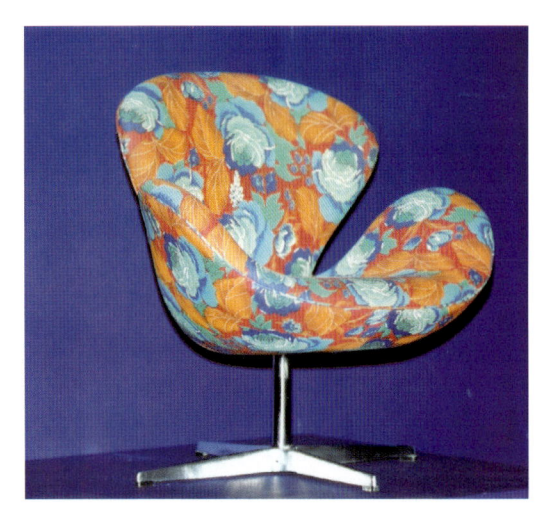

Poltrona Swan, cópia do modelo dinamarquês criado por Arne Jacobsen em 1957-58, em versão forrada de chitão. Exposição "Que Chita Bacana", Sesc-SP, dezembro de 2005. Foto: Dinah Bueno Pezzolo.

veludos, crepes e voil (veja as características de cada um no "Glossário").

Os mais grossos e resistentes são utilizados principalmente em revestimentos de móveis estofados, cabeceiras e paredes, cortinas de vedação e almofadas. Tecidos mais leves, semitransparentes ou translúcidos são usados em cortinas em vidraças, para filtrar a luz proveniente do exterior e manter a privacidade do ambiente.

A chita brasileira deve ser vista de maneira particular. Ela tanto pode alegrar um humilde casebre, mostrada em colchas e cortinas, como valorizar a decoração de uma casa de fazenda ou à beira-mar. Pode, ainda, criar impacto num ambiente muito especial. Uns a utilizam pelo baixo preço, outros, por suas raízes, sua beleza autêntica, seu colorido tropical.

A alta tecnologia têxtil nascida na década de 1990 deu grande impulso à área de decoração. As fibras sintéticas, muitas vezes combinadas às naturais (como seda, algodão ou linho), garantem toque macio, maior durabilidade ao tecido, cores firmes e mais intensas – itens básicos na hora da escolha.

Outras grandes vantagens provenientes de pesquisas têxteis se referem aos acabamentos, que podem ser antifungos, antialérgicos, antimanchas e impermeabilizantes (ScotchGard), termodinâmicos (que mudam de cor sob calor), etc. Quanto aos novos tecidos, lembramos os feitos com fios de fibras ópticas, os que acendem ou brilham no escuro, os iridescentes (que mostram sutis refrações de luz, criando um efeito quase que mágico). Não podemos sequer imaginar o que ainda está por vir!

Os tapetes orientais

As duas primeiras fibras tecidas pelo homem – a lã, de origem animal, e o linho, de origem vegetal – aparecem combinadas nas tapeçarias mais antigas que se conhecem. Comumente dá-se o nome de tapete oriental, ou persa, a todos os tapetes com nós feitos à mão, com materiais de origem natural (com exceção de algumas anilinas sintéticas, utilizadas mais recentemente). Trata-se de uma maneira de designar o produto relacionando-o com a técnica do trabalho. Não se sabe quando o primeiro tapete oriental foi tecido, embora existam referências a essas peças entre os primeiros escritores gregos e árabes.

Pazyrick é o mais antigo tapete de que se tem conhecimento. Feito de lã e manufaturado pelo mesmo processo dos dias atuais, ele data do século V a.C. e foi descoberto pelo professor Serge Ivanovich Rudenko nas geleiras dos montes Altai, na Mongólia, em escavações feitas entre 1925 e 1949. Tons de vermelho, azul-escuro e verde, hoje esmaecidos, documentam que originalmente foram vibrantes. A peça, que mede 183 cm × 200 cm, hoje se encontra no Museu Hermitage, de São Petersburgo, Rússia. Até o século X, todos os tapetes continuavam a ser tecidos por tribos de nômades que percorriam as regiões frias da Ásia Central e da Pérsia (hoje Irã). Carneiros, cabras e camelos da região forneciam a lã necessária para tecer as peças, que serviam muito mais como isolantes do frio do que como artigos decorativos. Para a tintura dos fios, utilizavam tintas naturais de plantas e insetos à sua volta. Esses povos produziam tapetes pequenos, com motivos geométricos, inspirados nas formas de animais e plantas. Tapeceiros nômades, exímios artesãos inatos, desmontavam seus teares sempre que se viam ameaçados por elementos naturais ou inimigos. Pelo tipo de vida

Detalhe de tapeçaria egípcia feita de lã sobre fundo de linho, originária das escavações de Antinoe (cidade faraônica ao leste do Nilo). Período copta, séculos II e III d.C. Museu dos Tecidos de Lyon, França.

Motivos figurativos e geométricos foram combinados há cerca de quinhentos anos antes de Cristo, na elaboração do famoso Pazyrick, encontrado na Mongólia. Museu Hermitage, São Petersburgo, Rússia.

que levavam, acabaram divulgando a arte da tapeçaria para outros povos e novas terras.

Entre as comunidades sedentárias, que possuíam habitações fixas, os tapetes alcançaram novas funções. Passaram a fazer parte de áreas sagradas de capelas e mesquitas, designar riqueza entre mercadores e membros da realeza e, também, proporcionar lucros nas exportações para a Europa. No mundo islâmico, até hoje são usados para cobrir o chão das mesquitas e das casas e, algumas vezes, como decoração de paredes. A lã é tirada dos numerosos rebanhos de pastores nômades. A lã mais fina vem do Curdistão, onde a parte ocidental do Irã faz fronteira com a Turquia. A lã do Corassã e de Kirman é famosa por ser mais fina e aveludada, enquanto a lã do Cáucaso e da Ásia Central é apreciada por ser mais forte e lustrosa.

Entre os centros mais tradicionais de produção podemos citar Turquia, Irã, Afeganistão, Paquistão, Índia, Nepal e China, incluindo a região do Cáucaso e ex-repúblicas soviéticas como Geórgia, Armênia, Uzbequistão, Tadjiquistão, Azerbaijão. Não devemos esquecer a Espanha, que, sob a influência árabe, também produziu tapetes feitos à mão de grande beleza.

Foi graças a Marco Pólo que essas peças começaram a ficar conhecidas no Ocidente. Em sua visita à região da Anatólia (Turquia), descreveu os tapetes da região como os mais belos do mundo. Mesquitas e palácios dos califas começaram a ter seus pisos cobertos por tapetes como símbolo de riqueza, uso que logo se estendeu aos palácios da Europa. Representantes dos monarcas do mundo árabe, quando visitavam as cortes da Europa central, habitualmente presenteavam os anfitriões com os já esperados tapetes.

Também são famosos os tapetes de oração turcos; todos mostram o nicho de *mihrab* em uma das pontas, que deve ser direcionado a Meca (a cidade sagrada para os muçulmanos), quando usado para a oração. (O *mihrab* é uma espécie de nicho feito na parede interna das mesquitas que indica a direção da cidade santa de Meca, para onde volta a face o muçulmano quando ora. Os tapetes de oração são colocados no chão direcionados ao *mihrab*, ou seja, a Meca.)

No início do século XVII, os nômades convergiram para Isfahan, passando a trabalhar em teares fixos. Foi marcante a influência chinesa nos tapetes persas nessa época. Ela foi originada pela contratação de artesãos da velha China para as manufaturas reais.

Tapete paquistanês, da cidade de Buchara, com desenho típico de oração. Foto: Dinah Bueno Pezzolo.

O motivo floral indica a procedência desse tapete iraniano: Tabriz, território Nagche. Foto: Dinah Bueno Pezzolo.

A partir do século XX, a pressão comercial exercida pelos países importadores de tapetes orientais e a modernização do modo de vida das tribos nômades provocaram grandes mudanças no artesanato tradicional. Os tapetes anteriores a essa época são considerados antigos e tidos, hoje, como verdadeiras obras de arte, cobiçados pelos colecionadores, que chegam a pagar preços altíssimos pelas peças. Os tapetes que têm entre trinta e oitenta anos são semiantigos, e os produzidos mais recentemente são chamados de novos.

Manufatura

Basicamente, os tapetes feitos à mão possuem uma fundação, ou trama, constituída de fios verticais, cujas extremidades são a franja do tapete, e horizontais, que separam as fileiras de nós. Com um fio de lã, o artesão faz um nó em volta de dois fios verticais consecutivos, todos eles esticados num tear, e corta as extremidades que formaram o "veludo" ou superfície do tapete. Acabada uma fileira, ele passa um ou dois fios horizontais para separá-la da seguinte, dando assim firmeza e durabilidade ao tapete. A precisão do desenho depende da quantidade dos grupos de fios amarrados e de como o tapete foi tecido.

A forma de amarração do nó constitui fator importante na determinação da origem de um tapete. Os tipos mais comuns de nó são o turco e o persa. O número de nós por centímetro quadrado não só pode realçar sua delicadeza como também indicar sua durabilidade. Quanto mais nós possui, melhor o tapete é. Um tapete oriental de excelente qualidade costuma ter mais de quinhentos nós por centímetro quadrado.

A média durante o processo artesanal é de 50 nós por centímetro quadrado. Um artesão comum consegue fazer mil nós por hora – isso significa que um tapete pode levar anos para ser terminado.

No Irã, a arte da tapeçaria ainda é um trabalho doméstico. Inúmeras famílias possuem teares próprios, possibilitando uma atividade proveitosa às suas jovens. Os nós são feitos com fios de lã e raramente de seda. As tramas de fundo podem ser de lã ou algodão.

A principal matéria-prima é a lã de carneiro. Ela serve tanto para a trama do tapete quanto para o "veludo". As lãs virgens, que não receberam nenhum tipo de tratamento químico, são usadas para os tapetes finos, com densidade de nós elevada. Também são utilizados o algodão e a seda.

Os desenhos

A cultura e o modo de vida do artesão determinam os desenhos do tapete, que podem variar de muito simples a extremamente sofisticados ou lisos. Os costumes, a localização geográfica, o perfil sociocultural exercem influência marcante na história dos tapetes. Podem-se dividir os desenhos em três categorias diferentes: florais, geométricos e contemporâneos.

Florais. Geralmente mostram um medalhão central e, em volta dele, quatro partes iguais, cercadas por uma barra larga e outras menores chamadas "bordas". Há também os formados por desenhos que se repetem, sem

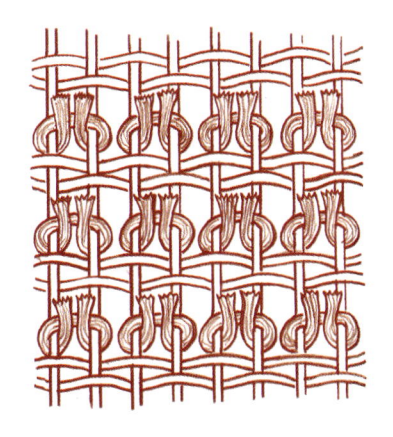

Estrutura do nó turco. Desenho: Dinah Bueno Pezzolo.

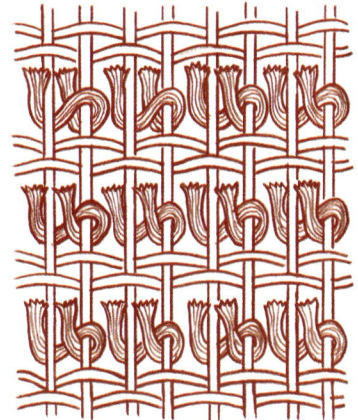

Nó persa. Desenho: Dinah Bueno Pezzolo.

o medalhão central, além dos assimétricos, nos quais um dos lados serve como base para o desenho direcionado, como uma árvore, um galho florido, etc., e ainda aqueles com motivos de animais ou pássaros.

Geométricos. São produzidos pelas tribos nômades ou por pequenas aldeias e lugarejos. Constituem-se de desenhos simples e apresentam poucas combinações de cores. O fato de serem confeccionados por vários membros da família lhes confere desenhos irregulares e nuanças nas chamadas cores "abrash" (o termo abrash se refere à natural mudança de cor que ocorre em tapetes orientais ao longo do tempo, quando são usadas tinturas diferentes).

Os geométricos predominam entre os povos islâmicos, visto que o Islã condena a representação artística de seres humanos e animais. Mas, apesar de o Irã ter se convertido à religião islâmica, muitas vezes seus tapeceiros decoraram as criações com animais e figuras humanas.

Contemporâneos. São lisos, com linhas retas ou alguns detalhes nas bordas. Normalmente monocromáticos, neles predominam os tons pastel.

Tintura

A tintura é a etapa mais delicada na manufatura de tapetes. O trabalho tem início com o mergulho da lã num banho de alúmen. É inegável que parte da beleza dos tapetes depende de suas cores firmes e variedade infinita de tons. Para obtê-las, o tingimento é feito em pequenas quantidades de lã de cada vez, em banhos que duram horas e que podem chegar a levar dias.

Os corantes utilizados para tingir a lã ou a seda são de origem natural: vegetal, mineral ou entomológica (insetos). Os mais comuns são o índigo para os tons de azul, a garança para os tons de vermelho, o açafrão para os amarelos e a casca de árvores para os marrons. A cochonilha fornece um corante vermelho-arroxeado. Dependendo da procedência e da qualidade, um tapete pode apresentar de cinco a vinte cores. Nas peças tribais e de aldeia, é muito comum encontrar variações da mesma cor. Como não há uniformidade no tingimento de grande quantidade de lã em instalações precárias, alguns fios ficam diferentes.

No passado, os tintureiros eram considerados verdadeiros bruxos. Sua sabedoria e seus segredos relacionados com a tintura eram passados de pai para filho, atravessando gerações. Hoje, novas técnicas permitem imitar o tingimento antigo, à base de lavagens especiais e exposição demorada ao sol; contudo, técnicas antigas ainda são executadas por povos nômades.

No Irã, até quarenta anos atrás só eram usados corantes vegetais; o governo proibia o uso de anilinas europeias. Um tapeceiro que violou a regra teve sua manufatura destruída e a mão direita cortada pelas autoridades. A qualidade era mantida, mesmo que à força. Mais tarde, as anilinas foram sendo aperfeiçoadas e passaram a ser permitidas; hoje, são o principal tipo de corante. Apenas alguns nômades ainda usam tinturas vegetais.

A lavagem do tapete depois de pronto constitui fator de grande influência em sua cotação. Nesse trabalho deve ser seguida uma técnica especial que inclui a utilização de produtos químicos que o farão encolher, ganhar consistência e adquirir mais brilho (além de um acabamento sedoso à lã). A lã, quando molhada, tende a se compactar. Além de encorpar o tapete, a lavagem fixa as cores. Se for mal executada, o tapete perderá em beleza e qualidade.

Classificação

Os tapetes orientais podem ser divididos em cinco grandes grupos: iraniano ou persa (o mais importante); turcomano (tapetes vermelhos do Turquistão, do Afeganistão e do Baluquistão); caucasiano (Ásia Central); anatólico (turco); chinês, indiano e paquistanês.

Em relação à origem, há três divisões: tribal, de aldeias e dos grandes centros urbanos.

Tapetes de origem tribal. Manufaturados inteiramente de lã, possuem desenhos geométricos mais simples. Eram feitos originalmente para uso próprio ou como mercadoria de troca. Exemplos: Kashkai Shiraz, Yalameh, Afshar, etc.

Tapetes de aldeias. São mais elaborados. Dependendo da região, utilizam o algodão para a trama e a lã para o veludo. Os desenhos, grandes, podem ser florais ou geométricos. Exemplos: Bidjar, Mahal (Ziegler), Malayer, Meimeh, Hamendan, Bakhtiar, Sarouk no Irã; Khonduz, Khal-Mohammed, Ersari, Gandehar no Afeganistão; Tekke, Yomut, Buckhara, Shirvan no Cáucaso.

Tapetes dos grandes centros urbanos. São os mais trabalhados. Utilizam o algodão para trama, a lã virgem para o veludo e também a seda, tanto para a trama como para o veludo. São produzidos em oficinas especializadas para fins comerciais locais ou de exportação. Exemplos: cidades como Tabriz, Kashan, Nain, Isfahan, Ghom, Moud, Kerman, no Irã; Hereké e Uschak, na Turquia; Lahore, no Paquistão; Agra, na Índia. A densidade de nós dos tapetes urbanos pode variar entre 400 mil e 1 milhão por metro quadrado, permitindo a execução de desenhos muito sofisticados e elaborados. Se o artesão julgar que seu trabalho é digno do seu nome, ele coloca sua assinatura, geralmente na barra.

Ao contrário do que se costuma pensar, a determinação do valor de um tapete nem sempre resulta de sua procedência. O lugar de fabricação determinará apenas o tipo de desenho e as cores mais frequentemente encontradas. Já a qualidade é determinada por outros fatores.

Carpetes

Carpetes são revestimentos têxteis destinados a cobrir total ou parcialmente o piso de um imóvel. São constituídos por uma base, espécie de tela grossa tecida em algodão ou juta, pela parte superior, de lã, fibras artificiais ou sintéticas, com várias espessuras e diferentes acabamentos. Da mesma forma que um tapete, o carpete pode ser industrializado ou feito à mão.

Nos **carpetes feitos à mão** (carpetes de nó), os pelos são constituídos por filamentos de lã atados um a um sobre o tecido de suporte. Sua qualidade depende da espessura do fio usado e do número de nós por metro quadrado. O "normal" tem de 10 mil a 40 mil nós; o "fino", de 65 mil a 90 mil; o "extra fino", de 160 mil a 500 mil. Os carpetes de seda podem ter mais de 500 mil nós por metro quadrado.

Nos **carpetes industrializados**, os fios de suporte trabalham de maneira alternada prendendo os fios de lã que formarão o pelo. Esses fios de lã são fixados por um perfilamento de ligação.

Os **carpetes de argola**, de fabricação mais recente, têm por base fibras químicas (artificiais ou sintéticas) inseridas por diversas formas numa tela suporte. Esse tipo de carpete vem conquistando o mercado de maneira crescente por ser resistente e de fácil manutenção, podendo mesmo ser lavado com água e sabão. Algumas vezes são combinados a uma camada inferior de espuma, o que os torna mais macios e agradáveis de pisar.

Na têmpera sobre madeira *A sagrada família*, de Michelangelo, pintada entre 1504, os tecidos não condizem com a realidade do tema, segundo a história. Entretanto, sua beleza enaltece a obra e as figuras ali mostradas. Uffizi, Florença.

NA ARTE

Se os tecidos guardam em sua história informações tão preciosas sobre suas origens, sua evolução, seu comércio, seu uso e os costumes dos mais diversos povos, qual maneira seria a mais apro-

À esquerda: a importância dos tecidos nesta tela de Renoir é incontestável. *Jovem com véu*, de 1875, mostra o xale de lã com escocês graúdo em contraste com a delicadeza do véu sobre seu rosto. Museu de Orsay, Paris.

À direita: em *O camarote*, de 1874, Renoir registrou a importância do teatro na época em Paris e os trajes usados. De suas pinceladas mágicas nasceu o vestido de tecido fino, com listras formadas por aplicação contrastante e o babado de renda larga sobre luvas de cetim. Galeria do Instituto Courtauld, Universidade de Londres.

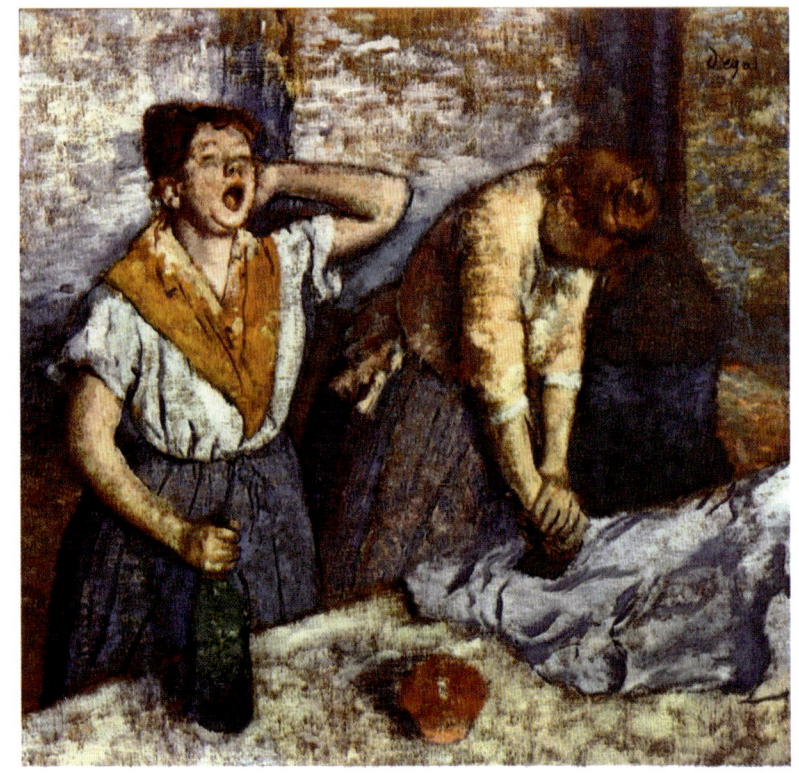

Os tecidos aparecem de forma subjetiva na tela *As engomadeiras* (1884) de Edgar Degas. Museu de Orsay, Paris.

priada, a mais bela, para documentar sua passagem pelos séculos do que por meio da arte?

Imortalizados por grandes mestres, eles tanto podem realçar a ideia do artista em sua obra como também identificar personagens e situar a imagem no tempo.

Tecidos: a inspiração de Matisse

Enquanto para a maioria dos pintores os tecidos começam a fazer parte de suas obras no momento em que surgem em suas telas, para o francês Henri Matisse (1869-1954) eles eram a própria inspiração e tiveram papel importante em suas criações. Neto e bisneto de tecelões, ainda criança se encantava com o que nascia dos teares domésticos em torno de Bohain-e--Vermandois, nordeste da França, onde viveu até 1891.

Segundo reportagem publicada pelo jornal *O Estado de S. Paulo*, "durante toda sua vida, ele colecionou cortes de pano, tapetes, roupas e acessórios trazidos de vários países. Para onde fosse, levava amostras desse material e chamava essa coleção de 'biblioteca de trabalho'".[71]

Essa fonte de informação e inspiração se espalhava por todos os cantos de seu estúdio. Uma parte dessa "biblioteca de trabalho" permaneceu guardada após sua morte e foi mostrada ao lado de suas telas, na exposição "Matisse: the fabric of dreams – his art and his textiles", exibida por diversas vezes, a última no Museu Metropolitano de Nova York, em setembro de 2005.

Matisse muitas vezes procurava em brechós tecidos bordados ou estampados para usar na composição de suas telas. Numa dessas ocasiões, encontrou um pedaço de tecido de algodão e linho, com desenhos de flores e arabescos, nas cores branco e azul, medindo 125 cm × 177 cm. Embora

---

[71] Tonica Chagas, "Tecidos, a biblioteca de trabalho de Matisse", em *O Estado de S. Paulo*, Caderno 2, São Paulo, 30-8-2005, p. 2.

Matisse se referisse ao achado como toile de Jouy, tecido popular no século XVIII, com estampas repetidas numa só cor (ver o capítulo "Motivos e padrões"), acredita-se que tenha sido fabricado na Inglaterra.

A toile de Jouy virou espécie de talismã para ele, aparecendo inicialmente como fundo em pinturas como *Amores-perfeitos* (1903). Em 1908, sua *Harmonia em vermelho* mostrava o mesmo tecido, mas com a cor mudada para vermelho. Em *Natureza morta com toalha de mesa azul* (1909), sua inseparável toile de Jouy ocupava a tela toda, deixando os elementos centrais em menor evidência. Era comum Matisse se valer de um mesmo tecido durante meses e até anos de trabalho, pintando, interpretando, simplificando as formas do estampado, como se quisesse decifrar algo camuflado pelas cores.

A toile de Jouy que acompanhou Matisse por muitos anos domina a tela *Natureza morta com toalha de mesa azul*, de 1909. Museu Hermitage, São Petersburgo, Rússia.

A "biblioteca" de Matisse ia se enriquecendo graças às suas viagens. Da Argélia, do Marrocos e da Espanha trazia tapetes, roupões, tecidos e mais tecidos, que usava na montagem de cenários em seu ateliê.

Na década de 1920, luz e perspectiva ganharam importância. Os tecidos não foram abandonados, mas passaram a complementar a composição com harmonia de cores e linhas.

A fascinação do pintor por tecidos, motivos e cores era tanta que decorou as paredes da vila onde morava em Vence, sul da França, com tecidos de ráfia feitos pelos kubas, povos do sudeste da África. Matisse tinha adquirido esses tecidos, conhecidos por "veludos africanos", décadas antes em Paris. Ele dizia não que não se cansava de admirar aquele trabalho feito por pessoas tão distantes dali. Por longo tempo ele o olhava, esperando que uma inspiração lhe viesse, tal e qual se deu com a toile de Jouy.

Moda, decoração e arte em tecidos no Brasil

Moda: organização e garra

Há pouco mais de uma década a verdadeira moda brasileira finalmente começou a surgir. Apesar de o empresário Caio de Alcântara Machado ter realizado sua primeira Feira Internacional da Indústria Têxtil (Fenit) em 1958, exatamente para incentivar o setor; apesar de nos anos 1960, a Rhodia Têxtil, por meio do publicitário Lívio Rangan, ter dado início aos desfiles de coleções brasileiras (na própria Fenit); apesar de, ainda nos anos 1960 e ainda com incentivo da Rhodia, coleções brasileiras terem desfilado na Europa, nos Estados Unidos e no Oriente Médio, até o início da década de 1990 era impossível definir uma moda com raízes brasileiras.

Tínhamos matéria-prima, indústrias, criadores, mas Paris decretava e o Brasil seguia. O pior é que eram adaptações, pois, quando é inverno na

Europa, é verão no Brasil, e vice-versa. Modelo de inverno para ser usado no verão? Pois é, e as infelizes mulheres, sob sol escaldante, surgiam usando collants, botas e grossos suéteres, embora tricotados com fio de verão!

Algumas vezes a adaptação era feita nas cores. A maioria das brasileiras não aprecia muito as tonalidades frias e esmaecidas da moda europeia, usadas por mulheres de pele e cabelos claros. Nossas morenas preferem cores que valorizem seu tipo físico.

Nos tecidos também era necessário haver um ajuste; nosso clima não permite o uso de grossas lãs, felpudos mohairs e aconchegantes cashmeres. O desafio era conseguir um visual ordenado por Paris, mas com fios apropriados ao nosso clima. O algodão e até os sintéticos se encarregavam da proeza!

Os anos passaram, nomes ligados à moda surgiram e a necessidade de união se tornava cada vez mais evidente: Grupo Mineiro de Moda, Cooperativa de Moda (São Paulo) foram apenas tentativas. Em 1990, a abertura do mercado para os tecidos importados trouxe sérias dificuldades às indústrias, mas, por outro lado, nesse mesmo ano foram criadas as faculdades de moda em São Paulo. Uma nova geração, com base, estava em formação.

Paulo Borges, produtor de desfiles, com garra e talento empreendedor, deu o empurrão inicial na moda brasileira quando, em fevereiro de 1994, com apoio da empresária Cristiana Arcangeli, organizou o primeiro Phytoervas Fashion. Dois anos depois, Borges fazia acontecer o Morumbi Fashion Brasil, realizado no shopping center que originou seu nome, com patrocínios conseguidos por ele mesmo. A partir de então, ficou estabelecido um calendário de lançamentos, com todas as etapas anteriores preestabelecidas. Definição de cores, tecidos, estampas, criação, modelagem, confecção e, finalmente, o desfile.

Em janeiro de 2000, em vez de Morumbi Fashion Brasil, o evento de moda ganhou *status* e passou a ser o São Paulo Fashion Week, sempre sob direção de Paulo Borges. O SPFW acontece duas vezes por ano – em janeiro (moda inverno) e em julho (moda verão) e está incluído no calendário oficial e mundial de moda. A corrente que alimenta a moda finalmente foi formada, e com isso todas as indústrias ligadas ao setor têxtil se beneficiaram.

Decoração

O que seria da decoração se não fossem os tecidos! Eles podem ser vistos como a assinatura do decorador em determinado ambiente. Mas também têm o poder de transformar o visual de uma área por sua simples renovação. Decoradores fazem suas escolhas com mestria valendo-se de um mundo de cores e padrões mostrados nas mais diversas texturas.

Cores frias, quentes, motivos clássicos, florais variados, combinações diversas... Tudo em função do estilo elaborado. Nossas indústrias oferecem o que há de melhor para servir a clientela exigente. Fibras naturais e químicas, inclusive as que incluem alta tecnologia, são indicadas tanto para ambientes internos como para áreas expostas ao sol ou às intempéries.

Essa fatia do mercado têxtil vem se mostrando tão atraente que em agosto de 2006, com a ForMóbile – feira voltada à decoração de ambientes –, foi inaugurada, no Anhembi, a 1ª Mostra Texbrasil Decor – espaço de 3.000 metros quadrados dedicado aos principais fabricantes nacionais de tecidos para móveis e decoração. Trata-se de uma realização em conjunto: Comitê de Tecidos para Decoração da Associação Brasileira da Indústria Têxtil e de Confecção (Abit) e o Sinditêxtil/SP.

Tendências do mercado têxtil brasileiro voltado à decoração, como cores, estampas, matérias-primas e texturas, são apresentadas a arquitetos, decoradores e designers, com o intuito de concentrar informações indispensáveis ao setor.

Carpetes e tapetes

Cores fortes e influência indígena, raízes da arte brasileira, aparecem de modo marcante nas tapeçarias artesanais. Fios de lã e algodão são trama-

Duas letras "c" na beirada de cada tapete identificam sua procedência: Casa Caiada. Foto: Dinah Bueno Pezzolo.

O trabalho do escultor Aleijadinho em pedra-sabão conferiu textura ao manto do profeta Daniel (1800-1805). Santuário Basílica do Senhor Bom Jesus de Matosinhos, Congonhas do Campo, Minas Gerais. Foto: Dinah Bueno Pezzolo.

dos em tecelagem manual ou em trabalhos de macramé, em que muitas vezes o motivo vazado cria leveza, enquanto tiras, tranças e cordões criam relevo.

Entre os tapetes bordados à mão, merecem destaque os da Casa Caiada. A empresa nasceu há 36 anos pela iniciativa de duas senhoras da sociedade pernambucana. Com o intuito de fazer trabalho social e proporcionar ajuda financeira, contaram com o trabalho de hábeis costureiras e rendeiras, mães de família de baixa renda, que dificilmente sairiam de casa para trabalhar.

Desse ideal surgiu um tapete genuinamente brasileiro, numa casa caiada, onde as artesãs se reuniam, daí o nome. Os primeiros desenhos foram inspirados nos azulejos coloniais portugueses dos séculos XVII e XVIII que ainda revestem igrejas, museus e casas daquela época. A empresa cresceu e os motivos se multiplicaram. As linhas clássica, floral, geométrica, sisal, marajoara, ecológica e infantil são vendidas no Brasil e exportadas para Europa e Estados Unidos.

Arte

Uma obra de arte muitas vezes mostra o tecido como elemento participante da composição. Reproduzido em telas, transmite a visão e o pensamento do artista. No Brasil, a arte naïf não deixa de registrar o gosto popular com cores primárias e florais típicos da chita. Mas raramente lembramos que é de tecido a base que recebe o trabalho do artista. As telas para pintura a óleo normalmente são montadas com tecidos de juta, linho, cânhamo ou algodão.

Tecidos também são revelados em esculturas, chegando a transmitir textura. O artista pode insinuar transparência, mas também tecidos grossos e pesados, como os esculpidos por Aleijadinho em suas obras, notadamente nos profetas.

A importante cultura de nosso país, base da principal matéria-prima têxtil brasileira, está documentada na tela *Colheita do algodão*. Espaço Arte M. Mizrahi/ Obra: Enrico Bianco.

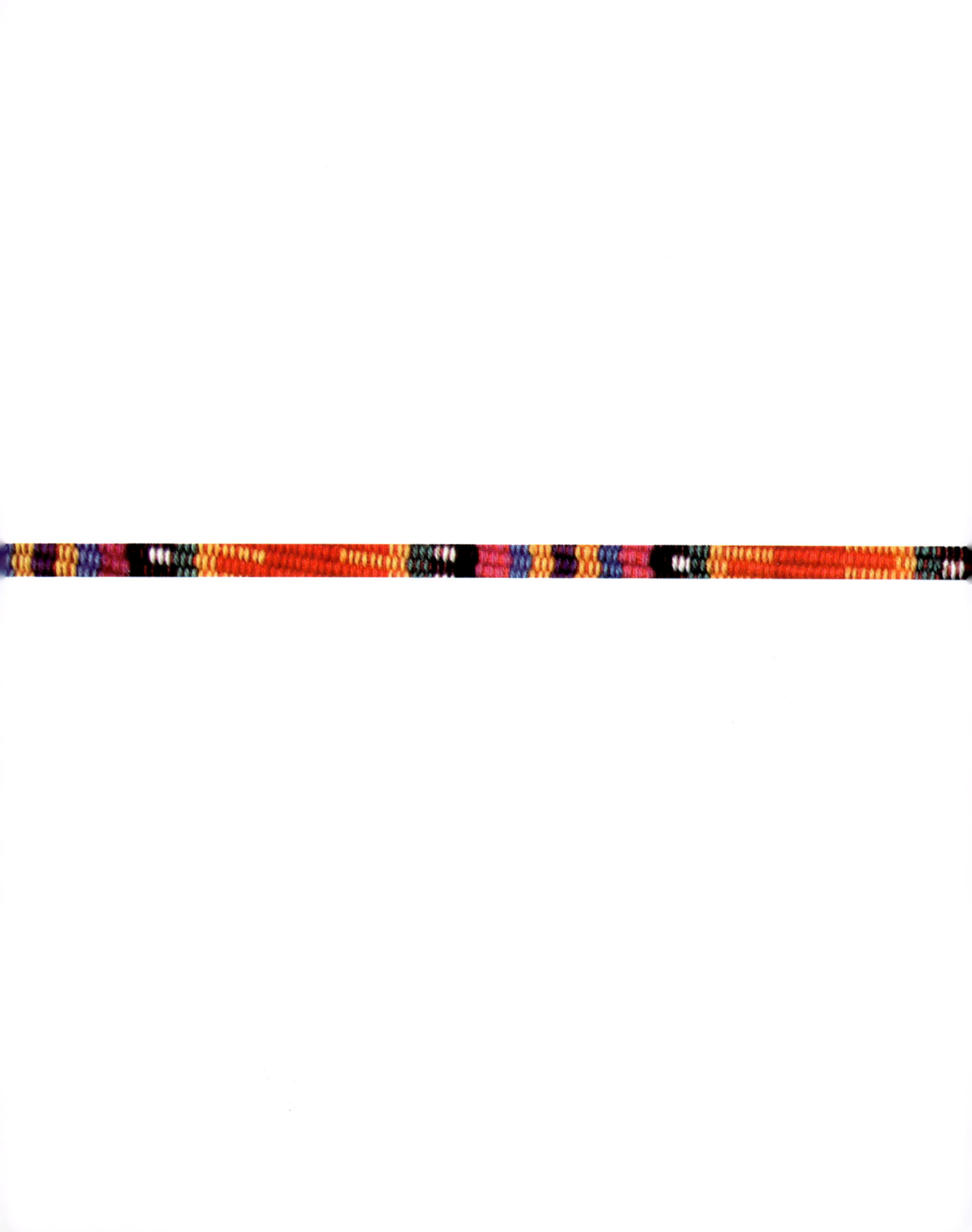

Análise de têxteis no comércio internacional

O setor têxtil ocupa posição de destaque no comércio internacional do país. O Brasil exporta para diversos países, principalmente algodão, tanto sob forma de matéria-prima como produto final, além de seda, juta e outras fibras. Entre as importações, se destacam os têxteis sintéticos e mistos oriundos principalmente de países asiáticos. Nessa troca comercial, um ato ilícito tem preocupado o setor: as importações predatórias.

Em 2007, a Associação Brasileira da Indústria Têxtil e de Confecção (Abit) promoveu um seminário com a Associação dos Juízes Federais do Brasil (Ajufe). Com a finalidade de debater os mecanismos de controle, de acompanhamento e de fiscalização do comércio exterior de têxteis e de vestuário. Na ocasião, o diretor-superintendente da Abit, Fernando Pimentel, chamou atenção para o fato de que "o setor têxtil e de confeccionados vem sendo atingido de forma desleal por um volume monumental de importados que entram no país subfaturados, com falsas declarações, além dos descaminhos". E acrescentou, segundo informações da Abit: "precisamos debater os mecanismos desses crimes diretamente com a justiça, para proteger não um setor, mas toda uma sociedade".

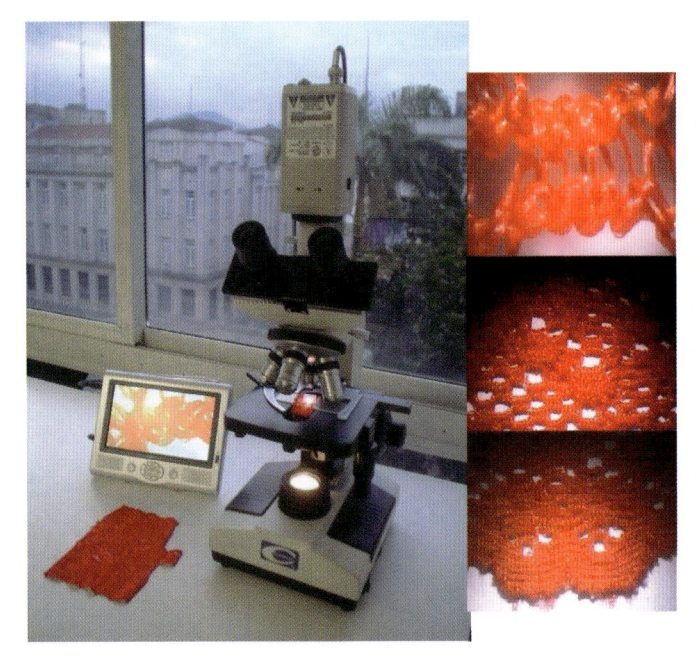

Análises laboratoriais foram intensificadas com a finalidade de colaborar rigorasamente para a diminuição do índice de produtos têxteis "falsamente classificados" que entravam no país. A demanda da indústria têxtil para esse tipo de serviço tem aumentado consideravelmente.

Há mais de dez anos, o laboratório de análises têxteis Denier, especializado em ensaios físicos e químicos de matérias-primas e produtos têxteis, tem sido um aliado na luta contra as importações predatórias, colaborando para que os órgãos que fazem esse serviço, como o Senai/Cetiqt (Rio de Janeiro), Senai (São Paulo) e a FEI (São Bernardo do Campo), não fiquem sobrecarregados. O Denier está localizado próximo ao Porto de Santos e segundo sua diretora, a tecnóloga têxtil Maela Queiroz, "com a reestruturação do Porto de Santos, encontramos um espaço ideal para implantar este serviço, afinal, por aqui entram diariamente toneladas de fios e tecidos que precisam ser analisados com a máxima urgência".

O Denier entrega, no prazo máximo de 48 horas, os resultados das análises feitas em fibras, fios, tecidos ou malhas. O laboratório recebe hoje amostras de material de todo o Brasil via correio e realiza, em média, duas mil análises por ano. Desde a sua implantação, houve uma redução para menos de 10% no índice de têxteis "falsamente classificados" que entravam no país, pois possibilitou a conferência precisa dos produtos relacionados nas notas com a mercadoria embarcada.

Os ensaios são realizados de acordo com padrões rígidos de qualidade e em conformidade com normas técnicas nacionais e internacionais, que podem ser comprovadas por emissão de certificado com responsabilidade técnica. Uma vez identificado o produto por meio de diversos ensaios, o resultado vai para os engenheiros que são responsáveis pela assessoria técnica tarifária do material. "Confrontando o resultado da análise com a tabela de tarifas externas chega-se ao valor médio do mercado. Com isso, inibi-se drasticamente o sub ou superfaturamento de produtos", explicou o engenheiro têxtil Roberto Filgueiras.

Resumo dos métodos empregados nas análises

- **Análises em fibras.** Análise qualitativa e quantitativa da matéria-prima, realizada por microscopia de secção longitudinal e transversal e por solubilidade.

- **Análises em fios.** Análise qualitativa e quantitativa dos componentes. É realizada por meio do número de filamentos, dos títulos de fios, da resistência à tração (tenacidade) e da porcentagem de alongamento, além do aspecto do fio (contínuo, descontínuo, texturizado ou não, etc.) e torção.

- **Análises em tecidos, malhas e confeccionados.** Importante para classificação do produto têxtil – Nomenclatura Comum do Mercosul (NCM) e também para etiquetar corretamente as peças confeccionadas. Análise qualitativa e quantitativa dos componentes, da gramatura, da densidade, das padronagens simples e complexas e do acabamento.

Glossário

Acetato. Fibra artificial à base de celulose, obtida por processo semelhante ao da viscose, utilizada como substituta da seda natural. Embora apresentando características gerais similares às da viscose, não reage bem aos processos normais de tingimento, exigindo a utilização de técnicas especiais. Aplicação têxtil na produção de cetins, rendas e material de estofamento.

Acrílico ou poliacrílico. Embora não seja a mais consumida das fibras químicas têxteis, o acrílico, por suas características, ainda é visto como o melhor substituto da lã. É bom isolante térmico, leve, resistente aos agentes químicos, não amassa, de fácil lavagem, não encolhe e seca rapidamente. Tem larga aplicação na fabricação de artigos de inverno: agasalhos em geral, meias, gorros, cobertores, mantas e tecidos felpudos. É muito utilizado em artigos infantis por não causar alergias.

Adamascado. Tecido de linho, seda ou algodão fabricado em cor única e que apresenta desenhos resultantes da oposição de ligamentos, com contraste entre brilhante e opaco, imitando o jacquard. Ligamentos usados: sarja e cetim. Uso: confecções, casa e tapeçaria.

Albene. Tecido para vestuário produzido com fio de acetato opaco.

Algodão. Fibra natural de origem vegetal procedente do algodoeiro. Aplicação têxtil: fabricação de inúmeros tecidos para uso doméstico e profissional: brim, cretone, popeline, cambraia, sarja, fustão, etc. Essa variedade depende da densidade, do ligamento ou do trabalho final. Características: macio e confortável; durável; resistente ao uso e à lavagem, mas amarrota e tende a encolher. O tecido à base de algodão possui boa capacidade de absorção de umidade e é adequado para o clima brasileiro, quente e úmido (ver o capítulo "Algodão").

Algodão egípcio. Algodão que possui a fibra mais longa do mundo. Resulta num tecido bastante macio e durável.

Algodão penteado. Resultante de um processo em que as fibras mais curtas são eliminadas, tornando o fio macio e mais resistente.

Algodão pima. Algodão de fibra longa, encontrado apenas no Peru, tão apreciado quanto o egípcio.

Algodão upland. Algodão de fibras curtas. A maior parte da colheita mundial de algodão é desse tipo. O upland é usado como base de comparação aos outros tipos.

Algodãozinho. Nome genérico utilizado para denominar qualquer tipo de tecido de algodão cru ou alvejado, geralmente com ligamento sarja.

Alpaca. Tecido barato de algodão ou viscose usado para forro de roupa. Originou-se de um tecido antigo, fino e brilhante, que era produzido com fios dos pelos da alpaca.

Ana ruga. Tecido com efeito encrespado obtido por meio de processo químico.

Aniagem. Tecido grosseiro, sem acabamento, de juta, cânhamo, ou de outra fibra vegetal análoga, usado para confecção de fardos.

Arrastão. Tipo de malha com ligamentos bastante abertos, semelhante a uma rede de pescador.

Astracã. Tecido de fibras sintéticas, com fios longos e brilhantes, parecido com a pelúcia, que imita pele de animal.

Bandagem. Tecido de algodão, leve, vazado, com aspecto rústico, levemente creponado, semelhante ao tecido de ataduras.

Batik. Técnica artesanal originária da Índia para estampar tecidos com o uso de cera quente (ver o capítulo "Beneficiamento têxtil, tintura e estampagem").

Batista. Tecido fino, semelhante à cambraia, de linho, de algodão ou misto. Inventado por Baptiste Chambray, modesto tecelão do século XIII; muito utilizado na confecção de blusas, lenços e lingeries.

Bayadère. Tecido no qual os desenhos formam listras brilhantes ou coloridas ou com aspecto diferente, no sentido da trama.

Beneficiamento. Processo de aprimoramento das características físico-químicas de fibras, fios; tecidos com etapas iniciais, secundárias e finais (ver o capítulo "Beneficiamento têxtil, tintura e estampagem").

Bisso. Filamentos semelhantes à seda secretados por uma glândula situada na base do pé de certos moluscos bivalves que servem para fixá-los às rochas. Os antigos se serviam dessa matéria têxtil para a fabricação de um tecido finíssimo, de brilho semelhante ao da seda, de uma leveza quase impalpável. O bisso também é conhecido por ablaca ou abláqua, ou seda do mar. Há uma hipótese de que o tecido utilizado no Santo Rosto de Manoppello ou Véu de Manoppello, conservado na região italiana dos Abruzos e que mostra a imagem de um rosto semelhante ao mostrado no Sudário de Turim, tenha sido fabricado com bisso marinho.

Boutonné. Tecido fantasia produzido com fio do mesmo nome. Sua superfície apresenta pequeninas bolas de fibras enroladas.

Buclê. Tecido com superfície crespa, com efeito de laçadas e nós produzidos com fio retorcido. O nome origina-se da palavra francesa *boucler*, que significa "encaracolar".

Burberry. Ver Gabardine.

Brim. Tecido forte com desenho em sarja, de algodão. Assemelha-se ao coutil, ao jeans, ao denim. Atualmente é muito usado em confecção (calças, bermudas, uniformes, etc.) e também em decoração e roupa de casa (almofadões, toalhas de mesa, guardanapos, etc.)

Brocado. Tecido rico de seda com desenhos em relevo realçados por fios de ouro ou prata. O nome é dado também a qualquer tecido que, por seu aspecto, se assemelhe ao brocado.

Caban. Tecido de lã grossa, parcialmente impermeabilizada. É usado na confecção do agasalho náutico de mesmo nome.

Calandra. Máquina composta basicamente por dois cilindros de aço aquecidos, por entre os quais o tecido é passado para obter efeitos diferenciados: brilho, brilho ondulado, alisamento, encorpação com auxílio de resinas, entre outros.

Cambraia. Tecido de algodão ou linho leve, com ligamento tafetá, usado em camisaria, blusas finas, roupas para bebês e lenços (semelhante ao batista). O nome se origina da cidade de Cambraia, França. A cambraia de lã é um tecido mais pesado em ligamento sarja, com fios de cores contrastantes no urdume e na trama, usado para ternos e tailleurs.

Camelo (pelo de camelo). Tecido de pelo de camelo misturado à lã, muito macio, na cor bege-queimado. Utilizado principalmente na confecção de mantôs.

Canelado. Tecido com listras verticais ou horizontais em relevo, semelhantes ao desenho de cotelê.

Cânhamo. Tecido feito com fibras extraídas do caule do cânhamo, planta herbácea da família das canabidáceas (*Cannabis sativa*) amplamente cultivada em muitas partes do mundo. Os métodos de extração de suas fibras são semelhantes aos utilizados para o linho. O cânhamo tem sido usado em quase todas as formas de aplicação têxtil: tecidos finos, cortinas, cordas, redes de pesca, lonas, além de misturado a outras fibras, naturais ou químicas artificiais.

Canvas. Tecido forte e durável feito em algodão ou fibra sintética, muito utilizado para a confecção de casacos para chuva, calças tipo jeans e bolsas. Originalmente, era feito de linho e usado em velas na navegação.

Cardagem. Processo industrial que consiste em escovar e desembaraçar as fibras, deixando-as quase paralelas, eliminando a maior parte de corpos estranhos. É usada em algodão, cânhamo, lã, linho, etc. A cardagem não permite qualquer torção nos fios.

Casa de abelha. Tecido com desenho fantasia de pequenos losangos que imitam alvéolos do favo do mel; obtido durante a tecelagem, pela alternação do urdume e da trama.

Cashmere. Tecido feito com os pelos da cabra originária do Tibete. O fio da lã cashmere, muito fino, macio e quente, é usado também em malharia (pulôveres, suéteres, meias).

Casimira. Tecido encorpado de lã usado em geral para vestuário masculino (calças, paletós). Semelhante ao drap.

Cetim. Nome dado a um tipo de ligamento e também ao tecido macio e fluido que, por causa do entrelaçamento diferenciado de seus fios, possui o lado direito mais brilhante que o do avesso. O tecido cetim pode ser de qualquer matéria-prima, com densidade elevada de fios no urdume. Os cetins mais conhecidos são os brilhantes, mas também podem ser semiopacos ou até mesmo opacos, conforme a matéria-prima (acetato, viscose, poliéster), a torção ou o tratamento do acabamento (como na seda). Dependendo de seu peso, tanto é usado na moda como na decoração de ambientes.

Cetim boucol. Semelhante ao cetim duchese, porém mais pesado, muito utilizado na alta-costura e em vestidos de noivas.

Cetim changeant. Cetim com duas cores na trama. Aparenta ter cores diferentes de acordo com a posição que se olha o tecido.

Cetim charmeuse. Cetim leve com bom caimento, brilho intenso e trama suplementar que pode ser vista no avesso.

Cetim duchese. Cetim mais pesado que o charmeuse, com brilho mais intenso e excelente caimento, geralmente em seda, acetato ou poliéster. A exemplo do boucol, também é largamente usado em alta-costura e vestidos de noivas.

Cetim peau d'ange ou cetim vison. Cetim mais encorpado que o comum, com bom caimento e brilho discreto, utilizado na alta-costura e na decoração (cortinas, revestimentos, almofadas). Na tradução do francês, *peau d'ange* quer dizer "pele de anjo".

Cetim zibeline. Cetim pesado com brilho acetinado e avesso em crepe. Por ser bem encorpado, é perfeito para os modelos com corte evasê, incluindo vestidos de noiva.

Challis. Tecido produzido com viscose fiada. Originário da Índia, significa "de toque agradável".

Chamalote. Tecido furta-cor em que a posição do fio produz efeito ondeado; o mesmo que moiré.

Chambray. Tipo de tecido em 100% algodão feito com fios tintos de azul-claro alternados por fios brancos, similar ao índigo. Originalmente era fabricado na região francesa de Cambraia, de onde vem o seu nome.

Chamoix (camurça, suedine). Tecido de algodão, que após acabamento tipo flanelagem, seguido de navalhagem, adquire aparência de veludo ou pele de camurça.

Chenille. Tecido felpudo, geralmente de algodão, muito usado em decoração (colchas, almofadões) e roupões.

Chevron. Também conhecido como espinha-de-peixe, seu desenho é obtido à base de ligamento, em que o efeito diagonal se forma em sentidos contrários, resultando em faixas determinadas.

Chiffon. Em francês, o nome significa "trapo". Trata-se de tecido muito fino e transparente de seda ou de fibras químicas sintéticas (normalmente poliéster ou poliamida), com fios com grande torção e resistência. O termo chiffon, quando combinado ao nome de outro tecido, quer dizer que este possui leveza. Por exemplo: crepe chiffon, tafetá chiffon, veludo chiffon.

Chintz. Tecido de algodão, muito leve, em ligamento tafetá, estampado, com acabamento brilhante obtido por calandragem, muito utilizado em decoração de ambientes.

Chita ou chitão. Tecido simples de algodão, estampado em cores, com motivos florais na maioria das vezes.

Cloquê. Tecido tipo piquê, maquinetado ou jacquard, de seda, raiom, ou algodão, com efeito de alto-relevo produzido por fios de crepe ou fios de encolhimento elevado.

Coenizado. Tecido com o forro prensado, o que lhe dá firmeza.

Cotelê. Tecido com relevo de ranhuras na vertical.

Corduroy. Veludo canelado, normalmente de algodão. Os tipos mais disponíveis no mercado são os laváveis e versões stretch com elastano.

Coutil. Tecido 100% algodão ou linho composto por fios retorcidos com ligamento sarja 2×1 (diagonal ou espinha-de-peixe), muito resistente e utilizado para colchões, calças, sapatos, etc.

Crepe. Tecido com aspecto granulado e toque áspero obtidos pela torção diferenciada de seus fios, que podem ser de seda, algodão, lã, viscose ou poliéster. A torção, bastante elevada, provoca encolhimento do fio durante o tingimento, o que lhe confere aspecto opaco e seco. O nome deriva da palavra francesa *crèpe*, que significa "crespo".

Crepe changeant. Semelhante ao crepe chiffon ou musseline, mostra efeito furta-cor no lado direito e avesso fosco.

Crepe chiffon. Parecido com a musseline, geralmente de poliéster, muito leve e transparente, possui textura levemente enrugada e toque macio e fluido. Aplicações mais comuns: camisas, batas, vestidos, lenços, echarpes, etc.

Crepe da China. Tecido de seda ou de fibras químicas sintéticas, especialmente o poliéster, muito fino e leve. Em sua tecelagem, o urdume mostra fios com pouca torção, e a trama é constituída de fios retorcidos (torção crepe) dispostos alternadamente: dois fios com torção no sentido S e dois fios no sentido Z. Aplicações mais comuns: roupas clássicas, camisaria feminina e masculina, gravataria, echarpes, pijamas masculinos e femininos, almofadas e xales de sofá.

Crepe de lã. Tecido de lã penteada. Sua tecelagem é feita com fios sobretorcidos (torção crepe) tanto no urdume quanto na trama, dispostos alternadamente.

Crepe georgette. Com superfície levemente crepada, feito de seda, poliéster ou viscose. Trata-se de uma musseline mais pesada, transparente ou não, com um lado áspero. Aplicações mais comuns: blusas, echarpes, camisolas.

Crepe madame ou chanel. Tecido grosso, acetinado, tem avesso fosco e pode ser usado dos dois lados. É usado em vestidos, regatas, roupas de festa clássicas, trajes habillés, lingerie, robes, pijamas, lençóis, edredons.

Crepe marrocain. Tecido de seda ou de fibras químicas sintéticas, especialmente o poliéster, originário do Marrocos, similar ao crepe da China, porém mais pesado e com granulação acentuada.

Crepe romain. Tecido de seda, poliéster, ou viscose, originário da Itália, similar ao crepe georgette. No entanto, é mais fechado e apresenta granulação acentuada. Aplicações mais comuns: moda feminina clássica, incluindo conjuntos de calça e blusa.

Crepe satin. Semelhante ao crepe madame, com o lado acetinado furta-cor.

Cretone. Feito de algodão ou misto (algodão e poliéster), liso ou estampado, usado para roupas de cama e cortinas.

Crinolina. Tecido geralmente feito de linho e crina de cavalo, muito engomado, áspero, usado na alfaiataria como base para golas e enchimento para ombros. Na confecção de chapéus, muitas vezes é utilizado como entretela. Tem aplicação também na confecção de saiotes bufantes e corpetes sustentados por barbatanas. No século XIX, crinolinas eram armações usadas sob as saias para mantê-las volumosas. As primeiras crinolinas eram feitas com crina de cavalo; mais tarde, foram usadas barbatanas de baleia e, depois, de metal.

Dégradé. Tecido com mudança gradativa de tonalidade, de escura para clara. Em geral mostra uma só cor como base. Esse efeito é geralmente obtido com fios tintos ou na estampagem.

Délavé. Nome dado ao processo de lavagem que dá aspecto desbotado ao tecido. Também indica cor com aparência desbotada.

Denier. Peso em gramas de 9.000 m de qualquer material linear. Exemplo: um fio de 20 denier significa que 20 g é o peso de 9.000 m desse fio.

Denim. Tecido de algodão resistente feito com a mistura de fios azuis na trama e brancos no urdume ou vice-versa. Foi feito originalmente em Nimes, na França, era conhecido como "serge de Nimes", de onde surgiu seu nome (de Nimes; denim). O denim foi utilizado nas velas do veleiro de Cristóvão Colombo em sua viagem de descoberta da América, em 1492. No século XIX, era usado na confecção de calças resistentes para marinheiros da cidade de Gênova. Foi observando a resistência desse tecido que Levi Strauss o adotou para a calça que se tornaria o uniforme do mundo, o jeans. Por ser forte, durável e facilmente lavável, foi muito usado na produção de roupas para trabalhos pesados, no início do século XX. A partir dos anos 1950 passou a fazer parte do fenômeno jeans: *denim blue jeans*.

Dévoré. Tipo de estampa que mostra um desenho em relevo sobre fundo transparente, obtido por corrosão. O tecido inicialmente é composto por dois grupos de fios fiados com fibras têxteis diferentes. A destruição pela ação de produtos químicos de um desses grupos acaba revelando o desenho.

Drap. Tecido macio, de lã brilhante, com aparência de feltro na superfície. Pode ser mais ou menos pesado, de acordo com o uso: mantôs, blazers, vestidos.

Elastano (poliuretano). Fibra química sintética, conhecida pelo nome registrado Lycra®, obtida do etano, com função específica de conferir elasticidade aos tecidos planos ou de malha.

Engomagem. Técnica que consiste na aplicação de uma solução colante natural ou sintética ao fio, acrescentando-lhe maior resistência. Geralmente é usada na fabricação de tecidos com fios delicados.

Enobrecimento. Conjunto de operações industriais como alvejar, tingir, estampar, engomar, amaciar, repassar, etc., executadas no produto já tecido. O termo é usado principalmente na fabricação do linho.

Entretela. Tecido com aparência de um morim bem engomado que se coloca entre o forro e o tecido da peça que está sendo confeccionada, para lhe dar consistência, ou bom caimento, ou para torná-la armada.

Escocês. Tecido xadrez de diferentes tonalidades, resultante da mistura de listras e barras, com ligamento tafetá ou sarja, de qualquer matéria-prima. Origina-se da Escócia, onde cada família nobre, chamada de clã, tinha um tecido, em geral de lã, representativo do nome ou da região (tartan). O aspecto xadrez era distinto e representativo para cada família. Atualmente, este tecido é também obtido com estampagem (ver o capítulo "Motivos e padrões").

Espinha-de-peixe. Tecido com ligamento sarja quebrada, resultando num efeito zigue-zague semelhante às espinhas de peixe. Este tecido pode ser de lã, linho, algodão ou seda.

Estampado. Tecido que mostra desenhos variados, adicionados em sua superfície por processos industriais ou artesanais.

Estonagem. Processo que utiliza tambores com água e pedras de argila para lavar a peça já confeccionada, garantindo-lhe um aspecto de usada, gasta, mas ao mesmo tempo um tanto desbotada e amaciada.

Estopa. Tecido grosseiro, sem acabamento, de juta ou outra fibra vegetal parecida, usado na confecção de fardos.

Étamine. Tecido fino e telado, geralmente de algodão, usado em bordados de fios contados, como o ponto cruz, desde o século XIV.

Extrusão. Passagem forçada de uma resina, em forma pastosa, por um ou mais orifícios finíssimos, visando conseguir um ou mais filamentos. Após essa passagem, os filamentos são imediatamente solidificados.

Façonné. Tecido (de uma só cor ou não) com desenhos feitos na própria trama, com contraste do brilhante contra o fundo opaco.

Faille. Tecido grosso de seda, chamado inicialmente de tafetá à failles ("tafetá com fendas"), por causa do seu aspecto canelado.

Faillette. Variação mais fina do tecido faille com ligamento tafetá, geralmente sintético, utilizado para forro.

Feltro. É o mais antigo não tecido. O feltro resulta do empastamento de fibras de lã ou similares, por meio da ação combinada de agentes mecânicos e produtos químicos, sem que haja trama de fios. Por não desfiar, pode ser cortado em qualquer direção. Suas principais aplicações são fabricação de chapéus, filtros, brinquedos, acolchoados, forros de inverno, quadros de aviso, artesanato, etc.

Fiação. Processo final que transforma fibras naturais, químicas ou suas misturas em fios. Com exceção da seda, todas as fibras naturais possuem comprimentos limitados e definidos. Pela fiação, essas fibras são transformadas em um fio contínuo, coeso e maleável.

Fibra. Estrutura de origem animal, vegetal, mineral ou sintética utilizada na fabricação de produtos têxteis, entre outras aplicações. As fibras são classificadas em função de sua origem, de sua estrutura química ou de ambos os fatores.

Fibras têxteis artificiais. São provenientes de matérias-primas naturais transformadas quimicamente. Por isso são classificadas como fibras químicas artificiais. Exemplos: madeira ou bambu, que podem dar origem à viscose.

Fibras têxteis naturais. São aquelas fornecidas pela natureza e transformadas em filamentos por processos mecânicos como torção, limpeza e acabamento. Podem ser de origem vegetal ou animal. Exemplos: lã, algodão, linho, seda, cânhamo, juta, etc.

Fibras têxteis sintéticas. São as obtidas por meio de reações químicas. Na classificação, de acordo com a origem, recebem o nome de fibras químicas sintéticas. Por exemplo, do petróleo pode se chegar à fibra têxtil poliéster.

Fil à fil (fio a fio). Tecido que apresenta alternância de dois fios, um colorido e outro branco. Utilizado na confecção de camisas.

Filmes. Estruturas têxteis com textura próxima à do papel. São produzidos com soluções de fibras têxteis, frequentemente do náilon. Podem aparecer isolados ou laminados com outro tecido.

Filó. Tecido transparente, semelhante ao tule, geralmente com 3,20 m de largura, de algodão ou náilon, tramado em forma de rede de furos redondos ou hexagonais. Ele pode ser engomado ou não e é usado principalmente para véus, cortinados, mosquiteiros e enfeites.

Fio. Produto final obtido pela transformação de fibras naturais, artificiais ou sintéticas, pelo processo de fiação.

Fio de escócia. Malha de algodão feita com algodão mercerizado (passado em soda cáustica). A mercerização confere ao fio aspecto brilhante, além de aumentar seu poder de absorção do corante, permitindo uma cor muito mais viva.

Flambagem. Processo que consiste em submeter um tecido à chama do fogo a fim de igualar sua superfície, pela queima das fibras que a ultrapassam.

Flanela. Tecido de algodão de peso leve, toque macio, com lado "flanelado", em cor lisa ou estampado. Usado para pijamas, robes e roupas infantis para o inverno.

Flanela de lã. Tecido 100% lã cardada, peso de leve a médio, toque macio, ligamento tafetá, com lado "flanelado", podendo ser liso ou xadrez. Usado para vestidos, calças compridas, robes, etc.

Flanelagem. Processo de acabamento de tecido que consiste em sua passagem por cilindros guarnecidos de agulhas que puxam as fibras dos fios formando uma base felpuda.

Flocagem. Processo que consiste em colar uma camada de pelos sobre um tecido por processo eletrostático. O tecido recebe uma camada de cola (uniforme ou em apenas alguns lugares) e a camada de pelos; em seguida, é introduzido numa câmara eletrostática que eletriza os pelos, colocando-os em pé. Os pelos são fixados por polimerização.

Fustão. Tecido de algodão (ou de seda, linho ou lã) que apresenta o avesso liso e o direito em relevo na forma de cordões justapostos paralelos. O de algodão, geralmente branco ou de cores claras, é usado principalmente na confecção de uniformes e aventais.

Gabardine. Tecido de algodão, lã ou fio sintético, com textura aparente de sarja 2×1, 3×1 ou múltipla, em angulo de 45°, o que produz aspecto diagonal. Usado em roupas esportivas, calças, capas de chuva, uniformes. O nome também é dado à peça de vestuário feita com este tecido impermeabilizado usada como proteção da chuva. A palavra *gabardina*, em espanhol, significa "sobretudo impermeável" ou "capa de chuva". A associação da gabardine com a capa de chuva nasceu do senso de observação do inglês Thomas Burberry no fim do século XIX. Burberry, notando que pastores e fazendeiros usavam aventais de linho, que eram frescos no verão e quentes no inverno, tentou aplicar os mesmos princípios para outras roupas. Em 1879, ele desenvolveu um tecido à prova d'água cujo fio passava por um processo antes da tecelagem. Tratava-se de uma fórmula secreta que ele aplicava também na peça pronta. O novo material era extremamente resistente e impermeável, ao mesmo tempo que fresco e respirável. Ele o chamou de gabardine e registrou a palavra como marca. A primeira capa de chuva em gabardine da Burberry apareceu na virada do século.

Gaufrage. Tipo de acabamento feito em calandra. O tecido passa por entre dois cilindros quentes, gravados, a fim de obter efeito de alto relevo.

Gaze. Tecido de algodão cardado, muito leve e transparente, também conhecido como bandagem, utilizado em larga escala na medicina para curativos. Quando tinto, aparece em criações da moda.

Georgette. Ver Crepe georgette.

Gobelin. Tecido clássico com motivos em jacquard encorpado, extremamente batido (chama-se batida cada vez que um fio de trama é incorporado ao tecido, amarrando os fios de urdume). Quanto mais finos e juntos forem os fios, maior nitidez terão os desenhos: medalhões, flores, folhagens, cenas ao ar livre, etc. Usado em decoração clássica de interiores.

Gorgorão. Tecido encorpado, liso, geralmente misto de algodão e poliéster, com efeito canelado, muito utilizado em decoração, para revestimentos, cortinas e estofados.

Goretex®. Nome comercial de um tecido usado em impermeáveis e roupas esportivas. Composto por uma membrana de teflon entre um tecido exterior de náilon e um tecido macio interno, o produto é "respirável" e resistente à água e ao vapor.

Gramatura. Nome dado à massa por unidade de superfície. A medida é feita em gramas por metro quadrado. Exemplo: tecido com gramatura 50 tem massa de 50 g por metro quadrado.

Grège. Nome dado ao fio de seda natural, cru e sem torção.

Guipure. Tecido de renda de seda, linho ou algodão, com fundo de tule e motivos florais bem definidos, bordados em relevo. Usado em modelos habillés.

Helanca®. Tecido elástico produzido com fio de poliamida texturizada por falsa torção, geralmente colocado na trama (a helanca costuma ter elasticidade no sentido lateral). O nome deriva da marca registrada do primeiro fio texturizado (fio com certa elasticidade) pela empresa norte-americana Heberlein Corporation, em 1947.

Indiano. Tecido semelhante ao chiffon, levemente crespo e pouco transparente, semelhante à gaze cirúrgica. Muito usado na década de 1970.

Índigo. O nome provém da planta *Indigofera tinctoria*, cuja raiz possui um corante natural azul que há mais de 5 mil anos servia de base para tingimento da lã. Depois de algum tempo, passou a ser utilizado no algodão. Hoje o índigo, ou indigo blue, se define como corante para calças jeans (ver o capítulo "Beneficiamento têxtil, tintura e estampagem").

Jacquard. Método de tecelagem inventado por Joseph-Marie Jacquard no fim do século XVIII (ver o capítulo "Tecelagem e classificação"). Um mecanismo aciona uma série de cartões perfurados que compõem o motivo desejado. As perfurações, ligadas a cabos, comandam a elevação do mecanismo do urdume, permitindo que os fios da trama passem por uma trajetória determinada, formando desenhos. Tecido jacquard é o fabricado por esse método.

Javanesa. Tecido produzido com fio de filamento de viscose no urdume e fio de viscose fiado na trama. Com toque macio e levemente brilhante, ele é muito usado em moda feminina.

Jeans. Palavra proveniente de Gênes, nome francês para Gênova, cidade portuária da Itália. Nessa cidade, marinheiros usavam resistentes calças de trabalho que inspiraram Levi Strauss, na segunda metade do século XIX, a criar a peça que hoje veste o mundo.

Jérsei. Tecido de malha leve e de ligamento simples, muito usado para lingerie. Inicialmente de lã, hoje é feito também de algodão, seda, fibras sintéticas ou da combinação dessas. O nome vem do lugar em que foi primeiramente fabricado, a ilha de Jersey, na Inglaterra, onde era usado em roupas de pescadores.

Jouy (toile de Jouy). Tecido de algodão ou linho estampado com motivos do século XVIII. Foi usado na confecção de coletes e gravatas; hoje é mais utilizado na decoração (revestimentos, cortinas, almofadas).

Juta. As fibras de juta, extraídas do caule da planta tiliácea (*Corchorus capsularis*), originária da Índia, são usadas na fabricação de cordas, tapetes de baixo custo, tecidos para sacos e telas de aniagem. O tecido de juta, essencialmente rústico, é empregado também em revestimento mural. A juta é uma fibra barata e não é tão resistente nem tão durável quanto o linho ou o cânhamo.

Lã. Fibra natural de origem animal, macia e ondulada, obtida principalmente do pelo das ovelhas e de outros animais como o camelo, a alpaca, a cabra Angorá, a cabra cashmere, a lhama e a vicunha, utilizada na fabricação de fios e tecidos (ver o capítulo "Lã").

Laise. Tecido leve de algodão, com motivos bordados, muitas vezes vazados. Originário da França.

Lambswool. Tecido feito de lã de cordeiro.

Lamé. Tecido liso ou jacquard, com trama de fios metálicos, de ouro, prata, etc. É utilizado na moda feminina e, principalmente, em roupas de carnaval.

Lançadeira. Peça do tear que faz correr o fio da trama por entre os do urdume (ver o capítulo "Tecelagem e classificação").

Liberty. Tecido com estampa de flores e folhas miúdas, criada no fim do século XIX pelo inglês Arthur Liberty.

Ligamento. Traçado que permite planejar o entrelaçamento dos fios do urdume e da trama para realizar os mais diferentes tecidos. Inicialmente esse desenho é feito sobre um papel especial, quadriculado. Os ligamentos básicos são sarja, cetim e tafetá, mas existem inúmeras variantes. No caso do jacquard, por exemplo, esse traçado inicial recebe o nome de *dessin* ("desenho", em francês), por se tratar de um conjunto de desenhos.

Liganete. Malha de jersey bem fina, fria, geralmente usada na confecção de saiotes, combinações e blusinhas de verão.

Linho. Tecido feito com a fibra natural de origem vegetal procedente do talo do linho. Os tecidos podem ser 100% linho ou mistos com diversas fibras naturais ou sintéticas. Os tecidos de linho são duráveis, resistentes e bem laváveis. Quando molhados, sua resistência pode ser 20% superior ao mesmo tecido em estado normal. Os tecidos de linho não encolhem nem alongam. São utilizados no vestuário, na rouparia doméstica e na decoração (ver o capítulo "Linho").

Lona. Tela pesada de algodão, destinada a cobrir cargas, carrocerias de caminhões e proteger produtos perecíveis. Atualmente, a lona pode ser feita com diversas matérias-primas além do algodão, como poliéster e poliamida, e com diversos acabamentos. É bastante utilizada também na confecção de bolsas, tênis, barracas e cadeiras de praia.

Lonita. Tecido resistente de algodão liso, listrado ou xadrez, muito usado na decoração de ambientes externos, como toalhas de mesa e almofadões. Na moda, aparece principalmente em jaquetas e sacolas.

Lurex®. Fibra metalizada inventada pela Dow Badische Company, de Williamsburg, Virginia, EUA. São fios de poliéster em forma de lâminas que têm brilho e aparência metálica. O Lurex® pode ser tecido ou tricotado com várias outras fibras naturais ou sintéticas, garantindo o efeito luminoso que marcou os anos 1970.

Lycra®. Marca registrada pela DuPont para seu fio elastano. Nos Estados Unidos, na Austrália e no Canadá, preferem usar o nome spandex, enquanto elastano é frequentemente usado em outros países, incluindo os europeus. O tecido Lycra® nunca é feito 100% da fibra de mesmo nome; ele sempre se forma pela combinação da fibra Lycra® com outra, natural ou sintética. As notáveis propriedades de alongamento e recuperação dessa fibra enobrecem os tecidos, adicionando-lhes bom caimento e conforto. (ver o capítulo "Fibras e fios").

Madras. Tecido de algodão ou linho caracterizado pelo motivo xadrez em cores vivas. Inicialmente foi fabricado na cidade de Madras, na Índia, que lhe originou o nome.

Malha. Tecido produzido pelo entrelaçamento de laçadas de um ou mais fios, sem que haja um ponto de ligação entre elas.

Maquinetado. Tecido com pequenos padrões geométricos feitos no tear, que resultam numa leve textura (ver o capítulo "Tecelagem e classificação").

Matelassê. Tecido com motivos em alto-relevo obtido com tecido duplo e enchimento de trama especial, em geral de algodão, lã cardada ou fibrane. Ela flutua no meio dos dois tecidos. O nome também é usado para designar qualquer tecido acolchoado, como os usados na confecção de edredons, liseuses, peignoirs, blusões, etc.

Mercerização. Tratamento dado ao fio ou aos tecidos de algodão para aumentar seu brilho, sua resistência, sua maciez e sua afinidade às tinturas. O processo foi desenvolvido no século XIX pelo químico têxtil inglês John Mercer.

Merino. Tecido feito com a lã de carneiro da raça merino. Essa lã, bastante fina, é tida como a melhor do mundo.

Meryl®. Microfibra composta de filamentos poliéster e poliamida. A marca é registrada pela Rhodia.

Microfibra. Nome genérico dado a tecidos químicos, sintéticos, obtidos de fios com filamentos individuais iguais ou menores que 1 denier – as microfibras. Esses microfilamentos são produzidos com acrílico, poliéster, viscose ou náilon. Os tecidos produzidos com microfibras são leves e possuem toque bem mais agradável que os feitos com fios ou filamentos artificiais ou sintéticos. Possuem alta resistência, encolhimento extremamente baixo, vestem muito bem, não amassam e oferecem bom isolamento quanto a vento e frio (ver o capítulo "Fibras e fios").

Micromodal. Fibra química, artificial, composta 100% da mais pura celulose (o liocel). O tecido produzido com essa fibra apresenta grande maciez, brilho, bom caimento e transpira quase 50% da umidade. Combinada ao algodão, é utilizada na produção de malhas para roupas íntimas, por causa do conforto que proporciona quando em contato com a pele.

Modal. Fibra química, artificial, procedente da celulose (ver o capítulo "Fibras e fios").

Mohair. Tecido feito com o pelo da cabra angorá que tem a característica de ser longo, brilhante e duas vezes mais resistente que a lã. Quando usado em trama frouxa com seda, lã ou algodão, resulta em textura de penugem.

Moiré. Tecido com brilho ondeado obtido por sua passagem por entre cilindros rotativos gravados e aquecidos, a calandra. A pressão dos cilindros faz o desenho surgir, dando efeitos de reflexos de luz nas partes gravadas e não gravadas.

Moletom. Tecido de malha de algodão trabalhado com fio mais grosso no avesso, o que lhe garante toque agradável. Para os artigos de inverno, seu avesso é felpado.

Morim. Tecido de algodão rústico, de baixo preço.

Musseline. Tecido leve e transparente, com toque macio, produzido em seda ou algodão. Algumas musselines são conhecidas como crepe chiffon.

Náilon. Fibra química sintética derivada da resina de poliamida surgida em 1935, pelas mãos do químico americano Wallace Carothers, da empresa DuPont. O nome náilon é dado ao tecido fabricado com a fibra de mesmo nome (ver o capítulo "Fibras e fios").

Nanzuque. Tecido de algodão semelhante ao organdi. No século XIX, foi muito usado para camisolas.

Não tecido. Produto obtido não por meio de tecelagem, mas pelo agrupamento de fibras que são trabalhadas por agentes mecânicos e produtos químicos para depois serem prensadas, como o feltro e mantas usadas para isolamento, estofamento, etc.

Neoprene®. Trata-se de uma manta esponjosa de diversas espessuras (entre 3 mm e 1 cm), utilizada na confecção de roupas de surfistas e mergulhadores. O nome Neoprene® é marca registrada da DuPont para a borracha sintética descoberta em 1931.

Opala. Tecido leve, de algodão, utilizado para forros.

Organdi. Tecido leve, transparente, de algodão, parecido com a musseline, com acabamento engomado. Enquanto a musseline é tingida só depois de eliminada toda a goma, o organdi recebe tintura após a eliminação de 10% de sua goma, o que lhe garante certa rigidez.

Organza. Tecido fino e transparente, de trama simples, mais encorpado e armado que o organdi. Antigamente era feito somente com algodão, mas hoje costuma ser feito de fio poliamida.

Otomana. Tecido com ligamento tafetá e trama grossa, com aspecto cotelê, de canaletas largas, no sentido da largura (sentido da trama). Para sua tecelagem, o urdume é montado com fios de seda ou raiom e a trama, com fios de lã ou algodão. O otomana foi produzido inicialmente na Turquia, pela família Ottomane, que deu origem ao nome.

Ourela. Borda lateral de uma peça de tecido. As ourelas seguram a trama nos retornos da lançadeira de um para outro lado. Geralmente elas são feitas com o dobro da densidade do próprio fundo do tecido ou com fios retorcidos. É pelas ourelas que os tecidos são seguros durante os processos de acabamento; por isso, a largura das ourelas deve ser de aproximadamente 1 cm, especialmente quando se trata de tecido médio ou pesado. A ourela representa a qualidade do trabalho na tecelagem e é vista como referência da empresa. Muitas vezes mostram alguns fios coloridos.

Oxford. Tecido de algodão com ligamento tafetá (2×2) e com densidade idêntica de urdume e trama. Originário de Oxford, Inglaterra, inicialmente era composto de puro algodão. Atualmente, o raiom, o acetato e fibras sintéticas são utilizados em sua fabricação. É muito usado em camisaria.

Panamá. Tecido de algodão, leve, com trama aparente, ligamento tafetá 2×2 ou 3×3 ou 4×4, usado em camisas, calças e blazers, dependendo da espessura. Atualmente é também fabricado com fibra sintética.

Patchwork. A palavra tem origem inglesa (*patch*, "retalho"; *work*, "trabalho"). Ou seja, trata-se da aplicação de vários pedaços de tecidos sobre uma base. Em geral, os tecidos são de cores e estampas diferentes que, unidos por costuras, lembram uma colcha de retalhos. Inicialmente usado para colchas, tapetes e almofadas, passou a ser utilizado na vestimenta graças aos hippies (ver o capítulo "Algodão").

Peau d'ange. Ver Cetim peau d'ange.

Pele de pêssego. Tecido macio, sintético e peletizado.

Peletizado. É o tecido submetido ao processo da flanelagem, cuja característica é o sentido do pelo.

Pelo de camelo. Ver Camelo.

Pelúcia. Tecido fabricado com a mesma técnica do veludo, porém apresentando pelos mais compridos. Existem dois tipos: com pelo vertical (de pé) ou deitado, frequentemente destinados a imitar a pele de vários animais. Utilizado para estofamento, mantôs e brinquedos.

Percal. Tecido leve de algodão, ligamento tafetá, com trama bem fechada, mas fino e macio, usado principalmente para confecção de lençóis e fronhas. Feito com fio penteado e com, no mínimo, 180 fios por polegada quadrada.

Pied-de-coq. Na tradução do francês, "pé-de-galo". Tecido com quadriculado geométrico, cujo desenho lembra as pegadas de um galo.

Pied-de-poule. Na tradução do francês, "pé-de-galinha". Semelhante ao pied-de-coq, mas com motivos bem menores, relacionados às pegadas de uma galinha. Esse padrão faz parte dos desenhos ópticos, criados com base nos efeitos desenho–cor (ver o capítulo "Motivos e padrões").

Piquê. Tecido de algodão jacquard com desenhos em forma de losango ou casa de abelha em alto-relevo. Atualmente muito empregado em matelassês para aumentar o efeito de relevo.

Plush. Tecido tipo esponja, com certa elasticidade, feito em malharia ou tecelagem. Formado por laçadas que são cortadas no acabamento.

Poliamida. Ver Náilon.

Poliéster. Fibra sintética também conhecida como tergal. Com baixo poder de absorção, a fibra é utilizada só ou combinada a outras fibras, químicas ou naturais. Muito competitiva no mercado por causa de seu baixo custo. Avanços tecnológicos fazem com que essa fibra se torne cada vez mais semelhante ao algodão.

Polipropileno. Fibra sintética obtida pela polimerização do propeno que oferece resistência à umidade, leveza, resistência à abrasão e à ação de mofos e bactérias. Ideal para a produção de sacarias, pois proporciona excelente isolamento e proteção aos produtos. Usada também em forrações de interiores e exteriores e na fabricação de feltros e estofamentos.

Popeline. Tecido de algodão, de peso médio, ligamento tafetá, com mais fios no urdume e menos trama, em geral na proporção de 2 fios/1 batida. O nome francês *popeline* vem do italiano *papalina*, por ter sido produzido em Avignon, que por certo tempo foi a sede do papado. A popeline é usada em vestidos, camisas, calças, bermudas, toalhas de mesa, guardanapos.

Príncipe-de-gales. Tecido de lã em padronagem escocesa típica, muito difundido na moda masculina. Embora a combinação marrom e bege seja a mais tradicional, outras em torno do cinza, do preto ou do marinho também são clássicas e adequadas ao motivo.

Purga. Operação que visa eliminar do tecido as impurezas com características oleosas, como graxas, ceras e óleos, sejam naturais ou adquiridas durante o processo industrial. Esse processo é importante porque impurezas oleosas no tecido impedem a penetração da água, o principal veículo empregado nas operações de beneficiamento têxtil.

Raiom. Fio ou tecido químico artificial feito de celulose (raiom viscose ou raiom acetato). No princípio foi chamado de seda artificial, por ter consistência semelhante. A fabricação de fios de raiom é feita mediante extrusão (ver o capítulo "Fibras e fios").

Rami. Tecido feito com a fibra do rami, planta de origem asiática, da família das urticáceas (*Boehmeria nivea*), de cultura permanente, que pode produzir, sem renovação, por cerca de vinte anos. A planta apresenta uma cepa da qual partem as hastes, que podem atingir, em terrenos apropriados, entre 2 m e 3 m de altura. Permite, em média, de 3 a 4 cortes por ano. Suas fibras são longas e resistentes (de 150 cm a 200 cm), mas tendem a perder elasticidade, e seus fios podem ser tão fortes quanto os do linho. A resistência do rami é aumentada em cerca de 25% quando molhado. O tecido é de fácil lavagem e secagem rápida. Entre suas qualidades têxteis, destacam-se o aspecto leve e fresco e sua capacidade de absorver a transpiração corporal. As fibras de rami substituem as do cânhamo e de outras matérias-primas na fabricação de cordas e barbantes. Por sua resistência, são utilizadas na fabricação de linhas de costura e de barbantes para a indústria de calçados. Os tecidos de rami retêm a cor dos corantes comerciais mais do que qualquer outra fibra vegetal. Eles são usados na confecção de peças do vestuário e em decoração.

Renda. Tecido vazado cujos fios trabalhados manualmente ou com máquina se entrelaçam formando desenhos. As rendas podem ser de algodão, linho, poliéster e outras fibras. Dependendo do tipo, a renda é usada tanto na confecção de peças de vestuário (moda íntima, moda habillée) como em decoração (cortinas, toalhas).

Renda Guipure. Ver guipure.

Reps. Tecido grosso de seda, lã ou algodão, próprio para cortinas e revestimento de poltronas e assentos de cadeiras. Quando o tecido mostra desenhos produzidos na trama da tecelagem, chama-se reps façonné.

Resistência de um tecido. Para tornar um tecido mais resistente, pode-se aumentar o número de torção do fio, ou mesmo retorcê-lo com outro fio da mesma espécie ou de outra espécie. No entanto, são processos que encarecem o produto.

Risca de giz. Padrão clássico que apresenta listras finas, geralmente de cores claras, sobre fundo escuro (ver o capítulo "Motivos e padrões").

Sarja. O nome é dado a um tipo de ligamento que resulta em estrias no sentido diagonal do tecido e também ao tecido de seda, lã ou algodão produzido com esse tipo de ligamento. Uma inversão dessa diagonal possibilita aspecto em zigue-zague, conhecido por espinha-de-peixe. Dependendo do peso do tecido sarja, tanto é usado na moda como na decoração.

Seda. Tecido produzido com o fio natural secretado por lagartas. São inúmeros os tipos de tecido de seda (ver o capítulo "Seda").

Seda artificial. Tecido feito com fios de acetato ou viscose, ambos produtos naturais à base de celulose, trabalhados quimicamente. Inicialmente o termo raiom foi utilizado para designar esses dois fios, raiom acetato e raiom viscose. O nome "seda artificial" surgiu por causa da semelhança visual do produto.

Seda selvagem. Tecido obtido com fios de seda produzidos por outras lagartas sericígenas (em torno de oitenta espécies) que não sejam as da espécie *Bombyx mori*. Os fios mais conhecidos são fornecidos pela lagarta *Bombyx militta*.

Seersucker. Tecido de algodão enrugado em listras. É fácil de lavar e não necessita ser passado.

Shantung. Tecido com superfície rústica, originada pela diferença de espessura dos fios. Costuma apresentar alguns fios irregulares e possui um lado opaco e outro um pouco mais brilhante. Mais leve que o cetim. Originalmente, foi produzido em seda, na província de Chan-Tung, na China, de onde veio o seu nome. Hoje o shantung pode ser formado por diferentes fibras, sejam naturais ou químicas (artificiais e sintéticas). Usado na confecção de blazers, vestidos que exijam certa estrutura, gravatas, camisas sóbrias, ternos, paletós, bolsas, forração de sapatos. Também aparece na decoração: almofadas, revestimento de móveis estofados, cortinas pesadas, biombos.

Shetland. Tecido feito com a lã de carneiros das Ilhas Shetland (Escócia).

Sirê. Tecido sintético de aparência plástica que lembra o couro. Foi muito usado na moda jovem da década de 1970, principalmente nas cores preta e vermelha.

Stretch. Tecido com elasticidade obtida por meio de filamentos de poliéster texturizado ou de fibras elastoméricas (Lycra®).

Suedine. Tecido de algodão ou outra matéria-prima, com aspecto de veludo ou camurça, obtido pelo acabamento tipo flanelagem seguido de navalhagem.

Supplex®. O processo Supplex® texturiza, por jato de ar, multi ou microfilamentos juntos, acrescentando ao fio aspecto e toque de algodão. O efeito obtido permanece após o processo de tecelagem ou malharia. A marca é registrada da DuPont. O nome do processo que trata o fio acabou denominando o tecido assim produzido. O Supplex® produzido em tear é muito usado em roupas esportivas; quando em malharia, muitas vezes em combinação com Lycra®, presta-se para a linha aeróbica e moda.

Surá. Tecido fino, leve e macio, de seda brilhante ou fibra sintética.

Tactel®. Tecido 100% poliamida, tipo microfibra, cuja estrutura possui fios texturizados a ar. O Tactel® não retém o suor, seca rapidamente e é muito utilizado para calções e shorts de banho.

Tafetá. O nome é usado para designar um tipo de ligamento e também o tecido lustroso e armado, de seda ou poliéster, com trama finíssima, superfície lisa, textura regular e leve nervura no sentido da trama. É um dos mais antigos tecidos conhecidos pelo homem (originalmente, era feito de seda). O nome tafetá tem suas raízes na língua persa, em que a palavra *taften* (e, depois, *taftah*) significa "entrelaçar", "tecer". Tanto a Pérsia (Irã) quanto a China são consideradas berços da seda e dos tecidos. O tafetá é utilizado principalmente para forro.

Tafetá changeant. A característica desse tafetá é aparentar mudança de cor, semelhante ao furta-cor.

Talagarça. Tecido grosso de algodão, com trama aberta e acabamento engomado, próprio para bordados e tapeçarias.

Tartan. Tecido de tecelagem plana de lã ou algodão, com padronagem muticolorida escocesa (ver o capítulo "Motivos e padrões").

Tear. Máquina usada para a fabricação de tecidos. Princípio básico: entrelaçamento de dois conjuntos de fios dispostos em ângulo reto. Os fios longitudinais chamam-se urdume (ou urdidura), e os transversais, trama (ver o capítulo "Tecelagem e classificação").

Tecelagem ou tecimento. Processo efetuado para se obter um produto manufaturado, resultante do entrelaçamento, de forma ordenada ou desordenada, de fios ou fibras têxteis.

Tecido. Produto artesanal ou industrial que resulta do entrelaçamento regular de fios verticais e horizontais.

Tecido plano. Estrutura resultante de sucessivos entrelaçamentos de dois fios (um do urdume e um da trama), que se cruzam formando um ângulo reto.

Tela. Denominação usada para qualquer tecido com ligamento tafetá e aspecto rústico, confeccionado com fios de origem vegetal, como os provenientes do algodão, linho, juta, rami, cânhamo, etc.

Tencel®. Marca registrada de Tencel Ltd. para o liocel, que é uma fibra química artificial obtida da celulose da polpa da madeira de determinada árvore. Essa árvore é híbrida, produzida geneticamente com a finalidade de conseguir polpa mais branca e de melhor qualidade (que, assim, pede menos produtos químicos para a obtenção da fibra). É considerada, por alguns, fibra natural, pelo fato de não sofrer a agressão de ingredientes químicos nocivos à natureza; além disso, o processo químico utiliza solvente reciclável. Chamado de fibra "ecologicamente correta", o Tencel® possibilita um tecido que alia a resistência do algodão, o toque e a maciez da seda, perfeito caimento e o frescor das fibras celulósicas.

Tergal. Nome dado ao tecido produzido com fios puros ou mistos de poliéster de marca Tergal.

Texturização. Processo obtido pela união de filamentos contínuos, com a finalidade de fornecer ao fio melhor textura e aparência, aumentar seu poder de absorção e diminuir a possibilidade de formação de pilling (bolinhas na superfície).

Torção. É o numero de voltas dadas ao fio em torno do seu próprio eixo. O objetivo é conferir coesão às fibras e, consequentemente, maior resistência.

Trama. Na tecelagem, são fios dispostos no sentido transversal, horizontal ou da largura do tecido e que são entrelaçados pelo fio do urdume, resultando o tecido plano.

Tramados. Tecidos com motivos geralmente geométricos, como xadrezes e listrados, cuja trama lembra o trabalho de cestaria. Bastante usados na decoração, muitas vezes combinados a tecidos lisos. Pode haver cor na trama ou no urdume.

Tricoline. Tecido de algodão puro ou misto (algodão e poliéster), sedoso, leve (ligeiramente mais pesado que a cambraia), de trama bem fechada. Pode ser liso, estampado ou xadrez.

Tule. Tecido sintético leve, armado, fino e transparente, tipo rede, semelhante ao filó de algodão, com malha redonda ou poligonal. É muito usado em saia de bailarina e véu de noiva. Seu nome vem da cidade de origem: Tulle, na França.

Tussor. Tecido feito com variedade de fio de seda natural, produzido pela lagarta *Antheraea pemyi*, que vive na Índia e na China, chamada Tussah. A lagarta que produz essa seda se alimenta somente de folhas de carvalho. A seda por ela produzida apresenta diferenças em sua grossura: é mais rígida e muito brilhante. O tussor se assemelha ao shantung.

Tweed. Tecido de lã grosso e rústico. Os fios de trama são fantasia, do tipo boutonné, com efeito multicor. Usado principalmente na confecção de paletós, mantôs e vestidos de inverno.

Urdume. Na tecelagem, são fios dispostos no sentido longitudinal, vertical ou de comprimento do tecido e que são entrelaçados pelo fio de trama, gerando o tecido plano.

Vagonite. Tecido semelhante à étamine, porém com a trama mais fechada, utilizado também para bordados.

Velo. Lã de carneiro, ovelha ou cordeiro.

Veludo. Tecido que apresenta no lado direito um aspecto peludo, macio e brilhante. Esses pelos são curtos, densos, de pé e fazem parte da estrutura do tecido. O veludo pode ser de seda, linho, poliéster ou algodão. Dependendo do tipo, é utilizado tanto na moda quanto na decoração.

Veludo cristal. Produto sintético liso, macio, brilhante, com base de malha, bom caimento, também chamado veludo molhado.

Veludo cotelê. Tecido estriado, de algodão ou raiom, muitas vezes acrescido de fio stretch.

Vichy. Padronagem xadrez típica dos tecidos utilizados para toalhas de mesa. Origina-se da cidade de Vichy, na França, famosa pelos axadrezados ali produzidos.

Viscose. A fibra viscose deu origem ao nome do tecido com ela produzido. A fibra artificial viscose é obtida de uma solução viscosa que resulta do tratamento químico da celulose (ver o capítulo "Fibras e fios").

Voile ou voil. Leve e transparente, produzido com fios muito finos, geralmente de poliéster. É muito usado na confecção de cortinas.

Zibeline. Tecido misto de seda, mais fino que o shantung e mais leve que o cetim, muito usado em vestidos para festas e vestidos de noiva.

Zuarte. Tecido tipo brim, rústico, de algodão mesclado.

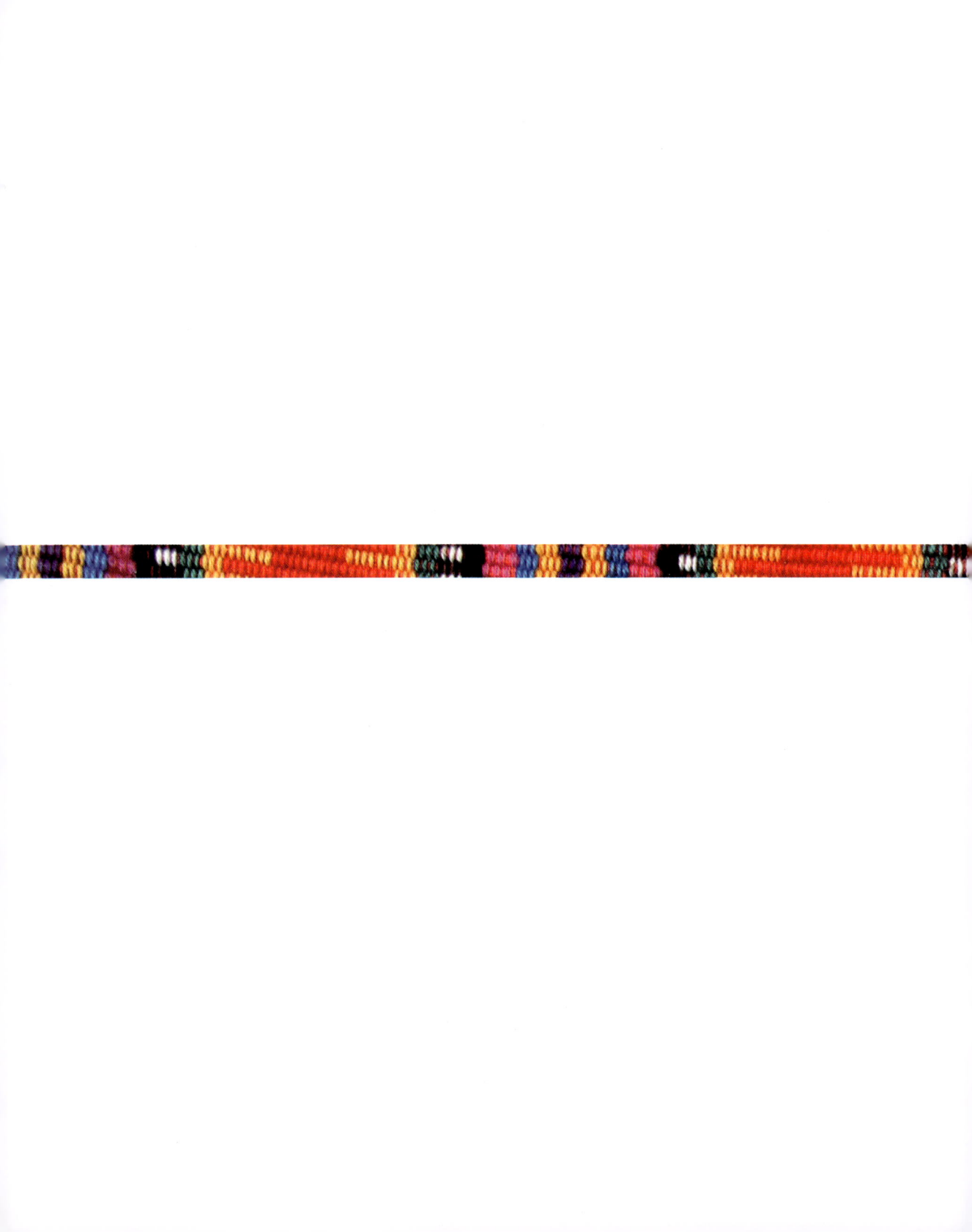

Bibliografia complementar

AGRAWAL, Yashodhara. *Les brocarts de soie.* Paris: Charles Moreau/Roli, 2004.

AMBROGI, Renato. *Relatos históricos do Ipiranga.* São Paulo: Rumo, 1982.

BAUDOT, François. *A moda do século.* São Paulo: Cosac Naify, 1999.

BOUCHER, François. *Histoire du costume en Occident: de l'Antiquité à nos jours.* Paris: Flammarion, 1965.

COMITÉ COLBERT. *Métiers choisis: les secrets du savoir-faire.* Paris: Flammarion, 1995.

DURAND, Maximilian Durand & SARAGOZA, Florence. *Égypte, la trame de l'Histoire.* Paris: Somogy, 2002.

ELLENA, Bérénice. *Au fil de l'Inde: la route des arts textiles.* Paris: Seuil, 2003.

ESCOBAR, Herton. "Tecnologia natural da seda de aranha desafia a ciência". *O Estado de S. Paulo*, p. A24, 15 de janeiro de 2012. Disponível em: http://www.estadao.com.br/noticias/impresso,tecnologia-natural-da-seda-de-aranha-desafia-a-ciencia-,822785,0.htm.

FISCHER, Louis. *Gandhi.* São Paulo: Círculo do Livro, 1982.

FUNDAÇÃO PEDRO CALMON & INSTITUTO DO PATRIMÔNIO ARTÍSTICO E CULTURAL DA BAHIA. *Panos da costa*. Salvador: Secretaria da Cultura, 2009.

GOVERNO do Estado da Bahia. Secretaria de Cultura. Instituto do Patrimônio Artístico e Cultural da Bahia. *Pano da costa*. Cadernos do Ipac, vol. 1. Salvador: Ipac, 2009.

JOHNSTON, Meda Parker & KAUFMAN, Glen. *Design fabrics*. Nova York: Reinhold, 1967.

MUSÉES ET MONUMENTS DE FRANCE. *Le Musée des Tissus de Lyon*. Paris: Fondation Paribas, 1990.

REMAURY, Bruno. *Dictionnaire de la mode au XXe siècle*. Paris: Regard, 1994.

ROBINSON, Julian. *La mode art déco*. Paris: Atlas, 1977.

TEULÉ, Florence *et al*. "Silkworms Transformed with Chimeric Silkworm/Spider Silk Genes Spin Composite Silk Fibers With Improved Mechanical Properties". *Proceedings of the National Academy of Sciences*, 109 (3), 17 jan. 2012.

TOURLONIAS, Anne & VIDAL, Jack. *Raoul Dufy l'Oeuvre en soie*. Paris: A. Barthélemy, 1998.

VINCENT-RICARD, Françoise. *Objets de la mode*. Paris: Du May, 1989.

Pesquisa em museus

Instituto do Mundo Árabe, Paris, França.

Museu Carnavalet, Paris, França.

Museu de Arte e História de Genebra.

Museu de Impressão sobre Tecidos, Mulhouse, França.

Museu de Orsay, Paris, França.

Museu do Louvre, Paris, França.

Museu dos Tecidos, Lyon, França.

Museu Nacional de Artes Asiáticas Guimet, Paris, França.

Sites consultados

Aboissa: óleos vegetais – http://www.aboissa.com.br

Alice – http://www.chez.aliceadsl.fr/

Amni – http://www.amni.com.br

Anba (Agência de Notícias Brasil-Árabe) – http://www.ANBA.com.br

Anjos – Silk: pintura em seda natural – http://www.anjos-silk.cl/paginas/rutadelaseda.htm

Atelier-Musée du Chapeau – http://www.museeduchapeau.com

Au Ver à Soie – http://www.auverasoie.com

BNDES – http://www.BNDES.gov.br

British Council Brasil – http://www.britishcouncil.org.br/brasil

Centre de Coopération Internationale en Recherche Agronomique pour le Développement – http://www.cirad.fr

Congonline – http://www.congonline.com/agronomie/coton.htm

Cultura Brasileira – http://www.culturabrasil.pro.br

Eleksen – http://www.eleksen.com

Embrapa – http://www.embrapa.br

Estilo Samira Campos – http://www.estilosamiracampos.com.br

Eternal Egypt – http://www.eternalegypt.org

European Parliament – http://www.europarl.europa.eu/meetdocs

Fédération Française des Dentelles et Broderies – http://www.ffdb.fr

Fiação de Seda Bratac – http://www.bratac.com.br

Food and Agriculture Organization of the United Nations – http://www.fao.org

Forum Déchets – http://www.forumdechets.ch

Fórum du Commerce International – http://www.forumducommerce.org

France Diplomatie – http://www.diplomatie.gouv.fr/fr

Historychanel – http://www.historychanel.com

Ibiblio: the Public's Library and Digital Archive – http://www.ibiblio.org

Indústria Têxtil Nossa Senhora do Belém – http://www.textilnsbelem.com.br

Instituto Camões – http://www.instituto-camoes.pt

Isfahan: tapetes persas – http://www.isfahan.com.br

La Dentelle – http://www.dentellieres.com

Le Musée de l'Impression sur Etoffes – http://www.musee-impression.com

Le Site du Sentier – http://www.lesitedusentier.com

Linafil – http://www.linafil.com

Masters of Linen – http://www.mastersoflinen.com

Musée Clermont-Ferrand – http://www.ville.clermont-ferrrand.fr/musées

Musée Guimet – http://www.museeguimet.fr

Paramount Têxteis – http://www.paramount.com.br.

Portal do Agronegócio – http://www.portaldoagronegocio.com.br

Raoul Dufy – http://www.raoul-dufy.com

Rhodia: fios têxteis – http://www.rhodia-ft.com.br

Soierie Vivante – http://www.soierie-vivante.asso.fr

Soieries Christian Martin – http://www.martin.texti.net

SwicoFil – http://www.swicofil.com

Tenda Árabe – http://www.tendarabe.hpg.ig.com.br

The Silk Roads – http://www.unesco.org/culture/silkroads

Um Coeur de Garance – http://www.garance.free.fr

Ville de Genève – http://www.ville-ge.ch

Wikipedia – http://www.wikipedia.org

ÍNDICE GERAL

Abstrato (padrão), 204
Adamascado, 105
Algodão, 25
Algodão colorido, 44
Algodão colorido no Brasil, 56
Algodão ecológico, 46
Algodão egípcio, O, 18
Algodão egípcio: o melhor, 29
Algodão no Brasil, O, 47
Algodão *sea island*, O, 30
Algodão transgênico no Brasil, 57
Algodões indianos na Europa, 34
Alta-costura, 266
Análise de têxteis no comércio internacional, 293
Animais lanígeros naturais da América do Sul, 65
Animais lanígeros naturais do Oriente, 65
Animal (padrão), 202
Antibactérias, 248
Aristocracia criticada, 263
Arte, 290
Arte de tecer, A, 11
Batik, 187, 243
Beneficiamento, 159
Beneficiamento têxtil, tintura e estampagem, 159
Bibliografia complementar, 321
Bio e nanotecnologia, 251
Bloco de madeira, 189
Bordado com ráfia, 240
Bordado sobre algodão, 240
Brasil e o mercado mundial de seda, O, 114
Brocado, 106
Calais, 226
Características das fibras têxteis, 121
Características de algumas fibras de caules e folhas, 123
Carpetes, 282
Carpetes e tapetes, 289

Cashmere, 209
Chegada ao Ocidente, 87
Chitas brasileiras e de Alcobaça, 48
Cilindro, 191
Cilindro rotativo, 193
Classificação (tapetes orientais), 281
Classificação do tecido na coloração, 157
Classificação do tecido na formação, 155
Classificação do tecido na tecelagem, 154
Cobaia têxtil, 43
Cochonilha, 178
Concorrência dos sintéticos, A, 111
Consumo mundial, 40
Corantes naturais, 170
Corte a laser, 257
Criação de estampas, A, 195
Cuidados recomendados, 104
Cultura da amoreira, 101
Cultura e desenvolvimento, 90
De Portugal para o Brasil, 52
Decoração, 289
Denim (jeans), 232
Desenho tramado, 240
Desenhos, Os (tapetes orientais), 279
Difusão dos corantes sintéticos, 182
Disputa contra os subsídios norte-americanos, A, 59
Diversidade de tinturas, 169
Do velo ao tecido, 70
Dos naturais aos sintéticos, 180
Em outras regiões (lã), 64
Época greco-romana, 17
Época islâmica, 17
Escolha do tear, 149
Especificações da lã, 70
Especificações da seda, 102
Especificações do algodão, 43
Especificações do linho, 80
Espetáculo à parte: os tecidos da África negra, Um, 235
Espinha-de-peixe, 216

Esporte, 255
Estampa com lama, 242
Estampagem, 183
Estampas iniciais, 184
Etapa final, 161
Etapa inicial, 159
Etapa secundária, 161
Europa: do artesanato à indústria, 19
Expansão do mercado têxtil, 265
Exportações, 40
Feltro, 219
Fiação, 43, 79
Fibras e fios, 117
Fibras naturais, 122
Fibras naturais e os primeiros tecidos, As, 14
Fibras, naturais e químicas, As, 118
Fibras químicas, 125
Fibras químicas artificiais obtidas de matéria-prima animal, 134
Fibras químicas artificiais obtidas de matéria-prima mineral, 132
Fibras químicas artificiais obtidas de matérias-primas vegetais, 129
Fibras químicas no Brasil, 138
Fibras químicas sintéticas, 134
Figurativo (padrão), 204
Fim das manchas, 249
Fios, Os, 139
Floral (padrão), 201
Funcionamento, 144
Garança, 174
Gauda, 176
Geométrico (padrão), 202
Glossário, 297
História da lã, 61
História da seda, 86
História do algodão, 26
História do linho, 75
Idade Média, 262
Índigo, 171, 241
Indústria têxtil: dificuldades iniciais, 21

Influência dos corantes sintéticos na impressão têxtil, A, 194
Influência estrangeira, 236
Início, O, 164
Início das fibras químicas, O, 127
Inteligência na intimidade, 254
Inteligência na moda, 253
Inteligentes no futuro, 256
Invenção do jacquard, A, 151
Jato de tinta, 194
Lã, 61
Lã fria, 70
Lã na decoração brasileira, A, 72
Lã na moda brasileira, A, 72
Lã no Brasil, A, 70
Lã no mundo, A, 63
Lanifício, 69
Lembranças, 83
Linho, 16, 73
Linho no Brasil, O, 82
Linho no mundo, O, 77
Listras, 207
Maceração, 78
Madras, 210
Maior oferta, menor custo, 265
Malha, 221
Malha de linho, 80
Manufatura (tapetes orientais), 278
Materiais, 237
Matérias-primas iniciais no Egito, 16
Mecanização e progresso na Europa, 35
Mercado, 38, 67, 77, 97
Métodos de estamparia, 187
Moda, decoração e arte em tecidos no Brasil, 287
Moda: organização e garra, 287
Morte no casulo, A, 100
Motivos e padrões, 199
Motivos variados, 199
Mudança nos hábitos, 267
Na América, 36

Na arte, 283
Na China, 31, 106
Na decoração, 269
Na Espanha, 93
Na Europa, 33, 93
Na França: apogeu em Lyon, 95
Na Índia, 26, 91, 108
Na Indonésia, 110
Na Inglaterra, 63
Na Itália, 94
Na moda, 259
No Egito, 28, 92
No Japão, 92, 107
Nota do editor, 7
Novo impulso na história da tintura, 167
Novos tecidos, 247
Olho de perdiz, 215
Origem do tecido de algodão estampado, 49
Origem e evolução dos tecidos, 9
Outros tecidos: feltro, malha, renda, veludo e denim (jeans), 219
Padrões clássicos, 206
Passos iniciais na moda, 263
Pastel, 175
Patchwork, 45
Percurso no Ocidente, O, 207
Peso e cor do denim, 233
Pesquisa em museus, 322
Pied-de-poule, 211
Poás, 217
Prêt-à-porter, 268
Príncipe-de-gales, 211
Processo de tintura, O, 168
Produção, 140
Produção e comércio, 54
Produção mundial, 39
Produto, O, 41, 68, 78, 98
Proibição, 186
Proibição incentivo o uso, 52
Proibição portuguesa, 53
Propagação da estamparia, 51

Proteção solar, 249
Púrpura, 173
Quadro, 192
Quermes, 177
Quilts americanos, Os, 44
Reciclados, 256
Renascimento da cultura, 55
Renda, 223
Resumo dos métodos empregados nas análises, 295
Revolução Industrial, 144
Risca de giz, 216
Rolo de madeira, 191
Rota da Seda, A, 88
Santo Sudário de Turim, 76
Seda, 85
Seda artificial, 110
Seda na tapeçaria, A, 112
Seda no Brasil, A, 113
Seda no mundo, A, 91
Segredo do extremo Oriente, 86
Símbolo de riqueza e poder, 264
Similares, 231
Sites consultados, 323
Surgimento da lã merino, 62
Surgimento das matrizes, 184
Tapetes orientais, Os, 274
Tartan, 212
Tear, O, 143
Teares para malharia, 149
Teares sem lançadeiras, 147
Tecelagem, 69, 80, 238
Tecelagem e classificação, 143
Tecido, O, 103
Tecidos: a inspiração de Matisse, 285
Tecidos de ontem e de hoje, 21
Tecidos kenté, 239
Tecidos na moda, na decoração e na arte, Os, 259
Tecidos tradicionais e high tech, 273
Tecidos vivos, 250
Têxteis africanos industrializados, 244
Têxteis no Egito, 16
Têxtil indiano no século XXI, O, 28
Tintura, 101, 164, 241, 280
Tinturas na Idade Média, 166
Tipos, 141
Tipos de renda, 226
Toile de Jouy (padrão), 205
Tosquia, 68
Tradição na fibra de bananeira, 124
Traje como símbolo social, O, 263
Transfer, 193
Tratamentos diferenciais, 234
Trilhamento, 79
Tweed, 214
Uso se diversifica, O, 88
Valores adicionais, 81
Veludo, 229
Vestígios valiosos, 14
Vichy, 211
Xadrez, 210
Zonas algodoeiras do mundo, 39